山东青年政治学院2022年度
高层次人才科研启动基金项目（XXPY22021）

山东青年政治学院第十四届（2025年度）
学术专著出版基金资助

# 个体实践视角下女性独游研究

徐文月◎著

A Study on
Solo Female Travel
from the Perspective of
Individual Practices

中国经济出版社
CHINA ECONOMIC PUBLISHING HOUSE
北京

**图书在版编目（CIP）数据**

个体实践视角下女性独游研究 / 徐文月著. -- 北京 ：中国经济出版社，2025. 9. -- ISBN 978-7-5136-8253-4

Ⅰ. F590-05

中国国家版本馆 CIP 数据核字第 2025FJ4759 号

策划编辑 姜 静
责任编辑 丁 楠
责任印制 李 伟
封面设计 久品轩

**出版发行** 中国经济出版社
**印 刷 者** 涿州市京南印刷厂
**经 销 者** 各地新华书店
**开 本** 710mm×1000mm 1/16
**印 张** 14.5
**字 数** 218 千字
**版 次** 2025 年 9 月第 1 版
**印 次** 2025 年 9 月第 1 次
**定 价** 88.00 元
**广告经营许可证** 京西工商广字第 8179 号

**中国经济出版社** **网址** http://epc.sinopec.com/epc/ **社址** 北京市东城区安定门外大街 58 号 **邮编** 100011
本版图书如存在印装质量问题，请与本社销售中心联系调换（联系电话：010-57512564）

---

# PREFACE | 前　言

随着旅游市场的多样化发展，许多新时代女性尝试在旅游中“成为自己”，追寻美好生活。其中，女性独自旅游（以下简称女性独游）更是独具特色，日渐成为女性重要的旅行方式之一。独游有风险，但不妨碍女性旅游者积极谱写丰富的独游故事。随着个体化社会的到来，女性的个体性有待于识别和发掘，对女性个体体验内容的揭示程度还远远不够。在国内复杂性个体化进程下，不少女性深陷传统性别观与“过自己的生活”之间的博弈，那么，独游是否可以给女性带来新的可能呢？

法国个体社会学拥有个体的多样化、社会融入以及个体—社会互相塑造等多元立场，而阿德勒个体心理学则将个体心理与社会生活联结在一起，这两个领域共同为本书带来了关键启发。个体具有独特性和多重经验性；在制度、规范中，个体施展其独特的生存逻辑为选择个人生活做出努力。与此同时，生活风格、社会兴趣等概念指明了个体心理也具有重要意义，并要求将个体心理放置在动态的、具体的社会情境之下加以理解。

综合上述现实与理论的基本考虑，本书提出了个体化背景下的“呈现形象”（to be）—“关系性行动”—“生活风格”（to do）这一研究框架，并运用这个研究框架尝试剖析如下四个具体问题：

一是女性独游活动基本特征有哪些？

二是独游活动中女性呈现了何种形象？

三是独游使得女性暂时离开原有的“角色”“关系”，如何理解独游过程中女性的行动？

四是独游给女性带来怎样的影响，以及如何通过女性独游现象来理解当前中国个体化进程中女性的境遇？

本书是对女性独游现象的一项探索性研究，因而采用了质性研究的方法。为保证资料的多维与丰富，具体采用了参与观察、半结构式访谈以及网络二手资料结合的方式搜集资料；同时，为了更好地达到对现象的深层理解，在资料分析过程中选择了带有诠释性质的主题分析、叙事分析和拓展个案分析的方法。

本书的主要发现如下：

第一，在独游前阶段，女性独游者的旅游动机主要划分为具有内在属性的截断逃离（阶段性特征）、随机触发（模糊与浪漫的想象特征）、赋能成长（意义性）及精神依偎（信念性）四类。独自出游动机变得越发复杂，独游制约在社会—环境宏观层面、中介层面和个体层面具有多重特性。女性独游者面临三个重要的年龄阶段节点，分别是不能独自出远门的20岁、作为人生阶段历程转折点的30岁以及带有坦然与敏感纠缠感受的40岁。

第二，就独游过程静态形象呈现而言，在个体叙事中，女性独游者呈现三种形象：理性化知识储备“学员”、直面风险的问题解决“能手”以及日常化生活意义“达人”。其中，“学员”由目标经济、表格归档、攻略技术与多重经验方式相互作用而产生；“能手”背后是注意小事件、重视特别事件与确证反思的方式；“达人”由延续情感惯习与“点缀色彩”形塑。此外，她们的形象在不同叙事情景中存在重要差异：在关系式叙事中，她们采取硬性抵抗和“戴假发”策略塑造着家人眼中模糊的女儿形象，还通过包揽任务和关照他人形塑了照顾者形象；在公共叙事中，她们的个体故事经由不同媒介平台的转移、变化甚至放大呈现为女性主义话语下的英雄式女性独游者、独游易受伤害的女性以及文艺风格女性形象。

第三，就独游过程中动态实践而言，以往女性独游被视作静态化的性别实践过程，但是当代独游女性明确体验到了三种具有时间历程发展性又同时具有某种随机性的转变。这些转变包括：在受到外在环境、他者以及时间等多种要素作用下，女性从旅游过程的规划性转向“去了再说”的出行方式；从一开始决定“很难遇到一起的”独自出游，转向在途中因不期而遇又印象深刻的旅游点滴、友善行为、友谊相伴、情感牵连、参照—反思情境下接受结伴，并进一步获得与他者联结的情感共舞；从角色标签限制、权力不对等、女性经济限制、关系牵绊等性别角色的框定，转变为在行程中暂时脱离性别角色并展现个体创造性实践。

第四，对独游之后与日常之间的关系而言，本书从日常生活和旅游的关系背景出发，以生活的相似性及黏着性为划定维度，进而划分独游女性旅游与日常的四种关系类型：独游与日常出现初次相接的尝试型、独游经验渗透至日常的编织型、日常生活出现断裂由独游对其突破的扩写型以及独游延伸了日常的生长型。这些类型启发了女性对于旅游与日常关系的更为缓和的认知，即两者之间不是截然对立的，而是一种相互影响的辩证状态。四种类型之间也存在某种交织变化，且每个个体由于其经历的复杂性可以拥有多种体验。

第五，本书尝试提出了性别中女性性质的“柔性个体”的理论概念，并对中国个体化进程中女性“虚线式”的自主实践展开了讨论。本书指出，即便在社会媒体或者公众并未对女性独游表现出较为积极的态度背景下，女性仍然会遵循自己的独游自主性，协调应对各种变化与风险制约。这些女性表现出基于个体层面的对社会进程变化的反应、反思和变通，从而明确超越原有性别角色范畴的束缚，展开多元化、灵活、弹性的个体角色实践，指向一种吉登斯所说的“生活政治”的广阔可能。简言之，独游女性既能够顺应个体化的宏大进程，扮演好自身在社会架构中的角色形象，又可以在独游进程中再创造性别化空间表达个体性，勇于重建自己的生活风格。

理论意义层面，本书以个体多元实践的视角补充以往性别角色为主导的女性独游研究，从三类叙事情境中非单一性的多重女性独游形象、女性独游过程三维度的转变以及女性独游与其日常生活关系的动态交织变化来理解微观个体与宏观整体进程间的张力；社会意义层面，由于女性独游映射了性别角色、女性权力、家庭关系、女性就业以及女性旅游风险等社会议题，在广泛意义上能够引起人们的重视，因而本书也为旅游产品供给方迎接越发复杂的女性旅游市场提供了一份特殊的参考。

徐文月

2025 年 4 月

CONTENTS | 目　录

# 1 绪 论

## 1.1 研究背景

### 1.1.1 社会背景

“她经济”时代下，女性成为社会的消费主力，悦己、个性化消费逐渐成为趋势。许多新时代女性尝试在旅游中“成为自己”，追寻美好生活。女性独游是女性旅游中独特且有待进一步探索的一种方式。在市场经济背景下成长起来的中国女性，受到市场理性与竞争文化的影响，不断打破传统的从属关系，尝试用其“主体精神”走出一条“成为自己”的道路（佟新，2021）。成为什么样的自己，如何为自己消费，想要什么样的生活，已成为女性所要面对的问题。

#### 1.1.1.1 女性旅游市场中女性独游的现象越来越引人关注

随着女性社会地位的提高、经济和购买力的提升，一种“围绕女性消费、生活理念的经济”，即“她经济”正在崛起，例如定位女性细分市场的各类甜品店、服装店、配饰店、化妆品店的涌现，以及针对“妇女节”“女生节”等线上平台促销活动的开展（高琦、夏成前，2020）。“她经济”“她视角”的消费模式出现后，女性消费变得更自主、更悦己，也越来越独立（艾瑞咨询，2019）。“她经济”时代的出现本身就是女性对新生活的宣誓，女性在拥有显著经济实力的同时，社会地位也变得更加独立自主（管健，2019）。2020 年 3 月，京东大数据研究院发布的《2020 女性消费趋势报告》中的数据表明，女性消费趋于多面多维，呈现多样的变化，女性在家庭消费与悦己消费之间“一碗水端平”，并且悦己型消费占比越来越高。新时代女性消费的变化也反映了女性对自我价值、美好生活的新追求。女性不仅注重外在形象的消费，更注重精神文化、旅游休闲、个人健康等内在提升的消费，她们在努力成为新时代女性。

越来越多的女性获得了独立的经济实力，这在一定程度上促进了旅游市场的发展。但旅游供应商面对的是越发复杂的、充满变化的女性旅游市场。2021 年 3 月 8 日妇女节前夕，同程旅行发布的《中国女性旅行消费报告 2021》和携程旅行发布的《女性旅行白皮书》都显示出旅游供应商对女性旅游者的高度关注。专注于旅游平台咨询的品橙网（www.pinchain.com）在 2021 年 5 月做过女性旅游市场的系列专题文稿，其中有一篇名为"'她时代'的精而美：个性化的女性旅游"[①] 的文稿指出，对于旅游市场来说，面对越来越多样化、个性独立化的女性消费者，旅游企业、旅游管理者们百感困惑。

对于女性消费者而言，旅游度假不再局限于跟随家人一同旅游的被动方式或者购物旅游单一化的方式。《2018 年中国城市女性及家庭消费状况调查报告》显示，有 85.7% 的被调查女性（调研对象来自全国 31 个省份、322 个城市，以及港澳台地区的 3709 名青年女性及其家庭）在 2018 年享受过旅游度假，她们的旅游形式呈现多样化特征（如土味游、闪游、主题游等），旅游目的地的性质也五花八门，凸显了女性旅游市场的丰富与活跃。在短视频平台上为人所熟知的 56 岁"苏阿姨"苏敏依旧独自一人自驾在路上。与此同时，女性在自身的旅游实践中也获得了情感收获。《第 14 次中国城市女性生活状况调查报告（2018 年度）》的数据表明，超过 1/4 的被调研女性（共计 3709 位研究对象）认为通过旅游度假能够调节自身压力。

在多样化的女性旅游中，女性独游现象更是别具一格，并且日渐成为女性着重选择的旅行方式之一。首先来看国外对女性独游者统计的数据情况。全球多家调查机构 / 旅游公司都对（女性）独游现象做过不同主题的

① 品橙旅游."她时代"的精而美：个性化的女性旅游［EB/OL］.（2021-05-07）. https：//www.pinchain.com/article/246588.

数据调查。2015 年，世界知名旅游公司 Trip Advisor 对全球 9181 名女性的调查报告显示，单人游呈上升趋势，其中，东南亚女性单独出游的比例相比 2014 年上升了 12%①。CITE Research 在 2019 年代表 Expedia 对 2521 名 18 岁以上的游客（包含 1516 名美国人和 1005 名墨西哥人）进行了在线调查，调查显示约 1/3 的美国人会带着自己的手机独自旅行②。YouGov RealTime 调查公司在 2019 年做了 1215 份在线问卷调查，分析了独游的原因和性别差异，其中“千禧一代”的女性选择独游的概率超过“X 世代”“婴儿潮世代”以及“千禧一代”的男性。相对国外的中性立场的调查与探索，国内媒体的态度大多消极，在综合的搜索引擎展开简单的搜索，可以看到许多类似“独游女性遇害 / 危险”标题的负面报道。不过，途牛网在 2019 年 11 月 11 日发布的最新调查《2019 独自旅行消费分析》中指出，“独乐乐群体”不仅包括日益强大的单身族，还有在快节奏高压生活中渴望“自我时光”的已婚女性，女性相对男性更青睐独游③。也有研究表明，女性在家庭旅游中仍然扮演着照顾者的角色（Small，2005），再加上与他人在旅游偏好以及方式选择上的差异，都促使女性开始探索其他旅游方式，如独自旅游、闺密游（girlfriend getaway）（Berdychevsky & Gibson，2016）。

那么，在女性独游现象日益显著的情况下，对女性独游者故事进行进一步挖掘也必不可少，而非仅停留在对女性旅游旺盛需求的市场调研分析、女性独游的负面评价等层面。

#### 1.1.1.2 女性独游者旅游风险不可避免但另有丰富的体验

在女权主义影响之下，女性有时会处于“受害者话语”之中，这不单是西方社会的情形，中国社会与女性相关的具有冲击性的故事同西方社会

① 品橙旅游 .Trip Advisor 女性旅游调查报告凸显单人游［EB/OL］.（2015-03-10）. www.pinchain.com/article/26309.

② CITE 调查：1/3 的美国人会选择带着手机独自旅行［EB/OL］.（2019-08-20）. https：//www.pinchain.com/article/200156.

③ 艾瑞网 . 途牛发布《2019 独自旅游消费分析》：“90 后”担当独行侠主力军中长线目的地热度更高［EB/OL］.（2019-11-12）.http：//news.iresearch.cn/yx/2019/11/308121.shtml.

有一定的相似性。在这些冲击性故事之下的女性“琐碎性、体验式、情境化”的日常生活常常被忽略（黄盈盈，2018）。然而，女性日常故事理应得到不带有预设评判的倾听与顺畅的表达。黄盈盈（2018）运用普拉莫的故事社会学框架分析了六类存在于日常与边缘的女性身体故事，提出站在“积极的研究者以及批判的建构者”立场，希望研究者能够“更好地倾听与生产故事”。以往的女性独游研究曾指出女性独游会遭遇风险，当下许多新闻报道也印证了这一事实。

不可否认，女性一个人出游会由于各种因素而面临风险。但是女性旅游者在旅途中，从花心思挑选目的地、美食，到选择入住心仪酒店 / 民宿以及构筑自身的安全保障各个方面，又在积极实践。有研究者指出女性比男性更倾向于用更“有利”（favorable）的方式评估自身的幸福，对生活更乐观（optimism）（Arrosa & Gandelman，2016）。她们也会通过反思自己的旅行故事逐渐实现个人成长，并将积极影响延续到日常生活中，实现旅游带来的温和“疗愈”作用（苗学玲，2016）。女性表达自己的环境也在好转。由于新媒介技术的不断更迭，传统的媒介技术向更开放的网络媒介过渡，使网络平台中表达的“传—受”结构发生变化，传统女性所经历的“被设定”“非自主化”表达逐渐成为“自主”表达（张晨阳、郁慧玲，2011）。因此，女性得以诉说自己，并通过不同的情境或借助不同的客体向外界表达确证的自我概念或者个性（Gross & Brown，2008）。

女性独游现象不仅在数量上呈现了明显特征，女性自身的个体生命力量也会体现在旅游过程中。根据知名线上旅游 OTA 平台携程发布的《2022“她旅途”消费报告》，由 2021 年的调研数据可知，国内家庭旅游有超过六成的女性具有家庭旅游的决策权[①]。女性在旅游中的决策权开始明显，越发呈现主动的形象，已经不同于以往公众印象中的被动情况。在旅游过程中女性独游者对自身的主导权增大，她们对自身的认知、与他人交往相处，以及对新环境的适应都需要进一步探讨。

---

① 品橙旅游 . 携程：新一线女性旅游人均消费增幅超一线城市［EB/OL］.（2022-03-07）.https：//www.pinchain.com/article/267095.

## 1.1.2 理论背景

在中国社会的转型时期，社会中的日常实践及道德体验在一定程度上都将围绕对个体的理解展开（李荣荣，2014）。个体化命题在中国现代化进程中的表达为女性带来了反思自身、走出家庭私域以及成长的机会。女性不仅是在关系中存在（吉利根，1999），也需要成为独立的个体。但是在女性旅游研究领域，更多的还是从性别差异、风险感知的有限视角出发，女性旅游者的个体丰富性不够明晰。

### 1.1.2.1 个体化命题引发了对女性个体性多样实践的关注

齐格蒙特·鲍曼（Bauman）（2011）在乌尔里希·贝克（Beck）夫妇《个体化》（2004）一书序言中写道：个体化进程中的个体是一种具有"自觉实践能力"、"自力推进"、"自我维持"、"自反性的"、别无选择的个体。并且，这种个体化是将所有个体对象（包括女性、儿童、男性等）内容都包含在内的。"个体化"并非日常语言及字面含义所理解的"个性化"或者"个人主义"，而是强调个体的身份从承受者向责任者转型的内涵，以及个体与社会之间呈现的一种新型关系（王斌，2014）。

随着中国式现代化进程的推进，个体逐渐步入"过自己的生活"的个体化浪潮之中。社会的状态越发复杂多变，原有的宏观以及公共领域社会结构难以再简洁地划归，也难以充分地解释社会中复杂的矛盾与无序的变化，越来越多的学者开始探索以及重视个体在私人领域的微观实践与表达。"女性的个体化"命题越来越受到研究者的关注。贝克在《个体化》（2011）中单列一章强调了女性从"为他人而活"到"过自己的生活"的选择与行动实践。国内有学者认为，个体化进程下女性的亲密关系实践与感受、女性的主体性与能动性尤其值得重视（钟晓慧，2020）。另外，在高度发达的工业社会之下，女性情感、关怀以及合作特质同样不容忽视（刘小红、刘魁，2012）。在中国当前个体化理论背景下，由于对女性个体化进程的探索还不够深入，视角还不够广泛，对于女性个体化的研究呈现一种趋同性，尤其在讨论女性面临的传统制度规范时，常见的仍是将女性的工作—家庭二元框架考虑在内，因此其中一些细碎的个体异质化差异未被进一步挖掘，自我的塑造内容也未充分呈现。

女性研究中，性别通常作为女性存在的分类标签，性别差异将女性和男性划分为两类不同的群体（肖峰、陈英，2012），社会性别（gender）常被作为分析女性问题、女性角色以及性别差异等主题的分析视角、框架、概念（Davis et al.，2006），进而将女性理解为被动的、受到社会力量影响的群体。不过近些年，女性研究领域出现了由社会性别研究视角向“交叉性”视角的转变。“交叉性”可以捕捉生活中的复杂事物，并且具有多层次模型的潜力（McCall，2005），并带来了对群体内部异质性和个体身份复杂性的关注（王瑶、甘满堂，2020）。研究视角发生了转变，说明社会性别概念越来越不足以阐释女性个体的丰富性，在揭示女性个体能动性、力量方面还有待深化。李银河在《女性主义》（2018）一书中强调：女性主义夸大了男女不平等的问题，可以看作“受害者”哲学，在西方思想和中国本土传统文化合力之下，现代性与民族性矛盾都存在，因而更应当考虑性别和谐。

此外，通过搜索国内核心期刊可以发现，以往国内对于女性议题的讨论，往往会关注私人领域与女性直接相关的身体、责任、形象角色及其问题冲突等。例如，关注女性通过减肥形塑后的身体（李英华，2020），刚步入生命历程转折期的青年母亲的母职（佟新、陈玉佩，2019），年老的母亲照料者角色（彭扬帆，2020），亲密关系之中的情感与婚恋角色（赵杜灵、郭伟和，2020）。就角色实践过程中的问题与冲突而言，多重角色间的适切性与合理化（黄英、邓会敏，2020）、女性的工作—家庭冲突（张琪、张琳，2018）都是研究发展中主要分析的对象。研究者所关注的在公共领域女性实践的主要议题同样离不开女性形象角色建构的视角，诸如标榜男性气质而成就的女性精英角色（苏醒、田仁波，2019）、农村 / 小城镇女性的身份建构与认同（赵杜灵，2021）等。

整体来看，有关女性主体的研究都是在一种稳定且限定的关系结构（如城市—农村、家庭—工作、丈夫—妻子角色、孩子—母亲角色等）之下展开讨论的，女性通常是在角色关系之中被定义的。随着后结构主义女性主义运动的兴起，与消费紧密相连、自我治理的图景逐渐展开（黄燕华、易林，2021），焦点从集权领域转移到了“弥散、日常、隐蔽、生产性的微观权力”之中（McRobbie & Angela，2004）。研究者开始注意到女性个体的多维交叉、复杂的日常生活范畴，例如，许多城市女性通过学习插花，将艺术与审美融入日常消费与生活实践中，在鲜花消费中实践着自信独立的“雅致生活”（林晓珊、朱益青，2019）；还有一些现代高知女性选择单身，通过“进取”“独立”“欲望”的自我以及“去传统化”的方式，构建了现代与传统交织的群体特性（侯静、李雨欣，2020）。由此不难看出，在个体化进程影响下，女性在“性别角色”及其角色之外的个体丰富实践还有待进一步挖掘与探讨。

#### 1.1.2.2 性别视角下对女性旅游体验的研究还有待深化

过去十几年，旅游者行为逐渐取代旅游吸引物 / 资源 / 产品发展管理，成为国内旅游研究者主要关注的研究主题（Huang & Chen，2016）。女性旅游体验的研究也呈现相似的趋势。21 世纪初，研究者普遍关注女性旅游市场开发状态（谢江红，2006）、发展潜力（丁雨莲、陆林，2006）及市场细分（范向丽、郑向敏，2009）等，即便察觉到女性经济的巨大影响力，也只是站在供给方的角度（郑向敏、范向丽，2007），停留在总结描述以及调查统计阶段。近些年，国内开始出现对女性旅游者心理（于萍，2008）、女性旅游安全（郑向敏、范向丽，2008），以及女性个体旅游意义层面上的探索与尝试（徐文月、刘敏，2018）。

综合来看，女性安全与性别仍是主要话题（唐雪琼、朱竑，2007）。不过，研究者对女性旅游安全与性别权力的讨论在一定程度上暗含了马克思主义女性主义所强调的平等权力的诉求。研究者即便已经关注到旅游者及其背后的社会情境（杨军辉、李同昇，2015），仍将同质化的“平均人”作为研究对象，同时缺少对女性旅游者生活故事的挖掘。

相较于国内，西方社会对女性旅游者的关注在很大程度上侧重女性旅游者受到社会性别的影响，这意味着结构化性别因素在决定女性旅游体验中起到重要作用。“性别化”导向下的女性角色（Trussell & Shaw，2007）

通常是研究者探讨的主题，在性别视角的理解中，女性的存在常常是在与他者（otherness）联结的角色之中，缺乏完整的个体性；性别差异化常被用来比较甚至衡量男性与女性不同的性别特征（Yasin et al.，2017；Gao et al.，2020）。另外，由于受到结构化性别影响，女性对社会性别意识的反抗、顺从等行动 / 行为也体现在旅游中。全女性旅游（“闺密游”）过程中的亲密友谊也受到研究者的关注（Kong et al.，2022），但视角多聚焦于女性权力的维度，并将其看作“传统意义上追求平等和权利的女性主义式”实践，在某种程度上缩小了对于性别之外女性个体富有意义的行动探索范畴。

在女性主义发展过程中出现的新的“交叉转向”思潮在某种程度上影响了女性旅游体验研究。新的“交叉转向”思潮的影响体现在研究者开始对异质而非均质研究对象主体的关注上，进而出现了对不同女性旅游者参与不同旅游形式的研究，例如全女性旅游（Berdychevsky et al.，2016；Khoo-Lattimore & Gibson，2018）、女性独游（Yang et al.，2019）、穆斯林女性旅游（Brown & Osman，2017）等，同时也有研究者开始对旅游体验中女性的日常化生活体验展开探索，例如对旅游中的独自散步（Brown et al.，2020）、旅游中体验美食（Falconer，2013）、女性旅游体验的幸福感（Laing & Frost，2017；Xu & Zhang，2021）和虚拟旅游目的地女性旅游体验（Tavakoli & Mura，2015）等日常生活范畴的关照。随着研究的推进和对女性旅游体验深层意义的挖掘，新的方法 / 范式也开始出现，例如，在女性旅游带来的转变性意义研究中，发端于心理咨询的心理投射技术以及绘画技术被采用（Soulard et al.，2021）；变革范式对女性旅游体验探索有着新的指导意义等（Heimtun & Morgan，2012）。

从以上研究可以看出，在性别化带来的结构性影响视角下对女性旅游体验的研究还有待深入，但这并不是否定社会性别的重要性。通过社会性别视角能够了解到女性与男性的差异，以及女性所受到的社会结构性因素限制，但缺少对女性主体实践和能动性的探索和发现。女性作为个体的完整性被割裂看待，进而也就忽略了女性群体自身的异质性。并且，在女性旅游体验研究中，关乎女性人身安全的问题、被监视的身体表现（Small，

2016；Reddy-Best & Olson，2020）和女性旅游性行为等特殊化内容“过度”可见，女性旅游体验的意义在某种程度上被过度宣扬，而日常化、碎片化、复杂化以及情感性的内容常被模糊处理。女性个体的表达、个体与他人的相处以及积极或消极结果的获得变成了可识别却又无法辨析清楚的“白噪声”。于是，最终的结果可能只是过于强调女性旅游实践的安全性。

## 1.2 问题的提出

通过前述背景可以看出，女性追求悦己与独立已成趋势；女性独游的现象也变得越来越突出、引人注意；而在旅游风险之外，女性独游的故事内容也越来越丰富。在个体化理论逐渐在中国式现代化进程中得到响应的背景下，性别视角下女性个体的完整性、复杂性还有待挖掘。因此，研究问题意在回应“个体化进程中的女性”这一命题，即如何理解独游情境中女性个体的行动，从对女性个体本身的关注到对女性个体与他者的关注，进而尝试在社会层面理解个体化进程中女性独特的实践。

更进一步说，在个体化进程中，女性独游作为一种“脱嵌”式的尝试，使得女性也多少“被迫”地（生活所迫、感情所迫、寻求更多生活可能的意识）暂时离开生活中惯习化的关系，其中女性是如何通过个体独游的行动来实践这一过程的？又是如何通过调适再回归到日常生活的？是否有其他意义延展的可能？问题以女性独游现象为中心点展开，问题的逻辑线由浅入深发展，首先，从围绕女性独游现象的基本特征展开讨论，即独游前的基本特征；其次，从旅游基本要素深入到旅游的过程当中，综合看到女性独游者形象的静态化内容；再次，形象的内容塑造是复杂的，那么独游过程当中，女性是如何通过个体实践来面对复杂甚至“充满矛盾”的形象的；最后，旅游结束后，围绕女性在独游中的实践过程向其日常生活实践推开（从独游中的行动扩展至其日常），主要关系到“是什么”和“怎么样”的问题，并在分析的过程中尝试讨论“为什么”的问题。

具体问题表述为：

（1）围绕女性独游现象本身的探索：女性独游体验基本特征有哪些？

（2）就独游过程中女性旅游者通过行动实践呈现的静态化形象特征的探讨：独游过程中女性独游者呈现了何种形象？

（3）聚焦女性旅游者在独游过程中的实践过程分析：独游使得女性暂时离开原有的“角色”“关系”进入一个新的情境当中，那么，女性旅游者在独游过程中的行动实践有哪些？

（4）从女性独游情境中的实践向日常生活展开讨论：女性独游者不能被割裂看待，她不仅是一名旅游者，还是日常生活中的个体，那么，女性的独游体验与其日常生活之间呈现哪些关系，又有怎样的相互作用？

最后，本书尝试对女性独游现象背后的宏观现实做出讨论，即对当前中国个体化进程中的女性境遇展开论述。

特别说明的是，本书核心关注的是女性独游现象中女性的独游体验，原因有四：一是女性独游的现象明显，近些年女性开始越来越多地选择一个人出游，无论是市场调研还是理论研究，都可以看出现象的独特性和价值性；二是过去人们所讲的“深在闺中”“依附性”的传统女性，遭遇了个体化时代对女性既要“责任”又要“独立”两方面平衡的要求，但是在独游情境中女性似乎可以短时出走又可以再次返回原来的生活，女性的生活呈现多种样态和可能性，独游对于女性而言意义深远；三是女性独游的研究与性别话题几乎是共同出现的，独游女性一直被“捆绑”在性别角色视角之中，缺少从完备个体及其行动和体验的角度出发探索；四是作为女性研究者，对女性敏感性的深刻理解具有技术上的可行性。

核心的研究内容主要就女性独游现象、选择独游的女性及其生活展开讨论，进而去理解个体化社会中一方面要求“负责任的女性”，另一方面又要求“独立的女性”，在这种张力影响之下，女性独游是怎样的，女性在独游过程中是如何“活出自我的生活风格”状态的。女性独游的体验回应了一定的个体化社会现实。

## 1.3 研究意义

### 1.3.1 理论意义

理论意义体现在以下两个方面：

一是理论视野上的丰富与补充。与以往从社会性别视角看待女性旅游者不同，本书尝试在此基础上补充个体心理学、个体社会学视角，对女性独游体验实现更丰富的理解；同时，通过对女性独游体验的挖掘，对相关理论的本土适应性进行检验。

二是探索发现个体创造性力量及其影响下的旅游与生活世界的变化关系。在宏观层面，重新看待女性、看待个体，发现在旅游情境中的特殊性，发现与日常行为方式的差异性与相似性，看待旅游世界与生活世界的二元结构关系；在个体层面，发现个体在变化环境中的创造性实践并将其概念化。

### 1.3.2 社会意义

女性独游映射了许多社会议题，如性别角色、女性权力、家庭关系、女性就业以及女性旅游风险等，在广泛意义上能够引起人们的重视。

在社会意义上主要体现为：

对于旅游者而言，本书旨在揭示女性独游体验带给女性的积极意义。面对当今快速翻新、碎片化与冲突化的现代社会，提供一种人们能够自发实现的“旅游疗愈”的可能性，发掘人的心理韧性（resilience）的其他实现方式。正如克里彭多夫（Krippendorf，1986）提出的旅游社会效用，旅游是社会性的一种疗愈，不再仅是一种逃离社会的方式。

对于业界及其他社会领域而言，本书旨在引导社会成员重新看待与理解女性，同时为从业者面对女性旅游市场层出不穷的变化带来些许参考与启发。

## 1.4 技术路线

各章节研究内容概述：

（1）第 1 章　绪论。讨论女性独游体验的社会背景与理论背景，从而引出文章的研究问题以及点明研究意义。

（2）第 2 章　研究回顾及理论基础。主要梳理性别视角下的旅游者研究、女性独游体验研究，以及个体化进程及其在国内的响应、女性个体化适应等相关研究基础，进而讨论与个体紧密相关的理论问题，为后续资料的分析提供视角与方向。

（3）第 3 章　研究设计。对女性独游体验研究方法选择与方法实施进行探讨。

（4）第 4 章　独游前：动机、制约与特征年龄段。是对研究问题 1 的回应。主要顺延以往女性独游的研究脉络，探索女性独游体验前期的动机和制约等基本特征。

（5）第 5 章　独游过程中的典型形象及其塑造。是对研究问题 2 的回应。主要探讨女性在独游过程中通过行动塑造出的形象，以及在不同主体叙事下的女性独游形象。这一章形象的分析是女性行动实践后所呈现的静态化内容。

（6）第 6 章　女性独游者的行动实践。是对研究问题 3 的回应。主要包含女性（自我性）个体在独游过程中的行动策略及其变化。这一章对具体行动和转变的分析更加聚焦女性独游者的行动体验，是个体实践的动态化内容。

（7）第 7 章　独游后的影响：独游与日常生活的关系。是对研究问题 4 的回应。主要探讨女性独游体验与其日常生活的关系以及女性塑造个体的过程所带来的影响及几类典型结果。

（8）第 8 章　结论与讨论。总结梳理全部研究内容，并进行理论提升；对不足之处进行总结，对未来可能的维度进行展望。

本书的技术路线见图 1–1。

**铺垫：研究基础**

研究综述
把握女性独游的内涵与定义、脉络与前沿、经典的研究视角；女性旅游者研究的性别化视角、个体化适应等当代重要命题

理论视角
个体的社会融入以及自我塑造、个体—社会维度中的个体心理发展等多维视角个体实践前沿

**搭建：研究设计**

细化问题
- 独游前期，独游动机、制约、其他特征；
- 独游过程，行动塑造静态形象，不同主体叙事形象差异；
- 独游过程，行动及其转变（动态过程）；
- 独游后，独游对其日常的影响

研究框架
“呈现形象”（to be）—“关系性行动”—“生活风格”（to do）

**实施：资料搜集**

参与式观察法与自我民族志式初探

深度访谈与参与式观察法并行

网络及其他类型资料搜集补充（反思，调整访谈提纲、问题指向）

**浸润：资料分析**

第4章 独游前：动机、制约与特征年龄段（文本分析）

第5章 独游过程中的典型形象及其塑造（叙事分析）

第6章 女性独游者的行动实践（主题分析）

第7章 独游后的影响：独游与日常生活的关系（拓展个案分析）（针对不同的问题域实施关键性分析方法）

**概括：研究结果**

- 以关系化行动为核心，以“第4章 独游前：动机、制约与特征年龄段”作为其前置因素；
- “第5章 独游过程中的典型形象及其塑造”是行动的静态化呈现；
- “第6章 女性独游者的行动实践”属于自主选择行动的特征，“第7章 独游后的影响：独游与日常生活的关系”属于自主选择行动的结果，这两类都作为行动动态化的呈现，即自主选择的行动

**凝练：理论构建**

- 超越性别建构的个体实践（形象、行动；个体的再创造；超越性别规范的转变；突破性别制约）；
- 柔性个体；
- 现实意义、女性个体化适应的讨论

图 1-1 技术路线

# 2

# 研究回顾及理论基础

## 2.1 旅游者研究与性别视角

### 2.1.1 性别研究理论脉络及主要观点

有关性别理论是伴随着女性主义的经验主义（feminist empiricism）、立场主义（standpoint feminism）以及后结构主义（post-structural feminism）三次浪潮发展起来的，两者之间的影响是相辅相成的。女性主义的研究者认为社会性别带来了性别的不平等，社会性别关键范畴作为一种理论框架以及方法，致力于消除男女所受到的来自政策的、社会结构的不平等影响（杜洁，2000）。

社会性别（gender）已经发展成为西方女性研究的一个重要概念和分析范畴。波伏娃（Simone de Beauvoir）和克里斯蒂娃（Julia Kristeva）认为性别差异是在社会权力话语中所构建的，而这种权力话语是人类中心主义的，或者是以男性权力话语为主导的（Soh，2021）。随着女性主义对性别权力不平等的注意，研究者将关注的重点放在利用性别的社会属性解决差异的问题上。20 世纪 70 年代以来，西方学术界开始用“Gender”来指代女性的社会文化含义，其中盖尔·鲁宾（Gayle Rubin）提出的性 / 社会性别制度概念启发了后续的研究者；20 世纪 80 年代，琼·斯科特（Joan W. Scott）对社会性别提出了涉及文化、权力关系、社会关系的新见解；随着女性主义的发展，20 世纪 90 年代对“Gender”的社会建构意义的讨论也不断加深（王政，1997）。

随着现象的复杂和研究的深入，传统意义上的性别概念结构逐渐多元化（Budgeon，2014），出现了不同程度、不同范畴的延伸和发展。社会性别的一类延伸指的是二元性别作用内涵与影响结果内容的扩展，具体体现在不同层面。Chow（1998）指出社会性别在不同发展时期，其内在分析呈现注重互动交往的微观分析与强调社会结构的宏观分析等多方面变化：第一类强调“自然性别差异”内涵，倾向于将性别划归为个人内在属性；第二类强调地位和角色，以性别差异性、性别角色为分析主旨；第三类强调人际关系，认为社会性别是在受到多种因素影响下具有结构性质的而非个人属性；第四类强调社会性别是过程性质的，也就是“行动着的性别 / 践行性别 / 达成性别”（doing gender）（West & Zimmerman，1987）所强调的社会交往过程。除此之外，还有三种对社会性别理论化发展影响较大的思想，首先是 Chow（1998）将其总结为旨在将社会性别作为多重交错的变量影响下的人类基本原则尝试；其次是将“行动着的性别”扩展为“行动着的差异 / 践行差异”（doing difference）的方法论尝试（West & Fenstermaker，1995）；最后是将社会性别看作一种嵌入社会机制并作为社会机制一部分的尝试（Lober，1994）。其中，在践行性别所属的“性别互动论”后续发展中，研究者又提出了由于社会情境不同带来的性别差异影响，甚至影响消失的“消解性别”（undoing gender）① 视角、关乎性别身份再确证的“再做性别”（redoing gender）和突破二元性别本体的“跨性别”（doing transgender）观点（王晴锋，2020）。

到了 20 世纪 90 年代后期，社会性别理论出现了另一类延伸，开始向跨性别理论扩展，将异性恋之外的多种类、错综复杂的跨自然性别和跨社会性别的群体悉数纳入研究对象行列，与社会性别具有统一的理论内涵但又独具包容性（高奋、万安迪，2021）。交叉性理论是伴随着美国 20 世纪六七十年代的黑人女权运动发展起来的（Chavis & Hill，2008）。最初 Crenshaw（1991）用交叉性的概念来分析种族和性别对黑人女性就业经历产生的交叉影响，其基本内涵是包括性别、阶级、种族等各种身份特征在内的交叉、交互作用影响的一类性别分析范式（苏熠慧，2016），强调

① 这里的“消解性别”和巴特勒提出的消除本质性“主体”的性别是具有共同名称但内涵差异的两类概念，Deutsch（2007）在其研究中给出了说明。

多重叠加结果下边缘女性遭遇的困境。交叉性理论已经发展为聚焦身份、社会结构与情境的同时性（simultaneity）、互动性（interaction）、复合性（compounding）以及交叠性（intermeshing）复杂作用的理论内涵（Garry，2011）。虽然交叉性考虑了多重因素复杂作用，但是也有情境化的不适用性，交叉性研究不一定能够适用中国的现实情境，同时有可能会受到不同历史发展路径的限制（苏熠慧，2016）。交叉性理论考虑了社会身份的复杂性，强调了由于身份复杂性带来的交叉压迫影响，在国内主要应用于劳动分工体系与性别的相关研究（熊伊伊、郑璇，2021）。

社会性别观点的两类延伸都是在二元性别的本体论范畴之内，还有一类打破本体论范畴的扩展，即巴特勒（Judith Butler）的性别展演理论（performative）的提出与演进，而巴特勒的研究也进一步推动了传统女性主义向强调个体能动、性别化消费、微观生活政治的后现代女性主义发展。在巴特勒看来，性别不再是一个固有的实存物，而是“述行性的”（王玉珏，2018），在语言建构下身体重复行为产生的“文化性、历史性聚合的相对位置”（Butler，1990），进而消解了男性、女性对应的气质、身体、规范等方面（范譞，2010）。

对此，孙明哲（2020）将当代西方性别理论划分为以性别文化和性别展演理论为代表的性别范畴两类建构范式，前者代表以自然性别为基础的二元性别，分工和角色都是社会建构的，不能抛开社会情境和历史维度；后者的性别范畴以巴特勒的性别“述行性 / 展演”理论为代表，打破了二元性别范畴对性别主体的“解构和重构”，认为范畴本身是被建构的，反对以性别为标准的划分和归类，主体获得性别属性的原因是其理论出发点。马丹（2020）在女卡车司机的微观劳动实践研究中也总结了性别研究所经历的四类转向：一是静态性别向动态转向，注重在互动情境中非个体内在属性的性别达成过程；二是性别特征存在情境的差异性；三是性别并不是单一作用的，而是与其他因素交互综合作用的，也就是是“交叉性”（intersectionality）；四是性别气质并不与性别直接对应。

另外，还有一类涉及社会性别 / 性之间交错关联比较复杂的概念，例如黄盈盈（2018）所运用的由台湾学者在 1995 年提出的“性 / 别”概念，具有丰富的内涵和意义，其中“/”标志着性和性别间多元、流动以及充满暧昧的复杂关系，而“别”则意味着充满内部异质性的性和其他社会要素的交织关联（杜洁等，2020）。

性别概念的应用及其研究在中国的情境下也有其辩证的一面，一方面父权制对女性起到了限制的作用，另一方面又给了女性以发挥能动性的空间，“限制影响”单一指向的理论并不能完全揭示社会事实，由此必须更加全面深入地面对特定的历史时代、特定的群体，尽可能真切地回到“女性的生活环境”，同时也是对理论观点的进一步检验（杜芳琴，2001）。国内已有学者开始从个体方面做出其他尝试，例如苏熠慧（2021）从主体性理论和女性能动性的研究中受到启发，从“认知”以及“资源”两个维度构建了打工女性的多元主体框架，进而对主流研究将打工女性视为缺乏资源和能力的“受害者”的“强结构—弱个体”研究范式提出批判和反思。

### 2.1.2 旅游者研究以及其中的性别理论

在旅游研究中，性别视角自20世纪90年代开始受到研究者的重视。旅游业是在性别化的社会中产生和构建的（Kinnaird & Hall，1994）。Figueroa-Domecq等（2015）已经对旅游性别主题的研究做了文献统计分析，但随后的研究者指出，其分析并没有考虑到女性主义三次浪潮的发展对旅游性别研究起到的关键作用（Cohen & Cohen，2019）。在女性主义第二次浪潮影响下，女性主义与人文地理的研究开始结合，随后又出现了针对性别化空间分析的女性主义地理学（周培勤，2014），其主要观点是空间的性别化特征以及空间建构中存在着权力重构、不平等和女性隐喻的现象（Massey，2013）。

性别建构影响是主要的理论点之一。Kinnaird和Hall（1996）特别指出，旅游中同样体现了比较明显的性别社会建构影响。性别关系影响着所有的社会实践，也反过来被社会实践制约（Duffy et al.，2015）。性别作用与文化制约是紧密相关的，两者相互作用，进而形成了影响女性的性别观念。亚洲妇女的旅行行为受到文化身份和性别定型观念的影响（Yang et al.，2017）。性别化风险是在文化、社会性别建构影响下形成的（Eger，

2021）。由经济、教育和职业性别建构带来的性别平等话题也受到了研究者的关注（Zhang & Zhang，2020）。性别作为一个作用变量在女性旅游决策时起到作用（Kim et al.，2012），同时也在目的地形象的风险感知和出游意愿方面起着调节作用（Carballo et al.，2021）。性别对于女性旅游者的幸福感及其同伴相处、满意度等方面都起着重要作用（Su et al.，2021）。并且，旅游的积极影响或转变性影响确实有性别差异，有研究者指出旅游为女性带来思想解放以及赋权，女性通过旅游获得跨文化的意识提升［转变式学习（transformative learning）］、人际关系的拓展和归属感的增强［存在主义式的转变（existential tansformation）］（Pung et al.，2020）。

已有学者开始关注到性别研究中的展演实践，践行性别（doing gender）等新视角延伸中的社会性别分析。Jordan（2008）结合了展演性实践（performative practices）和性别化空间的建构，讨论了独身女性在“飞地”旅游空间中遭受的一系列性别化制约和困境，不过在这一研究中的展演性实践更多的是强调情境化、互动性质，在本质上是与践行性别相类似的。在酒店员工职业工作研究领域，刘婷婷等（2021）探讨了酒店员工在工作场域的践行性别行为以及在家庭场域的消解性别行为，提出了对性别关联规范的挑战。在志愿者旅游过程中，女性旅游者面临性别化空间的恐惧，而女性对于性别化空间的恐惧和反思反过来又促进了性别的刻板印象形成（Kipp et al.，2021）。

近年来，有研究者注意到新兴的性别研究交叉性视角，并开始呼吁将交叉性理论引入旅游研究（Mooney，2018）。将交叉性理论应用在可持续旅游中女性从业者的平等权力研究上（Kato，2019）。同时，也有研究者将研究视野扩展到跨性别群体，开始探索性别研究的一些前沿话题，例如探讨跨性别者在旅游过程中体验到的性别认同内容（Olson & Reddy-Best，2019）。

不过性别所带来的结构化影响并不是决定性的，这体现在性别气质的交错表现、女性对性别建构影响所做出的积极实践上。强结构影响 / 建构影响作用的视角开始向个体实践、积极作用方向转变。性别意识形态也会发生变化，二元性别及其背后对应的男性—女性气质在旅游现实语境中也找到了反例（Duffy et al.，2015），甚至男性和女性对于风险所表现出的恐惧性都是一致的（Mura & Khoo-Lattimore，2012）。Heimtun（2012）的一篇文章中尝试对女性旅游者的社会身份、婚姻状况给旅游体验所带来的交叉影响展开分析，探讨了独立旅游的未婚中年女性在旅游中体验到的转变，女性在旅游中所获得的社会身份虽然受到旅游者目光凝视所构成的性别化空间和场域单向度（one-direction）的影响，但是个体都持有不同的对应策略。

更重要的是，女性还能够针对惯习中的物质权力关系影响发展出抵制、竞争和协商的行动方式，例如一些中年女性在度假过程中会展现与旧有习惯不同的行为模式（McNay，2000）。Janta 和 Christou（2019）考察了拥有独立事业的女性在定居国外后通过接待探亲家人的社会实践行为来实现女性赋权，其中文化被视作社会实践转变的一条路径，女性通过适应文化进而调整自己的行为；照顾实践不仅体现了女性的家庭责任，还体现了女性创造的情感亲密空间；接待探亲友人为移民女性带来了尊重，进而为她们带来了自信和自我价值的确证。另外，大多数旅游研究者还没有注意到关于“社会性别”概念和相关理论在发展过程中呈现的复杂性，还没有遵循社会性别新进的发展脉络展开相应拓展研究。

通过上述梳理可以看出，旅游研究中的性别视角与女性研究的性别视角发展趋同，虽然未能系统化甚至清晰地运用拥有复杂内涵的性别研究概念和理论，但不难看出旅游者的性别化建构是其中的重要内容。随着研究者对丰富现象的关注，性别建构的视角也逐渐向个体行为模式、女性自我赋权和发展等积极方面扩展和深化。

## 2.2 女性独游研究回顾

### 2.2.1 女性独游研究的发展脉络

社会建构论的观点认为，人们不是分离在历史文化之外，而是存在于历史文化语境之中的，人们拥有“内部人”的视角（毕夏普，2018）。那么，对于女性独游体验研究，要先把握研究背后的社会语境和发展脉络，进而分析具体的研究。女性独游研究主要有两条发展脉络，一条来自旅游研究领域，与不划分性别的整体独游研究发展背景相似，主要内容有旅游市场以及人口结构的变化，后又受到带有女性主义思潮观点的女性旅游研究的影响，从而具有了性别化的特征；另一条来自休闲研究领域，研究者先关注女性在休闲活动中的制约因素，进而从中发现了女性独特的群体特征，这一条又在一定程度上契合了女性主义发展浪潮中性别平权的思想。

暂且抛开“女性”作为性别特征在“独游”概念上的附加修饰，回到不区分性别的独游研究上来，可以发现“独游”来自旅游市场的蓬勃发展，来自研究者对市场中新出现的类型的划分。1999 年，澳大利亚的一份独游者报告中提出了“独游者”（solo traveler）的概念，强调抵达目的地的状态（Foo，1999）。随后的研究也多从旅游目的地出发，判断不同目的地的独游者出行动机、满意因素以及对女性旅游的基本描述（Mehmetoglu et al.，2001；Laesser et al.，2009；Gomes & Montenegro，2016；Osman et al.，2020）。在近些年的独游研究中，随着社会人口与家庭结构发生变化，开始出现有关“独居家庭”中独居化个体的旅游研究（Bianchi，2016）。

更广泛意义上的女性旅游发展也处于整个宏观旅游市场与社会经济发展的影响下，不过女性旅游的研究更多受到 20 世纪六七十年代女性主义运动第二次浪潮的影响，欧美女性受教育与工作机会增多，女性独立意识开始觉醒，致力于消除造成女性对男性从属地位基础的两性差异（李银河，2018）。在 20 世纪 70 年代前后的旅游研究中，研究者开始注意男性与女性在生理以及社会性别上的差异（Smith，1979），在一些研究书籍与特刊中开始出现关注女性旅游者特征的研究，并且大部分研究带有女性主义的视角，强调“性别”（gender）与“权力”（power）（Swain，1995；Pritchard et al.，2007）。在 Swain（1995）看来，旅游是一个性别差异的领域，存在固有的性别不平等。亚洲文化中受到欧美女性主义思想影响的中国台湾地区以及日本、韩国，较早开始了对女性背包客的关注（范向丽、郑向敏，2007；Yang et al.，2017）。国内旅游研究起步较晚，最初更多的是沿袭旅游市场发展研究的线路，发现区别于其他群体的“女性游客”群体的差异（范向丽、郑向敏，2007；丁雨莲、陆林，2006；唐雪琼、朱竑，2007；郑向敏、范向丽，2007），从经济与市场消费的立场来看待女性游客独特的旅游消费及性别权力（作为一个整体的各类特征），而非将女性游客作为一个完整个体看待。

在旅游市场的个性化发展并带有性别权力争取的特征主线之外，还有一条遵循“休闲”发展的脉络。休闲研究将问题领域拓展到休闲制约因素，女性的性别化特征在休闲制约问题领域逐渐浮现并且被研究者识别出来。随之，看似更“反叛”且更具有现代冲击力的女性独游现象成为人们关注的新领域。女性随着工作机会的增多获得了社会领域的部分权力，但部分女性在家庭领域仍担负着重要责任，例如她们仍然要策划、准备以及操心休闲活动（Chung et al.，2017）。研究者基于休闲选择评价、角色责任评估要素，从性别刻板印象的角度建立了女性休闲活动中的制约机制，反过来解答了女性如何才能更好地参与到休闲活动中的问题（Henderson et al.，1989；Shaw，1994）。

同时，研究者注意到旅游作为休闲活动的一种，使女性在旅游休闲过程中收获了积极的意义。早在 1995 年的一篇研究简讯中，Butler 就指出，对于男性来说，旅游是一种自我体验，而对于女性而言，旅游具有更加积极的意义，这意味着一种独立性的获得以及家庭责任的逃离。女性在传统意识上被认为是与家庭紧密相连的，男性可以是移动的，而女性则是被动的，她们附属于家庭的“固定点”（Warner-Smith，2000）。女性在旅游过程中体验到从家庭环境到外在环境的地理位置切换以及属于自己时间的拉长，从而逐渐摆脱以往作为家庭附属的传统形象，这一类空间在学者眼中具有了性别的差异性，空间不再是同质的，而是变成了异质性的（Wearing，1996）。综上所述，拥有独特形式的女性独游现象被研究者识别为极具彰显女性性别权力特征的问题范畴。

### 2.2.2 对女性独游定义的思考

在厘清研究发展脉络后，对女性独游定义进行分析讨论。与独游者相近的一个概念是自助游者（independent traveler）。Wilson（2004）在其博士论文中率先给出了一个区分，认为自助游者是从来不会跟团的旅游者，自助游具有高度的选择性（Hyde & Lawson，2003），强调的是旅途中的自助性质。独游更倾向于抵达的状态（Laesser et al.，2009），就出发时的状态而言，独游同样也包含自主性质。独游者可以在旅途中一直是一个人，也可以在旅途中建立起新的社交关系（Mehmetoglu et al.，2001），但不会长期结伴，整个过程强调个体性。

研究女性独游的学者大部分没有对独游者给出准确的定义，不过给出了独游者的含义要点。有的学者基于游客的旅游行为特征进行划分，突出独游过程中女性展现的个体性；也有的学者强调游客社会的关系特征，表 2–1 对女性独游定义进行了总结和比较。后文将统一使用"女性独游者"（solo female traveler）来指代独自旅游的女性。

**表 2–1　女性独游的定义**

| 学者 | 内容 | 备注 |
|---|---|---|
| Slavik & Shaw（1996） | 独自到达的状态而不是整个旅行中的状态；并不是一个完整意义上的独立旅行者；旅游单位是个体。包括但不限于单身旅游者，研究对象涉及不婚女性、未婚女性和丧偶女性 | 强调旅游者特征 |
| Wilson（2004） | 独自离家时是一个人，在旅游过程中可能会结识不同的人；自己对活动、行程负责。遭遇到相较于参团更多和更难解决的麻烦、阻碍 | 强调旅游过程特征 |
| McNamara & Prideaux（2010） | 选择没有同伴的、不参与旅行团，独自到达目的地的女性独游者 | 强调个体 |
| Seow & Brown（2018） | 拥有独游经历的女性，旅游过程中独自一人 | 强调个体经验 |
| Yang et al.（2018） | 带着休闲目的的独自一人旅游 | 强调目的性 |

资料来源：表格根据参考文献整理。

可以看出，欧美国家的研究将休闲目的（leisure purpose）作为筛选的特征 / 条件之一，本书将旅游中的休闲特征纳入，同时将独游的影响性、意义性这两类更加多样化的特征一并考虑在内。因此，本书将女性独游定义为女性自主决定行程规划、出发时决定一人出游，并不排除旅途中结识新的友伴、不排除和其他游客或当地居民同游、交流，不过在返程时仍是自己一人，并且包含个体在旅程中的反思性。本书将“女性独游者”定义为，不参与旅游团，不与家人、朋友一同出发，但不排除旅行途中结识新朋友一起旅游的女性，整体上自主决策、自主计划行程（徐文月、刘敏，2018），具有个体性、自助性、意义深刻性的特征。个体性代表着女性旅游出发时单独一人，在旅游过程中又结识新的伙伴，不与社会关系中熟识的人一同旅游；自助性意味着整个过程自己规划，体现着主体自我决定的力量；意义深刻性意味着在旅游过程中的收获具有积极或消极的两面性，都能够对女性个体本身及其日常生活产生一定影响。

### 2.2.3 女性独游研究的三类经典视角

#### 2.2.3.1 小众市场的视角——讨论动机目标指向市场发展

女性独游作为旅游市场的一个小众范围，被研究者认为是不可忽略的。在倾向于搜索大范围的、代表性的研究数据的主流研究之外，Jordan和Gibson（2004）发现了具有边缘性、独特性的女性独游市场，于是开始对分散游移在旅游大众群体之外的个体进行探索。他们的研究做了许多方法论上的探讨，从如何看待独游女性，如何通过深度访谈收集定性数据、倾听独游女性的故事到采取主题分析和文化比较的方式，都做了细致讨论。相较于对质性方法展开讨论的少部分研究，更常见的研究是站在目的地立场采用问卷调研的方式收集数据并量化分析，以及对女性独游者独游动机的探究，进而做出女性独游者市场用户画像式的类型学划分。具体而言，研究者采用因子分析方法将女性独游的动机划分为体验、逃离、放松、社会性、自尊五个方面。

除了划分动机以及描绘女性独游市场分型，也有学者站在酒店管理与营销的角度探讨了选择独自旅游的商业女性的住宿偏好（Hao & Har，2014）。McNamara和Prideaux（2010）通过对机场收集的女性游客问卷描述性分析，将“冒险程度”作为女性独游类型划分连续谱的程度标志特征，类型谱的两端分为具有高冒险程度的“冒险爱好”端和具有低冒险程度的“被动冒险”端，在动机分类上具有较强的市场调研特征，并以此为依据来判定女性游客独自旅游时的消费偏好。当然，他们也对动机做了分析，将动机划分为参观、休闲、访问朋友与家人等方面。无论是针对动机还是类型划分的定量研究，研究的实质都更偏向目的地营销与管理意义，缺少对女性独游者个体本身完整生命的关注。

#### 2.2.3.2 性别话语的视角——性别和文化制约关系紧密

沿袭女性休闲制约的发展脉络，女性独游体验的研究也会较多关注到女性的出游制约。研究者认为，女性独自出游不仅会面临生理性别上的制约，在社会性别维度上也同样受到制约，无论是哪一方面的制约，对于女性独游者来说都意味着独游过程的重重“险境”。Wilson 和 Little（2005）在对 40 名澳大利亚女性进行深度访谈后，将旅游（休闲）限制因素主要划分为四类：社会文化的、个人的、行动的和空间性的，这些因素以一种混合的方式贯穿独游女性的日常生活与旅游情境中。除了以上制约因素，Wilson 和 Little（2008）随后拓宽了理论范畴，从休闲制约理论出发（leisure theory on constraints），并结合女性地理学的视角分析女性独游在地理空间上的恐惧（geography of women’s travel fears），他们认为女性在独游时的担忧主要与“他人的看法、自身脆弱感受、有限的活动范围、惹人注目的女性”相关。有研究者关注了挪威年轻女性独游意愿，经由定量测算发现，即便女性在拥有独游意愿阶段，也可能会受到性别因素的影响从而使出游受阻，年轻女性会对可能出现在独游过程中的地理空间制约表现出恐惧（Heimtun & Abelsen，2013）。性别在某种意义上成了女性能否顺利独游的制约，无论是直接形成的性别制约还是间接引发的其他制约。虽然也有研究者看到了女性面对制约时的积极行动，Brugulat 和 Coromina（2021）在访谈了 37 名独游女性后得出，女性独游者即便在旅游过程中会面临各种制约，但她们也会及时做出相应调整。

研究者对女性独游限制因素进行研究时，一方面突出性别的弱点，另一方面倾向于提炼出“文化”元素。由于女性背包客在欧美文化中历史悠久，欧美女性独立意识相较于亚洲（东方文化）更明显，因此研究者在独游研究中大多基于以上背景强调亚洲女性在独游过程中的传统文化限制。顺着文化影响的思路，也有研究者关注到穆斯林女性在独游中获得女性赋权（empowerment）、进行意义寻求等一系列对性别规范的某种变革作用（Nikjoo et al.，2021）。在另一些研究者看来，女性独游被限制是由于女性在性别传统上被认为是难以脱离“依附”的（Seow & Brown，2018；Yang et al.，2018）。

由此可见，女性独游不被允许的观点源于性别文化传统，女性需要在获得他者同意后才能单独出行，无法选择独游的观点也就顺理成章了。在女性群体性别传统文化的推动下，女性独游被认为与“赋权”“独立”“对抗性别限制”等相关。实际上，女性独游的现象由于个体和情境的变化，需要依据实际情况进行辨析，例如，本书绪论所述国内女性独游市场不断繁荣，以及女性积极表达与丰富收获都在一定程度上反驳了欧美研究性别化制约的观点。另外，文化的影响是广泛的，于是有研究者将视角转向了目的地为“第三世界”国家和地区的女性独游研究，例如，有的研究者运用内容分析法研究前往非洲的女性独游者的博客后发现，独游女性在前往非洲旅游之前以及旅游过程中都会受到一些限制因素的影响，如她们明显感受到“非洲是男性的空间”所建构的文化影响（Ngwira et al.，2020）。不过，也有学者认为不安全空间是一种中性化“常态”，进而对女性独游挑战性别规范、突破性别化空间提出了疑问（Thomas & Mura，2019）。

#### 2.2.3.3 风险应对的视角——易受伤害且被动的独游女性

风险应对视角下的独游研究与性别文化视角相类似，但前者会更多地讨论女性独游者在独游中所遭受的风险，将独游女性视作容易受到伤害的旅游者，甚至是“有限的探索者”（bounded explorer），在自身情感以及社会行为的约束下不能享受旅游过程（Douglas & Barret，2020）。这类视角通常认为女性独游者容易遭受来自男性的危险。有研究者运用福柯的“监视”理论来分析独游情境中女性容易被男性侵犯，并且女性还会遭遇来自男性的持续“监视”，而这类“监视”可被视为具有性别化特征的凝视（Jordan & Gibson，2005；Jordan & Aitchison，2008）。女性独游者的危险识别和处理策略（Yang，2016）通常作为重点内容受到研究者的关注，这也在一定程度上导致女性独游研究的内容较为单薄、讨论维度单一，同时女性也容易被当成被动的风险承受者。在女性一个人在外散步的日常化情境中也会遇到风险和感到脆弱（Brown de Coteau & Lavrushkina，2020）。在女性独游者面对男性骚扰时，她们的反抗往往是被动的，在风险过后她们选择忽视、克制甚至责备自己的方式来平复内心的波动（Su & Wu，2020）。Karagöz 等（2021）认为，女性独游者即便能够从网络上获得一定的心理—社会支持来调节内心的焦虑，她们在出游前仍会对旅途预期产生不安感。在性别化影响这一视角下，女性选择独游的动机是争取性别平权以及自身独立；而在女性弱势视角下，独游女性仍面临重重障碍且容易受到伤害，女性独游者看似从性别文化的束缚困境中跳脱，实则又陷入另外一个风险困境。

虽然有的学者从自我民族志出发研究女性独游体验的意义（徐文月、刘敏，2018），有的学者认识到旅游为女性带来积极且深远的幸福和主体发展的意义（Wilson & Harris，2006；苗学玲，2016），也有学者发现旅游带给女性的变革性（transformative travel）作用（Laing & Frost，2017），但是对于女性独游的现象、女性作为完整个体的事实及其日常生活—旅游的关联变化都揭示得不够。独游对于女性而言，其丰富的意义不只体现在个体的技能学习、视野拓宽或者社会层面推动意识形态的变化上（徐文月、刘敏，2018；Yang & Khoo-Lattimore，2019），还体现在女性日常生活的变化中。独游对于女性的积极意义固然重要，但女性个体的行动意义与影响，以及旅游之后对个体发展的影响与更深层的社会性反思，都值得进一步思索。

社会发展进程中，人口结构、家庭结构都在发生变化，旅游者自身处境也在发生改变，这对旅游方式的选择或多或少也会产生一定程度的影响，那么女性独游的兴起可以看作女性在个体性选择的社会背景下出现的。女性是否选择独游不仅取决于女性独立于家庭、重建自己的主体力量、获得与男性的平等权利这一系列积极影响，更需要放置在更广的视域下进行讨论和分析。

## 2.3 个体化命题、国内响应及其影响下的女性

### 2.3.1 个体化的概念内涵

个体化内容古已有之，自文艺复兴以来，众多的思想家和学者都对个体化现象、概念、理论以及个体与社会的结构关系变化进行过探讨与研究。个体化不等于日常用语中人格上的个性化，也不是对立于集体主义价值的个人主义内涵。个人主义把个人的幸福作为个人计划的终极目标（Castells，2015）。迪蒙（2014）在《论个体主义：人类学视野中的现代意识形态》一书中指出，“个体”的基本含义应当区分是经验主体还是伦理生物，前者指的是在一切社会里“见到的、人类的不可分的样本”，后者则是指“独立自主”且承载着人类的最高价值，存在于有关人和社会的现代意识形态当中的样本。将个人主义与整体主义作为相对的一组概念来看待，通常是指个人在社会行动中自主性的一系列观点与学说。例如，在哲学领域属于“认识论的个体主义”，指的是个人感觉与经验被视作知识基础；在政治学领域强调“个人权利和自由”；在经济学领域强调市场自由运作和身处市场的个人自主性；方法论的个体主义是指通过个人与有关个体的事实来解释社会现象的方法论立场（王宁，2002）。

不同学科视角下所理解的个体化概念是有差异的。有研究者认为，个体化是个体的、利己主义的感情与利益，这是对个体化个人主义的误解。其实个体化是现代制度强加于个人的后果（贝克，2016）。当代个体化命题的提出来源于西方福利国家，进入20世纪下半叶，西方福利国家中教育普及、劳动市场高速流动，竞争压力促使人们从家庭、亲属关系、性别身份、阶级等原本社会传统范畴中脱离出来，转而成为自己的规划者和责任者，并持续主动地创造自己的身份与认同（李荣荣，2014）。个体化所指的就是在传统范畴变化之下所发生的个人—社会范畴间的结构性转变（贝克、格恩斯海姆，2011）。杨君（2020）对个体化基本概念进行了词源学、政治哲学以及社会学等不同领域逻辑上的梳理，他指出个体化过程

（individualization）是个体间联系结构发生变化的过程，个体的个性进而在不断规划与发展中彰显；个体化在政治哲学领域本体论以及认识论的探讨支持下获得了个体存在基础与价值观念，为个体理性、道德自觉确立了合法的自主性，政治哲学领域唯有自由与价值的承诺没有为个体化提供充裕的社会现实；社会学范畴下的个体化则是把人放置于现实之中，在社会结构约束的视角下深入阐释个体与社会的关系。

个体与社会产生的结构性关系是个体化命题关注的重点。埃利亚斯（2003）在《个体的社会》中提出了个体与社会间的作用是交互影响的观点，他认为必须放弃执着于对孤立实体的思想，过渡到对联系和功能的思考上，并且只有将社会个体不断生成的个体化过程纳入社会相关的理论中才能澄清个体与社会的关系。社会形塑了其成员的个体性，个体在他们通过交往编织成的相互依存之网中，采取合理、可行的策略，用他们的生活行动造就了社会。个体与社会关系问题是社会学的基本问题（郑杭生、杨敏，2003）。对个体化命题重点内容的讨论贯穿西方社会学的发展。经典理论从涂尔干（2013）提出的社会进一步分工之后出现的分离个体话题，到齐美尔所说的个体多元角色以及在其中辨别自我的双重个体主义（马尔图切利、桑格利，2020），尽管对个体与社会的论述不尽相同，却都从中透露出个体化逐渐成为高度分化的社会结构性特征。个体化命题聚焦的是社会中的个体化进程，社会中的个体成员被推动着选择自己的生活方式进而适应社会变化，并由此开展批判性分析（阎云翔，2021）。

需要明确的是，阎云翔（2021）在最新研究中对国内个体化概念误译背后的文化原因展开了讨论，并对贝克夫妇个体化概念中的第三个重要特征进行了说明，即“A Life of One’s Own”（在国内被理解为“为自己而活”）应该翻译为名词性质的“自己的生活”，或者动词性质的“有（追求）自己的生活（活法）”，强调个体对其生活的自主选择；多样的选择进而产生多种生活方式或者人生路径结果。由此，阎云翔提出国内个体化理论翻译的修正论述，即“自己的生活”这一概念打破了“个人主义—集体主义”的二元价值对立，免受社会话语的道德绑架；同时也去掉了个体间的攀比，随之带来了个体生活的多元性和可能性。本书也采用“自己的生活”为个体化的基本内涵。

### 2.3.2 西方个体化命题的主要内涵及其在国内的响应

对于当代个体化命题的关注是在现代化进程中逐渐兴起的。个体化进程意味着个体从传统的约束中解放出来（Lash，1993），同时也代表着在现代化冲击之下个体与社会间的结构性转变。社会学家对于个体与社会间的关系理解不再是先前的二元对立，而是囊括了“社会制度对个体化的影响”“社会现代性与个体化进程的同步性”两个视角。阎云翔（2012）指出霍华德（Cosmo Howard）对个体化理论做了整体的概括与梳理，区分了包括相互论辩理论框架的话语场域与特指的个体化命题，而后者则专门指称鲍曼、贝克、吉登斯（Giddens）等提出的个体化理论命题。

#### 2.3.2.1 鲍曼——现代流动性社会中的责任个体

在鲍曼（2002）看来，个体化所代表的是个体从自己所归属的、遗传获得的、与生俱来的社会属性等确定范畴中解放出来。鲍曼从后现代社会中个体的存在方式、思维方式以及行为方式展开了对后现代社会中个体行为变迁的命题讨论，并认为只有适应不确定性才能更好地身处于流动性的世界。但是个体的解放不代表完全的自由，这里鲍曼提出了两类相互矛盾的话题，同时也是个体所面临的二重纠结困境，即个体脱离束缚却陷入了另一重不确定之中并由此需要承担更大的责任；个体在消费领域获得了极大的自由选择权力却也削弱了人与人之间的联结（王斌，2014）。“液化的”“流动的”“凌乱松散”以及违反常规的现代性预示着资本和劳动力之间的“解除约定”（鲍曼，2002）。这也意味着过去在资本与劳动力之间的相互依赖性不再，劳动力从原有的牢固的雇佣关系中脱离出来，但同时又被现代社会抛入了变化的经济市场中，进入自由经济市场的劳动力获得了更多自由的同时却也失去了原有雇佣关系稳定性带来的安全保障与信任来源。在充满不确定的市场环境中个体的自由与不稳定的保障之间形成了一种紧张的关系。

全球化带来了社会的动荡不安，人们在秩序失控中表现出痛苦，然而由于权力的集中，控制权力的主体掌握了秩序，这就带来了新的失序并且再次加剧了劳动力的不安。在鲍曼所讨论的现代性流动社会中，个体的身份认同确立与消费挂钩，而个体身份自由的前提是其对消费的依赖，然而这又引发了个体的政治疏离，同时也表现在个体的道德冷漠上，进而陷入了社会整合的困境。

#### 2.3.2.2 贝克、格恩斯海姆——风险社会中的个体化

贝克的个体化理论被看作社会学领域最为系统的个体化命题，不仅继承了古典社会学“个体—社会”二元关系的探讨，还为后续研究者解释处于社会结构变迁下的现代人生活提供了新的视角和理论基础，在与古典社会学理论对话、与新自由主义争辩和对当代人生活诊断三个层面构建理论体系，彰显了对现代人的关怀和意义（杨君，2020）。贝克（2004）认为个体和社会之间的关系发生了“变形”，出现了一种新的“社会化”（societalization），并且出现了一种“制度化的个体主义”。现代化带来社会变化的同时，也影响着国家力量中央化、市场资本集中化、劳动分工更加紧密和市场关系网络化发展，流动性社会以及大众消费的时代也随之到来，“个体化”在综合作用下形成了三重结构，即“脱离”“解放”和“再嵌入”——大众从历史、传统式的稳定的社会形式与义务中脱离出来；大众在传统范式“祛魅”下，丧失了从传统体系下的实践、信仰、规则中构建起来的安全感；为了重获安全感，大众又不得不再重新嵌入新形式下的社会义务和社会控制中，进入新的整合维度（贝克，2004）。大众面临的是传统的社会形式（如阶级、社会地位、性别角色、家庭、邻里范畴）解体或者限制趋于弱化，或是标准化的人生模式、角色模式的逐步消解与崩溃。个体化既有主观形式的个体性含义，又意味着在现代制度体系影响下被迫要求、控制和限制的个体内涵，个体通过自身的行动来践行规范或作为自己的方向指导者（贝克、格恩斯海姆，2011）。个体成为其自身的规划者，在规划方向的同时还要承担来自社会不确定的风险以及为自身担负起自主选择的责任。

另外，在《个体化》一书中，格恩斯海姆用单独的一章论述了个体化进程中女性处于“不再”和“尚未”之间的生存状况（贝克、格恩斯海姆，2011）。在社会地位提升和教育水平变化的情况下，女性生活呈现越来越多的自由性。教育资源获得式的女性能够积极应对变化的处境，进而激发女性意识。同时，在个体化社会中女性曾经遭受的家庭束缚逐渐松绑，女性发展出“新的自我意识”，对于日常生活的指导也开始增加；女性在工作领域也发生了变化，开始从私人领域向公共领域扩展，过去“男性在外，女性持家”的固定模式开始发生转变。女性就业程度大幅提升，其人生轨迹也发展出更多可能，呈现更多自主性。在工作之余，女性开始意识到闲暇的意义以及在公私领域之间的区别；同样，外出工作也使女性获得了更大的关系网络和更加丰富的体验。但是，在获得自主和自由的同时，女性也面临着经济风险和社会资源风险，这也回应了章节的标题，即她们陷于“不再”与“尚未”之间。

#### 2.3.2.3 吉登斯——结构二重性之中自反性个体的自我认同

吉登斯是在个体行动与社会结构化特征之关系背景下展开讨论的。在吉登斯（2016）看来，结构能够左右具体情境中的实践再生产秩序的规则和资源，社会系统是在再生产过程中生成的具有“结构性特征”的社会实践，并不是“外在于”人的、不依赖个体实践的某种既定的、已形成的模式（吉登斯，2016）。这是结构二重性的重要观点之一，并不能找到可以概括为社会系统、结构化的类似于物的“架构”“骨骼”的构型，相反，结构化是指持续不断的再生产和再创造特性。社会系统的结构特性既是实践反复组织起来的中介，又是实践的结果，它“内在于”人的活动，具有“约束性”以及“使动性”（吉登斯，2016）。通过个人持续不断地在制约之中活动，又会出现制约的再生产，同时也会出现其他意想不到的结果。在这一点上，反映了结构二重性的重要观点之二，即个人的行动并不是完全处于明确意图的、处于个体自由意志的产物，而是具有“结构化、惯例化”的特性；并且，个人的行动能够再生产出社会的“例行”，而反过来社会的结构既可以成为个人行动的中介，又会成为个人行动的制约。这种结构二重性是社会再生产跨越时空连续性的根基，也需要行动者在日常活动中持续不断地反思（吉登斯，2016）。对日常生活的研究是分析制度化实践再生产过程中的重要内容（吉登斯，2016）。

日常生活在相对稳定场景或者既有习惯规则中井然有序，但是在现代性冲击之下，个体有了多样化的选择，随之也产生了诸如琐碎的生活方式以及多元化的生命世界（吉登斯，2016）。在现代性冲击下产生了分散在重组时间和空间中的个人行动协调和人与人之间相互信任的问题，现代性制度冲击出现了全球化特征——“世界资本主义经济形成、国际劳动分工加强、国家体系构成和各种监控制度发展”，同时又引发了大众日常生活的一系列变化（马尔图切利，2007），也为现代人带来了信任、安全等领域的危机。个人的生活被挤在本土与全球化之间的辩证交互作用中，于是会被迫地对生活方式进行比较和选择（吉登斯，2016）。

同时，个人的反身性也发挥着作用，其目的不仅是要“了解个人”，还要实现建构、重构连贯的个人自我身份认同感（吉登斯，2016）。吉登斯（2016）提出了生活政治的命题，“关于一种以反身性方式而调动起来的秩序的政治；还是一种在以反身性方式组织起来的环境中进行自我实现的政治；是一种关于生活决策的政治”。生活政治强调的是个体的身份认同及其生活方式的选择，不仅局限于个体，还聚焦于个体与集体、群体间的关系以及共同挑战，集中于自然、生殖、全球化、自我和身体几大领域，尝试寻求“个人与社会之间的新型关系”和对“权利义务的再定义”，实现晚期现代社会共同团结与整合期望（陈曲，2020）。

#### 2.3.2.4 对于个体化命题的总结

阎云翔（2011）对霍华德指出的三个需要关注的个体化命题进行了总结。个体化命题首先要关注吉登斯提出的“去传统化”（detraditionalization）概念或者贝克提出的“脱嵌”（dis-embedment）概念，意味着个体从社会以往的传统约束中脱离，例如文化传统的整体范畴，或是其中一些特殊的领域（如家庭、血缘、亲缘、阶级和地位等）。社会由稳固的结构变得多元与分化。但是与新自由主义所认为的个体是独立自主且不受约束的理想化观点不同，即便在脱嵌过程中，个体仍然会受到传统文化、制度的影响，传统范畴的制约依旧可以发挥作用。但是不同之处在于，第一个特征是个体选择使用不同的传统资源为自己奋斗，而不是为继续维持传统而奋斗，两者的目的发生了实质的变化。第二个特征是鲍曼提出的在“强迫”和“义务”限定下的“自主性”。人们在现代社会结构变化之下被迫成为积极的个体，是一种个体在现代教育、劳动力市场和国家监管之下的被迫选择，并且选择的后果或问题由自己负责，吉登斯称其为“自反性自我”。第三个特征是贝克夫妇提出的“通过从众创造自己的生活”，虽然个体能够进行自由的选择，但是并不代表着独异的“个性化”，在社会制度的影响下，个体并不能完全脱离制度或社会中的规范限制来创造独特的自我，而是需要按照某些“规则”自主地进行生命轨迹的设计（阎云翔，2012）。

随后，阎云翔（2012）对个体化进程中中国本土的差异提出了看法。中国社会与西方社会一样都在经历个体化转型的过程，个体通过“去传统化”“脱嵌”的方式创造生活，同时也经受着选择之后的压力，身份政治与制度变迁都在过程中起着重要作用。但是这其中也存在着差异。首先，个体化进程中脱嵌过程的表现不同。西方社会所讲的脱嵌是个体并未完全放弃社会性，而是通过自主地“寻求自我”嵌入新的社会关系；而中国社会的脱嵌则是“生活机会和社会地位”的变化，个体身份认同感变成关键要素，并且与个人权利获得，界定个人、群体、制度之间的关系有关。其次，国家采取的体制变革激发了底层的活力、促进了个体的自由流动和自主选择，但同时由于没有福利体系的支持，个体又被迫退回到曾经脱嵌的旧环境当中。再次，差异在于西方社会的个体化进程具有“第二现代性”（自反现代性）的特点，是在早期的第一次工业化、城市化和自由主义影响下形成的；而中国的个体进程在刚开始时仅从表面理解为“功利性质个人主义”，在以集体主义背景发展起来的传统文化中和社会团结层面上产生了矛盾和张力。不过，这其中家庭仍然对个体身份认同起着重要作用。最后，个体化进程所受到的管理方式与西方不同，在本土环境中被施以“软性管理”和“利益导向”的管理方式（阎云翔，2012）。

#### 2.3.2.5 国内对西方个体化理论的响应

西方背景下的个体化议题侧重“个体—社会—国家关系”之中的结构性变迁，而忽视了主观领域的自我形成（杨君，2020）。中国背景下的个体化与西方有着不同的发展模式。

以阎云翔为代表的中国本土个体化研究者，分析了中国社会自 1949 年以来的变革并揭示了与西方个体化进程的相似与差异之处，他认为中国个体化进程中个体必须承担更多的责任和更积极的活动（Yan，2010），市场驱动性自我是被外部因素强迫的，个体必须不断通过奋斗与努力发展。随即 Yan 举了一个中国打工女孩的研究案例，Chang（2008）生动地描绘了打工女孩如何通过自我塑造成为想要成为的人的历程。Yan（2012）从细腻的农村日常生活中发现中国传统乡村的变迁。当代中国社会中的个体可能不再是新自由主义影响下的“欲望的私立主体”（Rofel，2007），而是在困境或者现代社会中不断进行自主选择、积极实践的能动个体。

国内对于个体化命题的研究涵盖了形形色色的人群对象。他们可能是草根阶级的打工者，通过文学创作、写诗的方式，在现实困境之中挣扎但又积极建构自我的状态，在生存与精神两者平衡之间完成个体的发展（刘畅，2019）；他们也可能是在大城市奋斗打拼的新生农民工，带着“自由、未知与责任”，在生命历程之中实践“个人奋斗”（周永康、王荆川，2020）；他们还可能是在不断进行潜能拓展，发现自己个人特质，开启斜杠人生的普通青年个体（牛天，2020）。还有一类“空巢青年”群体，同样在脱离传统，同时又建立起以“私己”为中心的日常生活网络，既表现出自我主义的特征，又独具个体自主性（白淑英，2021）。个体在广场舞的公共生活空间进行私人生活的拓展，通过互动建立起群体归属感等（杨君，2018）。

国内个体在个体化社会中也展现了类似于西方个体化过程的特征，脱离传统、自主选择以及承担风险。现代社会使个体国民拥有了更多的流动机会和自由，拥有了更多的选择空间和权利，在此背景下个体摆脱传统的集体化限制，以个体劳动者的身份努力创造着属于自己的生活（解彩霞，

2018）；个体能够通过自我选择进行自我呈现，也通过个体间的互动交流进行社会建构（邵力、唐魁玉，2018）；个体独立意识增强，却由于自由度增加而又陷入焦虑不安的状态（王建民，2013）。阎云翔（2011）曾指出，“中国的确是在经历一个独特的中国式的个体化进程”，并且提出了兼具中国传统与现代特色、具有能动性的主体概念“奋斗个体”（striving individual）（阎云翔，2012），它意味着能够自主追求、主观驱动、自我创造的生活个体。

中国关于个体化研究较为经典的莫过于阎云翔（2006）在《私人生活的变革：一个中国村庄里的爱情、家庭与亲密关系 1949—1999》一书中对北方一处村庄传统家庭空间之中发生的变化的调查，以及其对个体化在中国现代背景下进行的一系列探索（Yan，2010）。然而，正如阎云翔（2021）所指出的，中国对于个体化命题的讨论，多数将“为自己而活”视为主要特征，对于个体化命题的理解虽然在一定程度上进行了本土化改造，但是陷入了个体主义和整体主义价值对立的误区，强调个体从传统范畴脱嵌后的“个体解放主题”，侧重个体对其人生意义的追求，进而忽视了对“制度性个体化因素”“利他主义”“公共性”“社会团结”的讨论。

## 2.3.3 个体化进程影响下的女性

### 2.3.3.1 女性个体化内涵

女性的个体化是近些年的新兴命题，但也是个体化社会中重要的问题之一。鲍曼、贝克夫妇以及吉登斯关于个体化命题的讨论都涉及性别与亲密关系的问题，并且将性别关系和个人生活变迁视作现代晚期社会变化的中心（Liu et al.，2019）。女性个体化命题的核心存在矛盾性，这种矛盾性体现在即便在教育和法律领域性别日趋平等，女性拥有对性别平等的期望，但是在现实中远未实现；看起来选择更加自由，但实际上仍被结构和文化限制，其中包括社会阶层、社会性别、种族、性取向等（Gordon et al.，2005）。尽管社会学研究中有大量关注个体化的命题，但是女性的个体化现象及其产生、条件、特征等却较少被关注（赵爽，2011）。

现代社会个体化的一个重要维度是个体在性别角色与性别关系中的自主性不断增强。在受到强调个体差异、能动性和复杂社会语境的后现代思潮冲击与传统女性主义自我批评后，女性主义开始更加关心个体选择及其自我实现，向着更加微观的生活转向，当今许多女性主义研究者也将视角从"结构、统治、不平等、压迫"更多地朝着"选择、个体、自由、赋权"等主题（黄燕华、易林，2021）转变。20世纪的个体化进程与女权运动、女性参与，既存在时间上的交叠又互为启发，并且在个体化的理论背景下存在男性与女性的个体化性别差异（闵学勤，2014）。Kim（2012）指出，女性个体化带来的一个问题便是"谁的个体化"，女性的个体化反映在话语的转变上，女性更多的是去"想象"（imagine）和"谈论"（talk）自主的生活，而不是拥有社会生活条件的实质改观。现实情况是女性仍然会被社会的规范维度以及社会结构限制；而流动性本身也具有某种欺骗性，看似是流动性，实则是强迫的、性别化的过程。

不过，国外新近的一些研究（法国的相关研究）开始侧重行动者对秩序的塑造以及对个体化进程的影响，强调作为行动者的女性积极实践的一面（吴真，2021）。年轻的女性职员在多重角色处理上能够在不同角色之间自由切换，更加看重属于"自我的时间"（法语为 C'est Mon Moment），并且还能够兼顾自我发展（Masclet，2018）。这种强调女性实践积极性的研究在其他国家的案例中也有呈现。在一项智利女性生命历程的评估案例中，研究者调查了智利女性在生命历程中经历婚姻与成为母亲选择上的普遍性和实践的多样化，进而指出，尽管智利女性在生命历程选择中某种程度上变得个性化，但是受到女性自身的教育或者职业不同因素的影响，她们个体的选择与社会和文化的趋势并不一致，而是出现碎片式、非线性的特征，进而展现出她们的内在社会性特质（Yopo-Díaz，2018）。

#### 2.3.3.2 国内女性个体化的研究现状

国内女性个体化命题的研究内容既透露了研究者对女性越发独立和自主实践的关注，也显示了对女性在自主选择后对风险与困境的重视。中国女性在“去传统化”之后又被卷入市场化、全球化大潮之中，面对福利制度设置匮乏、市场充满不确定的情境，女性通过设计自己的人生，利用已有的文化和话语为自己服务，女性的主妇化就是在她们面对制度、结构和文化三种机制潜在风险时所做出的寻求自保、稳定与安全的选择之一（吴小英，2014）。

从女性视角理解“个体化”意味着女性依靠自身努力来获得生存和个人发展的资源，而不是依靠家庭获得；女性个体独立自主的同时也伴随着未知的风险，更不可避免地陷入了个体化进程中的困境（朱安新、翟学伟，2022）。智联招聘发布的《2021 年中国女性职场现状调查报告》的数据显示[①]，女性整体就业薪酬低于男性约20%，虽然职场中的女性领导力逐渐增强，学历水平也有所提升，在中高层领导方面更加自信、有能力，但是仍然有 55.8% 的女性在就业时被问及婚育问题，另外一半的女性多少都受到过“因家庭婚育需要放弃职业”“遭遇职场性骚扰”“婚育期被降薪转岗”等性别化限制。遭受性别限制女性的社会角色从公共领域逐渐压缩进家庭内部，这背后是“压缩式人口转变”以及社会保障资本的薄弱所带来的隐患所起的作用（胡益岷，2021）。

国内女性的个体化研究命题倾向于强调女性在脱嵌过程中所产生的负面影响以及女性所遭遇的困境，尤其体现在家庭领域身处多重角色的女性群体中以及农村女性群体中。中国女性在个体化进程所带来的后家庭时代中变得独立自主，却也与传统家庭的模式、功能、联结、角色等多方面产生了隐性的冲突（马兴帆、陈露，2020）。王曦影和吕道昱（2018）分析了中年女性所做的退休准备，受到家庭角色的影响，退休之后的女性会回归到以家庭为中心的生活之中，缺乏个体化发展。在个体化进程当中，不仅是中老年女性群体面临困境，年轻的女性群体同样也会受到影响，个体自我选择的后果遍布在整个生命历程当中。沈奕斐（2014）通过对报纸文章的话语分析，讨论了在个体化进程中女性所呈现出的“辣妈”形象内

① 新浪网 .2021 中国女性职场现状调查报告出炉［EB/OL］.（2021-03-08）.http：//k.sina.com.cn/article.

涵，批判了“辣妈”形象的出现并不具有女性自我意识发展的意义，即便女性的形象发生了一定程度的变化，但是女性仍然要回归母亲的角色，指向了女性个体需要承受更多传统角色框定的困境。侯静和李雨欣（2020）通过个体化理论从高知单身女性群体的职业状况、生活状态以及婚恋观几个方面探讨了群体所面临的时代困境，以及高知单身女性群体脱离传统的家庭社会关系网络支持，在职业、生活与婚恋上呈现进取、独立和欲望的自我来应对社会个体化进程中的风险和压力。

研究者对农村女性易识别的个体化困境已经做了不少梳理。农村女性所处的个体化进程也比较明显，主要有两条路径，一方面映射于家庭角色关系的变化与转移，另一方面体现在个体为脱嵌于传统农村生活所做的努力。新生代女性农民工在社会流动与婚姻过渡中陷入了未婚先孕的个体化困境，个体需要家庭在个体与社会之间进行调停与协商（王小璐、王义燕，2013）。赵爽（2011）讨论了征地搬迁的政策给居民生活带来的影响，劳动方式以及居住方式的变化使得家庭中的女性工作形式发生转移，同时使得家庭领域夫妻权力由原来的男性集权转向了夫妻平权，由此农村女性也实现了不再为家庭付出而为自己生活的转变。从农村女性私密生活的视角能够揭示出农村女性在个体化建构中所做出的努力，她们在两性隐私、个体家庭生活隐私领域逐渐退出村庄的社会关系、交往规则与价值评价网络，转而更加关注个体在身体和情感上的私人化体验（杨华，2018）。

个体化进程带来的对个体认同、情感生活的积极构建、日常生活重建等积极影响也同样为研究者所关注。个体化进程下部分女性获得较好的高等教育，在稳定的经济收入与家庭支撑下，女性为了防范婚姻生活潜在的风险以及实现自身价值，会成为住房消费市场的新晋消费者（林蒙丹、林晓珊，2020）。个体家庭中的认同模式是中国青年女性在家庭内崛起的一种体现（沈奕斐，2013）。个体化进程中的女性崛起还反映在女性的情感生活方面。于志强（2019）通过典型的个案分析了都市白领女性同居动机与实践过程，试图从女性的主体视角去理解女性在同居生活中的日常细节，分手后反思以及对日常生活的回归。在案例中，可以看到女性在自主选择同居生活时对自我与婚姻的负责态度，并没有在婚姻模式“去传统化”的影响下被消磨。在不婚女性群体中则是另外一番境况，她们离开传统制度的束缚，对自我的生活自由选择，建构起“自我为中心”的情感互动原则，进而实践出“情感无用论”“情感游戏论”“情感简化论”的态度；但是她们又会通过情感转移和情感补偿的方式进行调适，其实这也暗示了其自主选择不婚背后面临的诸多风险（高夏丽，2019）。

最后，研究者在强调女性个体化命题既是女性主体自主选择的同时，也探索了女性自主选择后再次嵌入行动中的主体力量。许丽娜（2015）对农村健身自组织兴起的原因进行分析，农村女性由于受传统束缚影响最大，在独特的中国个体化进程当中最可能发生明显的变化，她们在自组织的健身活动中开始追求自身的情感满足以及自我认知。杨君和冯燕（2017）调查了都市中的广场舞女性群体，她们重新在广场舞的身体实践中表达自我情感与重塑女性角色，并再次嵌入家庭以及新的群体之中，实现了个体与社会的再联结及个体的身份认同，虽然她们仍然以家庭和女性角色为重心，但是在广场舞的集体活动中展现了女性独特的行动逻辑，也体现了当代中国大众在个体与社会结构中独特的“关系式生存策略”。

个体化进程对女性的积极影响还散见于日常生活范畴。日渐兴盛的消费文化将现代生活和社会身份重新建构，放大个体欲望、面子和尊严（肖索未，2015）。在不常见的鲜花消费研究领域，研究者通过将“鲜花”带回田野，将雅致生活作为核心的分析框架，从审美化、风格化与阶层化几个维度分析了女性在鲜花消费中的日常生活实践，呈现了国内女性在日常生活实践中的自由多样选择（林晓珊、朱益青，2019）。有研究者透过香烟消费中女性采取“去污名化”的策略来解读建构性别认同，以此来揭示性别展演背后的性别规训（林晓珊，2009）。从主动实践的反方向思路出发理解女性的日常生活可以发现，女性在日常生活中遭受隐性束缚与羁绊又认识不到生活异化，在日常的情境中无法彻底摆脱压抑与限制，只有走向公共生活才有突破和转变的可能（郭彩霞，2016）。不过，女性自身已经开始做出许多努力。一些跨国的中国中产女性，她们从事线上奢侈品转手交易，将原来单纯消费“改造”（reinvented）为能够带来金钱的实践，弥补了私人领域与公共领域的缝隙的同时，也生成了拥有事业、独立且成功的女性自我（Zhang，2017）。

在生活范畴的研究中，女性身体常被作为一个重要的中介，联结着女性生活与社会文化结构、其他限制。女性可以通过身体的不同实践策略重塑个体及其日常生活。例如，侯慧和何雪松（2019）通过一例特殊的疾病个案，对疾病中的女性身体经历进行梳理，诠释了女性打破疾病所带来的限制，并完成主体性建构的日常实践过程。女性通过自主选择各种方式来控制身体，制造出一种带有知识和技术特性的所谓的健康身体，但是这种“健康自主”是带有批判反思性质的，身体不是真正意义上自主的身体，而是被物化了的（黄嘉文，2010）。黄盈盈（2017）具体梳理了女性“积极的情欲身体”的方法论策略和技术，并表示近些年所做的研究都在尝试去理解在琐碎的日常生活中女性的身体和性的实践。小镇中产阶层的女性青年在消费文化的背景之下，利用不同的消费手段和方式投资身体，为实现身体资本和婚姻生活之间的调节平衡，建构了体面且有尊严的个体身份（赵杜灵，2021）。

与身体同样重要的还有女性的情感实践，女性的情感是个体自主实践和选择中的重要动力。后者的相关研究并不是在性别分异或者男权主导的主流模式之中辨别不同，而是在尝试重建女性情感实践的新路径。丁瑜（2014）指出，女性的内心感受和情感需求都属于自身经验的重要维度，而女性日常的活动构成了社会结构中具有“生成力”和“活动力”的基础。赵杜灵与郭伟和（2020）对农村女性的婚外恋现象进行了探讨，他们认为，在合法婚姻之外，在资本环境与男性经济结构之间形成的社会“夹缝”中，农村女性正在实践着半自主式的主体性。青年高知女性群体的情感体验也得到学者的关注，跨国式婚恋成为高知女性群体规避来自社会压力的一条新途径（王曦影、仇雪郦，2020）。女性的情感实践会以更加细腻的方式呈现，例如，Zani（2020）探讨了迁居台湾并且借助微信平台做生意的大陆女性，发现她们积极且创造性地利用微信平台构建属于自己的可以在线上产生无限联结的“情感性小资产”。

## 2.4 法国个体社会学视角的启发

为什么选择法国个体社会学立场的相关视角作为基础？整体上是基于法国个体社会学立场与个体化进程讨论的相似性、方法论上的具体性两个方面的考虑。在相似性上，尽管各国学者都对当代个体化有过讨论并且有差异化的关注点，但是在本质上与贝克的第二现代性、吉登斯的发达现代性观点阐述并无二致；在差异性方面，创立个体化理论的思想家并没有聚焦于具体的田野调查工作，而是更多地以思辨和演绎对个体化进程进行阐释，个体的独特性在此时被模糊化了，而法国个体社会学研究内容则侧重以更加细腻的视角去分析个体塑造与社会结构之间的关系（马尔图切利、桑格利，2020）。每一个个体社会学视角都有其理论启发点（马尔图切利、桑格利，2020）。

在介绍本节个体社会学视角之前，需要对个体社会学的源流发展进行简单的梳理。个体社会学（主要指法国的个体社会学流派）是在现代性第二阶段的影响下，在“微观领域”将个体作为分析对象，诠释作为独立单元进行自我建构的个体的历程（马尔图切利、桑格利，2020）。随着对个体的关注越来越多，在法国的社会学领域，20 世纪六七十年代常用的“推动进步的施为者”（agent）[①] 代表个体的词汇，逐渐被其他代表个体的词汇替代，例如行动者（actor）、个体（individual/individuals）、主体（subject）、自我（self）和个体体验（individual experience）。自 20 世纪 80 年代起，法国社会学出现了越来越多关于个体的讨论，出现了许多以行动者为中心的主观主义理论（subjectivist approaches），将视角放置于具体情境以便更好地聚焦于个体实践（Masson & Schrecker，2017）。

社会学对个体的讨论早已有个体主义与整体主义之辩。现代生活的方方面面都可以给予个体自由选择却又有不确定性，已有的社会传统形式发

① 参见法国社会学家阿兰·图海纳所著的《行动者归来》，中文译者将 agent 译为“施为者”。

生了解体，阶级、地位、性别角色、家庭邻里等都在弱化（贝克，2011）。个体个性的形成、发展与呈现，是个体化的核心；无论是哲学、政治学还是社会学领域，都对个体化有不同维度的阐释，而社会学领域则是从个体存在的历史与社会结构的维度，对个体进行分析与归纳，同时认为个体主观性的行动与反应对社会也会产生影响（杨君，2020）。

这里还需要做出区分，个体社会学立场不同于制度化个体主义立场。个体社会学认识到组织制度复杂、群体划分标准多样，并将自我塑造考虑在内（马尔图切利、桑格利，2020）。另外，个体社会学与微观社会学也不相同，个体社会学认为个体既能够推动社会新规范与机制的形成，也能够映射整个社会，而不是局限在区域性的领域（如人际互动领域）（马尔图切利、桑格利，2020）。个体主义社会学意在探讨和理解个体化现象以及个体化所带来的"进步或冲突"，而非对个体主义价值与理念的论述（吴真，2021）。马尔图切利和桑格利在《法国个体社会学》一书中对法国个体社会学的理论构建做了系统的总结与梳理。为了体现法国个体社会学立场的完整性，下文主要依据《法国个体社会学》一书所搭建的法国个体社会学理论系统展开讨论。

### 2.4.1 个体多元化的社会融入

法国个体社会学的公开确立最开始是沿袭了习惯和秉性有关的理论研究，主要是对皮埃尔·布尔迪厄（Pierre Bourdieu）思想和理论的继承与批判（马尔图切利、桑格利，2020）。虽然关于个体社会学的相关研究还未形成固定的细分流派，但已经形成了未来继续发展的两类雏形路径。

其中主要的一条脉络便是社会学家对个体多元化社会融入的讨论。法国社会学家让 - 克洛德·考夫曼（Jean-Claude Kaufmann，1999）的一项单身女性家庭的研究发现，个体文化帮助女性摆脱了既定的婚姻命运，塑造出在经济与生活上独立自主的女性形象，然而在这一影响下女性不得不按照个体化的标准被迫做出所谓的"自愿选择"。考夫曼的研究领域还涉及家务实践（如熨烫衣服、刷锅洗碗、打扫卫生等活动），看似普通的日常生活中的经验却蕴含大量的个体创造性，考夫曼尝试揭示行动中出现感情的重要性，旨在剥离出已经内化的理性与常规背后的个体智慧。以熨烫衣服为例，个人习惯凭借感觉和情感来处理，并且会按照同一个过程，但这也取决于客体所起到的作用。如果待熨烫的衣服越多，个体的厌烦意识就越强；随着时间的累积，待熨烫的衣服由此刺激了个体的厌烦心理，便促使了熨烫衣服的行动。这种动机是隐含在个体历史中的，从个人建构的感情释放框架模式中产生作用。考夫曼所做的便是在多元化的情境中揭示个体内心的细微纠结，而正是这些细微之处精妙反映了不同行为动机、逻辑与个体自发意愿之间复杂的不易察觉的矛盾与张力（卡班、多尔蒂耶，2010）。

在当今社会，个体能够随心所欲地行动取决于个体自主空间的扩大，但是不同个体之间的协调统一关系也需要得到关注。于是考夫曼通过在海滩的观察与访谈，对"停留在女性裸胸上的男性目光进行剖析"来论证人与人之间所构成的协调与达成的微妙默契。考夫曼（2001）通过对海滩女性裸胸机制的详细分析，进而提出了规范的生成机制，即只有形成正常状态，现实规范才能生成；而异常的、差异性的反倒会促进人们的思考，进而形成规则和规范。个体旧有的身份及其行动规则没有发生变化，但是个体创造了新的行为规范，既定角色的研究模式已经不能够对现有现象进行充分解释。由此，考夫曼将关注点放在了亲密关系的构建上，他将理论的视角转向了社会习惯的"外显化"（exteriorization）与"内在化"（internalization）的辩证关系。个体通过社会习惯的内在化载入记忆，又通过客体化的方式反过来形塑社会记忆，与此同时，个体内在化的行为作用表现出复杂性与矛盾性，因此既要分析个体习得的行为模式，又需要关注个体行动和互动场景中隐含的社会规范，并且细腻地探查内心深处复杂的心理情境变化。

与考夫曼对"习惯"问题的研究视角类似的，还有伯纳德·拉伊尔（B.Lahire）对个体习惯的考察与批判。拉伊尔将视角转向了对多元个体（Homme Pluriel）的理解。在传统社会，行动者长期被拘泥于相对稳定的劳动分工和社会活动领域，但是在当代社会，传统社会的稳定性不复存在，取而代之的是互为对立的、竞争性的极为复杂的社会领域，同时行动者又会在各种机构、组织、网络之间穿梭，需要协调各种非同质化的情境。行动者的行动依从某些原则，传统社会原则具有一致性、连贯性，但是在非同质化的情境中，个体使用或是依循原则的过程不再是稳定的、确定的，甚至是充满矛盾的。在高度分化的社会中，个体会在不同的人生阶段形成多元化的经验。由于行动者习惯的多元以及在不同原则之间的不同布局安排，行动者的行为是无法预测的。同时，拉伊尔也强调了“个体层面的社会学，其实是一种心理社会学”，其目标是将心理现象与社会生活框架精巧地联系到一起（卡班、多尔蒂耶，2010）。拉伊尔研究关注的重点是习惯性行为的成果原因，并且从经验主义的视角研究在不同场景下呈现的特定行为和反应，观察其中的冲突和矛盾，例如在关于“代际间的接触和沟通交流”“代际互动的时间跨度”“文化实践的正统性”等具体问题中，他强调细致记录行动者的行动、每种差异性的社会化载体和每类社会化环境扮演的角色（马尔图切利、桑格利，2020）。

在乌尔里希·贝克有关制度个体化的理论假设框架下，法国另外两位学者所讨论的是“制度与规范支配下的个体”。多米尼克·梅米（Dominique Memmi）主要关注诊所里民众的生育、流产和紧急避孕服务的情况。在福柯生命管控宏大理论启发下，她发现了一种全新的人口监管模式，以医疗领域为例，诸如“健康建档管理”“专业指导”医疗机构的语言沟通方式与患者的信息接收自反性之间形成了博弈，即便收效甚微，但是通过语言标准化体系的操控以及个体的反思，可以调动个体情绪和自反，并且习得“标准说辞”进而获得某种社会性的认同或者权力，便能够实现个体的私人化问题与普遍的社会意义的链接，进而这种管控的实施也间接地推动了个体化的进程（马尔图切利、桑格利，2020）。另外，阿兰·艾伦伯格（Alain Ehrenberg）从神经科学领域探索了“身心俱疲的个体”“迷茫的个体”，认为个体在新的社会规范模式下变得疲惫不堪的同时，还要承受复杂多变的环境，而那些出现情绪问题的群体则尝试通过消极手段来缓解这种内心的迷茫、失序和价值的崩坏（马尔图切利、桑格利，2020）。

### 2.4.2 个体的自我塑造过程

除了个体的多元化社会融入路径，法国社会学家发展出的另外一条路径是关于个体的自我塑造过程研究。马尔图切利和桑格利（2020）在《个体社会学》一书中列举了两种个体塑造与社会之间的冲突过程，一种是“他人扶助下的个体”，另外一种是“久经磨炼的个体”。

弗朗索瓦·德·桑格利（F.de.Singly）的研究强调角色的联结，通过对家庭的考察，他得出个体在建构身份时，他者起到重要的作用；但他者并不是完全起到扶助与支持个体并产生联结的作用，个体在某些“重要他者”面前仍想要保持个体性。桑格利后续展开了对家庭、身体、地位和亲密关系中角色的历史考察与社会现实的调查，基于经验研究他发现，个体的身份既包含个体性也具有社会性，而且这两种身份的协调是极为复杂的（马尔图切利、桑格利，2020）。一方面，个体想要得到“重要他者”的扶助来获得“社会性身份”的认可与接纳；另一方面，个体又意图在他者面前呈现个体性。这一矛盾性的诉求也体现在青少年群体身上，青少年随着成长越发脱离曾经的“重要他者”——父母，越发地进行个体化的自由选择，进入同代群体当中。个体对于自身独特性的追求扩散到公共领域，在“现代性第二阶段”公私生活领域边界模糊的背景下，多重角色个体的一部分会暴露在公共领域，但反过来又可以带来外界对个体的充分认识。桑格利由此提出的重要观点强调个体不会以不喜欢“集体”性质的称号而就此舍弃自身的个体特性，但是为了塑造个体性及其身份，他们更加青睐于进入能够“我行我素”的社会关系中。在社交网络的结构性特点与个体建构的关系属性同时作用下，个体化进程才得以出现。

除了“重要他者”，另一个核心概念“磨炼”（épreuve）也受到了法国社会学家的关注。弗朗索瓦·杜贝（F.Dubet）认为“磨炼”同样也是个体塑造自身的重要概念，并且具有个性化（individuation）的意涵，探索的是经由不同类型的经历考验而形成的具有独一性的“经验整体”（马尔图切利、桑格利，2020）。在社会准则变得多样或者解体的过程中，个体需要再次重制个人化的规范准则，这其中又要顾及社会身份、遵守市场契约和对个体自身的思索。杜贝提出了“社会经验”的实施策略系列概念来解释行动者是如何以自己的方式将整合逻辑（涉及社会角色的）、策略逻辑（来自市场涉及个人利益的）以及主观逻辑（个人价值观的）应用到实践行动中的，并且又是如何应对逻辑之间的张力的（卡班、多尔蒂耶，2010）。马尔图切利和桑格利（2020）指出杜贝将研究重点放在了在校学生群体以及教师群体的变化中。杜贝通过对学校教育案例的研究发现，学生是受到三种逻辑影响的，在学校生活中学生既需要融入群体，又要遵循竞争机制，同时又不会磨灭自己的个性。不可避免地，三种逻辑之间会产生冲突，为了缓解这种冲突，学生会通过“爱面子”“装样子”的方式获得缓冲空间，也由此带来了对于个体不同形象的塑造；而教师角色变化背后映射了教育从旧式制度到“培养人才经验体系”的变化，旧有的社会群体解释已经不能满足个体化社会的变化，需要进一步细化对“经验”及其行动逻辑与张力的分析（马尔图切利、桑格利，2020）。

达尼罗·马尔图切利（D.Martuccelli）的研究重点讨论了个性化过程中的历练问题。马尔图切利将与社会结构性相关的历练考验分为两大类，每一类又划分了四种经验，分别是组织结构类别（学校、单位、城市生活、家庭生活领域）和社会关系类别（过去、集体、他人、自我）中的考验；“历练”既有社会经验的共同性，又因为领域不同而具有差异性，同时也存在个体的独特性。个体在应对历练时反映了个体掌控自身的能力，也反映了社会机制的呈现方式（马尔图切利、桑格利，2020）。马尔图切利与另外一位学者新近的一篇研究表明，在智利社会，制度主义理论并不适用，通过梳理关系化的“超级行动者”（relational hyper-actor）的概念，并探讨个性化的具体路径，发现个体在面对生活本身时产生了四个维度的关系：自我努力（self-effort）、能力（abilities）、人际（interpersonal relationships）、务实一致（pragmatic consistency），进而促进了超级行动者的生成，也构成了理解主体性的个人主义的关键（Araujo & Martuccelli，2014）。

另外，马尔图切利和桑格利（2020）还认为，个体社会学在方法上强调的是对个体经验与社会现象之间关系的细腻描述，访谈法恰好能够对个体行动规范进行考察，从个体历程的视角对社会图景反观；同时，个体的自由选择以及流动权利、社会支持都不能忽视。从个体维度对性别角色诠释解读，需要在群体内部的个体间进行比较，同时还要综合个体背后的社会情境。

### 2.4.3 个体社会学视角的适用性及对本研究的启发

有学者总结了 20 世纪 90 年代以后法国的社会学研究的特点，认为研究领域变得越发分散并且内容视角更加多元，在社会学者眼里可以用四个关键概念勾勒出社会行动者的基本“肖像”，即多元性、建构主义、意义和互动（卡班、多尔蒂耶，2010）。无论是从个体的行动映射社会，还是从社会情境规则中反思个体的理论建构，法国个体社会学的立场、视角都呈现出对个体与社会关系的多元化思考。不过即便在多元化的视角中，还是逐渐形成了“诠释型”和“批判型”两种思路（吴真，2021）。

通过参考马尔图切利以及桑格利对法国个体社会学研究立场和不同研究视角内容的梳理，本书从中收获了系统探索女性独游的三点启发。

首先是在目前法国个体社会学所呈现的研究路径启发下对个体的新认识，个体并不是原子化的个体，而是需要基于不同情境看待完整连续、统一的个体，同时也看到个体在不同情境中呈现的实践特征。正如拉伊尔（2021）所总结的，社会生活在个体层面的展开不是抽象的，而是以多种组合与折叠的方式来呈现的，每个个体都是组合的“存储库”，是社交经验交汇的产物；在个体层面的社会折叠版本之中，个人不能简单地划归为阶级、文化、宗教或者生理的性别，而是由过去和现在的整合、介入、归属、特性等多种关系交融的结果。这个结果意味着个体要“成为什么”（to be），这也是个体内化社会现实、外化自身体验的综合形象。这也呼应了拉伊尔先前所强调的个体独特性，经历多重印记的特性（Lahire，2020）。对个体化社会进程的研究是在机构、团体、权力领域等不同场景中对具体化和内化在个体特征中的社会现实的研究（Lahire，2003）。拿女性独游者来说，在不同情境中她可以有多种不同的形象，她可以同时是一个妻子、一个母亲、一个女性职员。个体不是简单地由其阶级、性别或者文化来定义的，而是由其所有关系、义务、所有物和财产来定义的，这种复杂性表现在女性的行为变化当中，是可以在不同的实践领域观察到的。

其次是对个体在与社会规范之间策略应对过程中的自我塑造性的提炼，尝试发现个体的创造性。个体能够在制度、规范之中“游刃有余”地进行切换，在主观逻辑、策略逻辑以及整合逻辑中“施展”个人的独特方式，这便是个体为选择过好自己的生活所做出的努力和发挥创造力的空间。独游是指女性旅游者独自一人切换到陌生环境之中，原有的模式是否还会适用，与他者的关系又会如何，都是需要在对个体实际的模式梳理中获取的。

最后一点启发在于补充与个体紧密相关的心理特性。虽然法国个体社会学立场中并没有提出心理的框架，但是已有法国社会学者指出个体的心理在其行为塑造过程中的重要性。个体行为以及整体行为反映的实践策略不可避免地涉及心理层面。

## 2.5 阿德勒个体心理学视角的启发

### 2.5.1 个体心理学中的基本概念

在引入个体心理学基本概念之前，需要先了解阿德勒个体心理学（Adlerian individual psychology）的理论假设，其概念内涵和在经验中恰当使用是在对基础假设理解上展开的。与古典精神分析心理学弗洛伊德的心理“驱力”（drives）假设不同，个体心理学的假设纳入了个体的行动以及社会情境要素，有如下几个重要的假设：①强调人格结构的整体论（holism），即整体不同于部分之和，即便了解了不同的部分，也未必能了解整体，部分的人格结构并不能为全体负责；②行动的目的论（teleology），指的是人们的行动由目标所指引，并且行动的施行都是围绕目标展开的；③温和决定论，生活状态以及生物结构是在一定概率下产生的，但不是固定不变的，人们能够在有限选择里自由地进行选择，选择自己以何种态度对待现实并为态度负责；④参照现象学方法（phenomenology）理解一个人的行动不单单是对环境做出反应，也是不断创造发展的过程，个体有能力改变现象学意义上的现实、过去并向未来发展；⑤根植于社会情境的（social–field theory），从个人所处的社会情境出发看待问题，个人问题映射的是社会问题（Mosak & Maniacci，1999）。

阿尔弗雷德·阿德勒（Alfred Adler）的精神分析心理学理论基于以上基本假设，涵盖了个人在社会中良好的适应发展、儿童成长心理、自卑心理情结等议题，后两个议题因为与本书的主题关联不大，本书在梳理过程中主要对第一个议题展开讨论。实现个体的社会再嵌入（social embedness）是个体心理学的基本原则，再嵌入性是个体拥有融入社会系统性思维和社会学习的基础，同时也对一个人的发展至关重要（Balla，2019）。

在清楚了阿德勒个体心理学的基本假设后，下文将讨论三个核心概念。即便经历了多年的理论变迁与发展，个体心理学的三个核心概念也没有变化。第一个，在如何理解人们制造意义和价值的方式问题上，阿德勒（1964）使用了“生活的风格”（style of life），或简称“生活风格”（life style）概念，生活风格能够创造意义和价值，在实现目标的过程中发挥作用。生活风格起到对个体顺利、艰难甚至混乱生活的引导（guide），在某些情境下基于人格特质提供控制和限制（limiter），促成个体习惯，实现对环境适应的预言（predictor）（卡尔森，2012）。概括来说，生活风格是个体为了实现目标的策略方式、行动实践以及情感内容相关的一系列行动的概念性统称。

第二个核心概念是“创造性力量”（creative power）。阿德勒（1964）的观点认为，创造力在于渴望发展、奋斗、争取更好的成就，并且是具有目标性的。在中文译本中研究者更多地将其译为“创造性自我”。在早期儿童阶段，创造性的力量可以指引儿童形成各自的状态，并指引其实现目标，而个体所形成创造性的活动便是自己的生活风格。创造性的自我意味着个体能够运转潜能，赋予经验以意义，有意识的创造性活动对环境做出反应的同时也可以反作用于环境。创造性力量的关键在于如何运用所获得的“材料”，形成自己的生活风格并由此形成主导性的力量，阿德勒个体心理学立场强调的是个体主动性的、有意识的自我塑造力量。本书倾向于更多地将其理解为创造性力量或者个体实施的创造性策略，而非心理意义上的整合自我。

第三个核心概念是与个体融入社会相关的“社会兴趣”（social interest）。阿德勒（1964）将社会兴趣理解成利他的动机而非利己的冲动，而这里面既有共情（empathy）也有确证（identification）的内涵。神经科学对共情背后起作用的镜像神经（mirror neurons）做了探究（Brand & McFadden, 2013），并为这一心理过程提供了支撑。阿德勒个体心理学流派研究者还发现社会兴趣的核心包含联结感，也包含独立感（Frank & Shoshana, 2019）。社会兴趣本质上是个体在社会中的融入程度。个体拥有良好的社会兴趣是建立在生活任务的基础上的。阿德勒将生活任务重点放在社会关系、工作、爱情三个方面，之后的个体心理学家 Mosak 和 Manniacci（1999）又将生活任务细分和扩展为自我任务、精神任务和包含生存方式（survival）、身体形象（body image）、观点（opinion）、评价（evaluation）的次级任务（subtasks）。通过对社会任务的实践和完善，个体最终实现在社会上的发展。Sommers-Flanagan 等（2012）认为，社会兴趣也会引起一种人与人之间的深层联系，并且是在行动中产生的。

个体形成的独特生活风格会对外界环境做出反馈，这个反馈包括当环境发生变化时的应对决策，也包括自身随着目标确立而不断利用周边资源创造性（自我）发挥作用。个体通过社会兴趣对外界生活做出改变，进而更好地融入社会生活，完成生活的社会关系、亲密关系和工作关系三项基本任务，再积极反馈给个体生活风格。于是本书给出了关键概念图（见图 2-1）进行更直观的呈现。

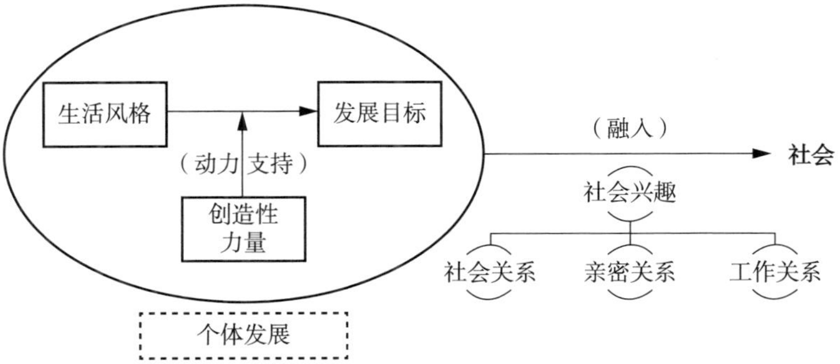


图 2-1　阿德勒个体心理学关键概念图

### 2.5.2 作为精神分析心理学流派之一的个体心理学

个体心理学具有开放性，能够广泛地探讨心理现象，并且与后来的心理学理论与方法也有一定关联性，将人的行为放置在社会含义上加以理解（阿德勒，2017），被研究者认为是一种价值心理学（Stein，2014）。阿德勒有着全科医生的背景，其理论发展变化大致经历了三个阶段（1912—1937 年）：阶段一，将器官自卑与心理过程相联系；阶段二，关注人们普遍地对优越性的追求；阶段三，强调争取平等合作的横向社会过程，人类归属于共同体，个人最终要落到社会中的位置，为社会奋斗，才能实现完整的发展（弗格森，2018）。

当代的个体心理学家被称为“后阿德勒学派”，并对阿德勒个体心理学派的“自卑感”“生活风格”“社会兴趣”“创造性力量”“出身顺序”等做了完善与发展，并验证了其科学性（阿德勒，2017）。Mosak 等（1999）在其书中对阿德勒的体系做了总结与评价，认为阿德勒体系是不断发展的，不只是人类学、心理学，也融入了社会学、社会心理学和教育学，后续主要延伸至家庭治疗、认知治疗、社会心理学等领域。一般来说，阿德勒的治疗集中于较小型的演讲或者会议，综观其印成书籍的文字，并不是很有系统，并且大半是经由他人编辑的阿德勒对不同听众的演讲词，在不同书籍中有些观点可能会有所重复（阿德勒，2010）。阿德勒最重要的两本著作分别是 1912 年的 *The Neurotic Constitution* 以及 1920 年的 *The Practice and Theory of Individual Psychology*（Mosak & Maniacci，1999），虽然国内没有直接对应的中文译本，但阿德勒的许多关键思想已被后继学者所编著的个体心理学书籍纳入。阿德勒的许多著作多为面向大众的论文、演讲合集，这也是阿德勒理论的相关书籍读起来松散未成体系的原因。

阿德勒个体心理学对弗洛伊德理论的批判或者产生观点差异的主要内容在于对弗洛伊德古典精神分析性驱力的批判以及对人性的强调。阿德勒（1956）认为性驱力概念有所限制，性驱力不能涵盖所有生物机能发展的动力因素；力比多的相对性（relativity of libido），由力比多带来的问题可以经由教育和培养调整，以及表达对性驱力的父权抗议的观点（sex and the masculine protest）。主流心理学回避的“意义”“价值”“责任”“自由选择”“生活理想”等概念在阿德勒体系中得到了挖掘与系统阐述，并且将人格视为统一整体，每个人都是动机、兴趣、价值所构成的不同部分的整体，个体性与社会性相关联，与学院派心理学强调还原、分析的方法论不同（郭本禹，2009）。

阿德勒开创的个体心理学具有社会取向，注重个体的发展，强调未来和教育。正如史密斯在《当代心理学体系》中所概括的，阿德勒相较于弗洛伊德是更具社会取向的精神分析学家、先驱者，他反对本能，并不重视潜意识，这些都可以在当前的趋势中找到共鸣。他强调未来和再教育，关心的是个体与社会环境发生冲突，而不像弗洛伊德将冲突看作由个体本能力量产生的。阿德勒在很大程度上并非强调潜意识，而是强调未来的可能性，这些可能性通常是不现实的，但个体一直在为之努力。因此，在时间维度上，阿德勒更注重未来（史密斯，2005）。近些年出现了一些关于个体心理学与社会学的相关研究。有学者讨论了美国西南部特定黑人女性的归属体验与追求，将其与阿德勒个体心理学联系起来，核心概念选择了生活风格以及社会兴趣，并进行了主题分析（Lemberger-Truelove，2018），利用定性方法探索父母对孩子社会兴趣培养的问题，对所搜集的材料进行深度解释（West et al.，2018），同时应用于对心理健康领域某一概念效果的测度（Tan，2019）。

### 2.5.3 个体心理学视角适用性及对本研究的启发

阿德勒个体心理学为本书提供了以下四点启发。具体而言，第一点是对个体心理学的概念灵活运用。生活风格、社会兴趣（social interest）、创造性力量（creative Power），诸如此类的概念能够理解个体对更普遍的优越性的追求和改变发展的历程，以及强调个体与社会的相互依赖过程。第二点是以自主实践的视角来看待女性独游者的行动。相较于学院派心理学，将研究对象心理历程看作被分析的内容，阿德勒的个体心理学理论将个体看作有着“权力意志”的个体（弗格森，2018），这也就意味着个体能够自主地选择和根据自己的目标而调整行动。第三点是在一致性和连续性的发展中理解女性独游者的变化。阿德勒的观点与社会建构主义关于人类心理发展的社会文化根源的观点一致，并且肯定认知建构主义强调人创造性参与自身心理共同建构的能动主体的重要性（Watts，2017），在整体中理解意义的生成与连续（Adler，1956）。第四点是个体（独游女性）由原来的生活环境到变化的旅游环境中所经历的动态过程，需要从女性独游者的行动过程中理解背后的社会兴趣、生活任务等带有社会属性的要素，关涉其日常生活。总体而言，阿德勒个体心理学理论侧重“主体化”（subjective）能动视角，具有“人格性质”（personalistic）以及“现象学心理学”（phenomenological psychology）的特征（Adler，1956），这为本书提供了以人文主义为取向、关注日常生活心理、灵活方法的理论启发。

当然这里还要做一个区分，弗洛姆（2012）提出了与阿德勒个体心理学中“创造性”相类似的“创造性的人”的概念，但其创造性意味着人是符合社会理性逻辑的，能够对社会做出积极反应的，具有完善机能、完整人格的，侧重完整自我的同一塑造（舒尔兹，1988）。阿德勒个体心理学视角下的创造性个体的塑造强调的是个体与社会相互融合的过程，个体本身不是完善的，需要在融入社会的过程中逐步发展，社会联结对于个体起着重要的作用。

## 2.6 小结

通过前文梳理可以发现，性别视角在旅游研究中有着重要的认识论意义，性别建构对女性的影响也不可忽视。但是在旅游研究中，对于性别概念及其相关理论的应用与性别理论和女性主义的发展相比是稍显滞后的，在旅游者范畴内对于性别的互动论、性别的交叉性理论的应用都未见规模，并且对研究概念上的应用还不够深化，未充分呼应先前理论。

就女性独游研究基础来说，女性独游研究起源于对小众新兴旅游市场的关注以及女性从传统家庭领域“逃离”的背景，独具性别特征和批判色彩。目前的研究主要从小众市场、性别话语和风险应对三类经典视角出发来探讨女性独游现象。小众市场倾向于基于目的地角度调查女性独游动机，落脚在目的地市场的获益层面；性别话语视角倾向于强调女性性别角色特征对女性独游起到压迫性影响，而女性被动反抗的特点未能充分揭示女性独游者基于个体实践而呈现得更丰富的意义，尤其是在当今旅游过程中女性可能已经显现了较高话语权的背景下；风险应对视角下女性独游者面对风险需要被动采取策略，则更多暗含了某种程度上对性别话语权的再生产，女性个体性质的实践被限制在性别差异化的结论中。随着强调微观生活政治、个体自主选择实践的“后女性主义”“新女性主义”逐渐发展，女性独游的思想在主流女性思潮变迁中也已稍显滞后。在方法上，女性独游的研究还处于探索阶段，停留在对动机、特征的发现上，并且以文化地域划分为主，目前常见的划分为亚洲独游女性、欧美独游女性以及中东地区独游女性；资料搜集的方法主要为观察、访谈和注重个人经历的自我民族志。女性独游的研究仍局限在就“旅游”说旅游，停留在“旅游”阶段性本身，缺少对于女性个体实践创造内容意义的挖掘。

个体化及其个体化社会中的女性都是反映当今社会现实的重要命题。但个体化理论并没有提供个体实践行动的具体研究框架，较少看到实际个体的行动运作，更多的研究是将个体化作为一个理论图景来讨论。国内对女性个体化命题的讨论也具有一定的趋同性，女性更多的实践还有待探索。传统的个体观以及“追求自己的生活”的多种实践之间相互影响，在现实生活中对个体共同发挥着作用，“如何能够成为社会基本实践单元的自主自立个体”以及处于主体间多重关系中的个体是如何在脱嵌—再嵌入的过程之中“过自己的生活”等问题都还需要进一步剖析，进而发现应对个体化挑战的本土化方式（阎云翔，2021）。具有社会身份认同性质的女性个体化概念正在被广为接纳，女性的“自由选择”（free to choose）不只是一个文化事实，也是“自主性自我”（autonomous-self），使女性能够创造自己的生活（Kim，2012）。但是，独立性与依赖性都是充斥着文化内容的，尤其对于女性而言，独立性是具有不稳定特性的并且是容易破碎的；女性个体在性别的“去传统化”（detraditionalization）与性别不平等再建构两者之间力求平衡与寻求新的可能性（Gordon et al.，2005）。当宏大的结构不能解释的时候，需要转而向个体具体的“行动”寻求解答。

不可忽视的是，女性的休闲很早就被视作一种“反抗的战略”（resistance），通过拒绝做家务、做饭，让父亲或其他亲戚共同承担照顾孩子的责任，拒绝受害者的心态，以及亲自组织和规划自我空间（Wearing，1990）。Shaw（2001）认为，休闲为女性提供了家庭之外的选择，进而挑战了传统且狭隘的对于女性特质的性别观念。具有独特性、独立性以及个体性的独游似乎为身处结构进程的女性带来了更多的可能性。于是本书将其放置于中国女性个体化进程的背景之中，意在发现女性独游背后女性本身的处境，同时将视角转向作为行动者的女性个体，以避免结构化带来的分析欠缺。

从法国个体社会学立场来看，个体通过制度、习惯来内化社会规则，但同时又有个体自身经验的形成，两者之间形成了矛盾与张力；另外，个体又通过在社会经验中不断地“历练”来进行自我塑造，并且不同经验之间的切换又是具有个体独特性的。法国个体社会学的研究立场注意到了制度的复杂性、群体的多样性以及个体的自我塑造性（马尔图切利、桑格利，2020）。个体社会学研究关注的是经验性质的，提供了探查个体的视角（倾向于偏重个体但又不是“原子化个体”），对个体呈现多元化的理论有所关注与反思，这都为看待个体化进程中女性独游现象提供了特征视角。但是其过于零散，也没有完整的理论框架，作为一种尝试，未能更深层地涉及个体心理及个体心理与社会间作用的内容。个体心理学弥补了这一不足，为本书提供了个体的生活风格维度，恰恰能够契合个体化理论里所说的“过自己的生活”的理念，补充心理层面以及心理与社会之间互相作用的内容。但个体心理研究框架又较为简化，不适用于当下复杂的社会情境，故而需要综合个体社会学、个体心理学，并且在个体化大背景下构建一个研究女性独游的思考框架。

# 3
# 研究设计

# 3.1 研究视角及思路

## 3.1.1 研究视角

本书探讨的是中国背景下的女性独游者，与西方强调的对女性独游者性别建构话语不同，在个体心理学、个体社会学理论启发下，发现积极、主动的女性个体能够对生活做出自由的选择，是“能动者”而非“受害者”，带有反思的态度，强调创造性的力量与女性个体性，主要分析女性在独游过程中多样化的行动方式和动态过程。这是对日常生活的反思，独游者由原来熟悉的环境转换到不断变化的旅游情境，个体会做出何种反应，本书将从人—环境互动的、实践的、参与的角度来讨论女性独游者的体验。同时，探索女性独游现象并不是孤立地就独游说独游，而是对女性独游特征和对选择独自旅游的女性的讨论不会局限于独游现象本身，考虑到当前社会个体化进程的大背景，将女性独游放在女性个体化背景下展开讨论，以回应当下女性面临的复杂处境和多变风险。

## 3.1.2 思路与框架

### 3.1.2.1 研究思路

从综述的梳理可以看出，女性独游研究中探索性别建构带来的制约影响已经成为主流之一。目前，研究者在女性独游的性别视角研究上为理解社会权力结构影响下的女性提供了宏观层面的见解，但过度强化性别视角的消极影响又会使得女性独游的研究视野越来越窄化，使女性限于性别话语再生产之中，不能看到超越性别结构限制范畴的个体积极行动、创造性实践的内容，同时也没有看到个体实践带来的影响。整体上性别建构范畴下的女性独游体验研究还有待深化。在性别视角的女性研究基础上，本书整体的思路是从个体化命题的宏观背景下展开对女性独游体验的研究，其中，个体社会学为本书提供了个体行动实践的理论视角启发，同时个体心理学提供了个体心理属性与社会属性的概念运用启发。

为了尽可能地与研究对象拉近距离，强调“理解与多重声音共建”的建构论范式更能够指导研究整体的思路（林肯，2007）。以建构论的范式来看，对女性个体视角的研究，在本体论上她们是“被本土性地、针对性地建构”的群体，与以往性别二分、同质性群体不同，独游情境中的女性是完整的、连续的个体，其背后的生活日常与独游体验不可分割，研究对象既是“女性独游者”，也是独立的生活个体；在认识论上，女性独游者的体验知识是“主观的、可交流的、创造性的”；在方法论上是倾向于“对话的、理解的方法”体系（林肯，2007），以更能够理解女性的方式，试图更加贴近与理解女性独游者，深入到独游的情境中，把握女性的情感性及其细腻的特点。这里还要做一点说明，书中所关照的个体并不是“方法论个体主义”意义上的“个体”，因而与站在建构论的立场是不矛盾的。狭义的（古典）方法论个体主义一方面将单独个体看作社会结构中的基本要素，另一方面又使用化约与数据统计的方式忽视个体能动性（马尔图切利、桑格利，2020）。

具体在方法的选择上，女性的研究已呈现从单一到交叉、从定量与定性两类方法分化到再结合的趋势，同时强调研究人员从质性材料出发（潘泽泉、杨莉瑰，2010），能够把历史的背景、历史的事件、社会行动者的行动、事件过程中的互动悉数纳入因果分析之中，定性研究中高度情境化的叙事能产生和因果关系相互分析的论证（赵鼎新，2021）。分析个体并不是站在原子个人主义的立场将个体视为至高无上的研究对象，而是考虑到人的内在复杂性，启用各种资源，包括冗长的、重复性的访谈，直接观察或者重建社会背景观察个体行为变化。访谈和针对各种档案的研究方法能够揭示被旁人忽略的微小冲突和异质性的行为（拉伊尔，2021）。本书的研究思路是：首先，深入研究田野，研究者作为独游者进入独游的情境对女性独游做出初步的把握；其次，在与女性独游者初步交往、熟识之后进行更进一步的深度访谈；最后，通过获取其他资料补充一手资料的缺漏，以及对访谈和观察进行印证。在分析层面，逐步梳理资料，归纳女性独游者在独游情境中个体性体现的主要维度，沿着从单一到复杂的状态展开，以探索女性在独游的特殊情境中的具体实践。

#### 3.1.2.2 指导框架

本书以个体化进程中的“个体—社会”框架来搭建主线，既看到个体身上的“社会性”要素，也看到个体自身的主观行动。女性个体呈现结构性的“脱嵌—再入嵌”个体化过程，一方面在社会的影响下要依照社会规范和规则，同时又杂糅个体的主观意志，呈现一系列静态化形象，即一种“成为什么”的状态；另一方面又在自由选择之中寻找自己的动态化“生活风格”，即一种“去做什么”的状态。整个环节都可以凝练于关系性的行动之中，关系性的行动既包括互动关系，也包括非互动性的出于个体的、非主体间性的实践。“成为什么”和“去做什么”是关系性行动的一体两面。将女性旅游者的独自旅游看作一系列行动的组合，放置在该框架下进行理解。

框架将围绕女性旅游者在独自旅游过程中呈现的形象个体（自我）、个体相关的行动以及对个体所创造的生活风格三个方向展开，而具体的概念定义从经验中“浮现”得到，并不完全来自个体社会学以及个体心理学的核心概念。具体研究框架见图 3–1。

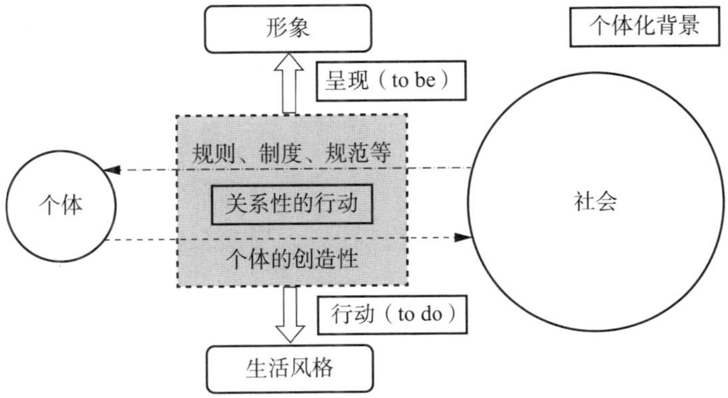


图 3–1 研究框架

首先，借鉴法国个体社会学的立场，注重以个体为分析单位以及重视细致地对个体进行描述与研究的意旨相符。女性独游者的体验属于核心重要的内容，不单是个体在体验与经历，在过程中与他者的联结互动也可以纳入塑造方式，女性个体关乎（自我）的塑造方式中，关系性行动是第一条重要线索。

其次，通过前文综述可知，女性在对自己的身体、情感、消费生活以及家庭生活领域中的主导性、独立性越来越凸显。在个体社会学视角的启发下得到个体要“成为什么”是一个直观的呈现综合经验的重要方式，个体的自身内容、个体相关的周遭内容甚至社会的内容映射都会包含在内，并且作为理解个体的一个直接的、静态的部分。那么独自旅游的女性其整体形象研究在本书中可作为个体呈现内容的支线之一。

最后，框架的第三条支线主要面向独游对个体生活风格的创造展开。此处意在展现在个体呈现内容和个体塑造方式之外，个体所产生的影响。塑造方式是理解个体—社会互构的行动领域，生活风格的形成则是个体—社会互构作用产生的影响。这一支线主要来自阿德勒个体心理学的启发，不单集中于对个体的理解，还映射了个体的社会生活，个体—社会两个维度都得以呈现，正如吉登斯所说是在结构二重性当中的。

### 3.1.3 研究问题细化

通过进一步梳理，本章对第 1 章提出的问题进行了细化。首先，女性独游之前的基本特征有哪些，即关系性的行动所包含的重要因素有哪些？独游前可以理解为是女性通过独游脱嵌生活的过程。那么，为什么选择独游，动机有哪些？限制因素以及其他特征要素有什么？

第二个问题是对第一个问题的深化，因为女性生活中的动机、情境制约等，从不同主体塑造出不同的女性独游者形象，难免会出现形象之间的矛盾性，当然也有可能出现一致性。那么，第二个子问题就细化为：在不同类型的叙事中呈现何种形象？有什么特点以及是怎么塑造的？

第三个问题聚焦女性独游者的实践过程分析，虽然在不同主体那里女性独游者呈现不同的形象，但真正在独游过程中，女性的行动实践有哪些，又是如何来化解差异化“形象”矛盾的？第二个问题包含的子问题：有关女性旅游者自身的行动、有关女性旅游者与他者间的行动有哪些？是否有其他特征？行动实践会发生什么变化？

第四个问题主要从独游情境的女性实践再嵌入日常生活展开讨论，女性独游者不能被割裂看待，其不仅是一名旅游者，还是日常生活中的个体，那么，在独游返回后，女性的日常生活会受到哪些影响？于是将第四个问题细化为：女性的独游与其日常生活呈现哪些关系，是怎么相互作用的？关系类型有哪些？关系类型的特征又是什么？如何理解或者反思这些关系？

## 3.2 研究资料搜集

资料搜集方法采取的是由浅入深，多方面获取一手、二手资料以及多方法并行的方式，主要包括一手资料获得参与式观察、深度访谈以及网络二手资料搜集三种方法。

### 3.2.1 资料搜集方法

#### 3.2.1.1 参与式观察法与自我民族志式初探

为了获得对独游体验的深刻理解，需要从研究者直接经历出发，需要研究者亲身体会与反思（马歇尔、罗斯曼，2019）。本书笔者为女性，亲自参与独游，采用参与式观察的方法，在旅游过程中与研究对象一样经历独游并感悟见证。在旅游过程中记录女性独游者如何表达自我、过程如何，并进行自我反思。笔者自本科开始就利用寒暑假和其他法定假日独自旅游，这是最初的尝试阶段。在研究生阶段有数次独游经历，看待女性独游的视角也随着内心变化而变化，也有了对独游经历的更多总结与反思。

在自身经历驱使下，在论文调研初期，笔者便实施参与式观察的方法，在线上游记论坛以及线下空间进行观察。在线上，通过浏览世界知名女性独游者的网站 solotravelerworld.com、oattravel.com，国内知名游记网站马蜂窝（mafengwo.cn）、穷游（qyer.com），以及搜索有关女性独游的公众号推送内容，对女性独游者的故事叙事、目的地选择、行为方式有初步的印象，进而确定下一步调研的方向。线下的参与式观察调研主要探索女性独游者在旅游情境中的穿着装饰与装备、自我表达的方式与态度、与他人交往沟通的行为与状态及其暂时休息、一日三餐等日常化的行为，并对切中研究主题的内容做好记录。

#### 3.2.1.2 深度访谈与参与式观察法并行

为了解女性独游者在旅游情境中的体验，在案例地结识女性独游者并进行半结构式深度访谈，对其以往经历进行追问，添加联系方式，旅游后对其朋友圈进行动态观察（访谈提纲及受访者基本概况见表3–1，详细内容见附录）。同时对女性独游者个人生活进行访问，这有助于“打破以男性话语为主的公众话语”（李银河，2021）。在云南的正式调研中，笔者采用线上与线下相结合寻找受访者访谈的方法，线上受访者通过笔者本人自行联系获得，不局限于云南还包括其他地区的独游经历；西藏地区的线上访谈与线下访谈并行，线上访谈有的通过“滚雪球”获得、有的通过笔者自行联系。独游者的经历不限于西藏，这样就排除了地域限制。通过受访者发布的游记、朋友圈等内容对她们的经历进行线上观察与记录。

游客的谈话（无论是自然发生的，还是采访派生的）可以被认为是由文化知识反射性地构建的（Dann，2002）。研究者也不会因为访谈过程中的停顿或者表述口误而忽略自然而然发生的受访内容的重要性。在访谈过程中，研究者或者受访者双方会发生犹豫、停顿，以及研究者如何对其做出回应，都为研究的反思性提供了延展的空间（Perera，2020）。在第一次预调研访谈中，事先确定的研究方向为女性独游者的日常生活与独游之中的转变以及意义追求，在访谈问题的设置上主要涵盖对其日常生活风格的询问、过程经历的重要性的询问，以及对旅游过程中的积极意义的探寻。

在预调研之后发现，对于“转变性”以及回程“意义性”的问题，难以通过短期访谈获得，也难以对“转变”进行狭义界定。即在第一次正式访谈中调整方向，将结构性的“转变”范畴调整为对过去经历的讲述，希望通过访谈挖掘女性独游者对个人与社会两重层面的观点，以及家人和周边朋友对自己独游的感想，并补充回访提纲，意在探索女性在独游之后回到日常生活中的体悟。在对访谈内容大致梳理总结之后，发现原来确定的核心内容“女性的表达与转变”涉及太过广泛，在收窄范围之后，将内容逐渐凝缩至多维度的“转变”范畴。在第二次正式访谈中，提纲范畴囊括对过往经历的讲述，女性认知观点、看法以及表达等，同时提出性别维度的议题与女性独游者一起探讨。在访谈过程中，一并留意受访者的神态、语言、语气、动作、穿着与饰物等。

#### 3.2.1.3 网络及其他类型资料搜集补充

为了尽可能减少从经验观察以及半结构深度访谈获得材料的文本分析的任意性、主观性，补充搜集受访女性独游者所发布的游记、朋友圈资料图片，游记网站的女性独游者游记，媒体对女性独游者的相关报道，女性独游相关书籍等文献资料。一方面是对一手资料的文本进行宏观视角的解读，尝试与社会宏观层面的意义体系挂钩；另一方面是进行不同渠道资料之间的相互印证，保证分析的科学性。

为了能够掌握有关女性独游者丰富的材料，一方面通过记录朋友圈截图，获取独游女性的朋友圈动态，女性独游者返程后的状态，独游女性由自己亲身经历写下的网络游记、所拍摄的视频以及照片等各类材料；另一方面为了对线下女性独游者进行访谈并搜集线上资料作为补充，又考虑到旅游网站的熟知程度和搜索游记技术上的可行性，可以搜索国内著名旅游网站马蜂窝。通过在马蜂窝搜索界面输入关键字“独自旅游”进行整体搜索，获得网络游记 85 篇，在详细阅读所有游记之后进行手动筛除，将其中多篇连载的游记合为一篇以及删除男性独游的（12 篇）、没有详细记录而只有图片的（8 篇）、不属于研究定义范畴的（16 篇）（妈妈带孩子或者女儿带父母的旅游方式）、主页不显示性别标记的游记（8 篇）共计 44 篇，剩余符合研究标准的共 41 篇，共计 21 万余字的游记素材，以此作为研究补充，保证搜集材料的总体质量。

报道材料的搜集考虑到其典型性，通过百度、必应、360 等搜索引擎搜索“独游遇害”的相关新闻获得；也通过“滚雪球”的方式搜索获得国内外媒体“现象级”关注的苏敏自驾旅游相关报道。另外，每次调研结束之后，笔者都会对录音材料、图片材料或者网络资料进行整理、分析以及总结，并且根据材料所呈现的具体内容调整下一次的调研计划、访谈提纲和方案思路，同时记下个人反思和随笔分析。通过录音照片与文字记录，以及多维度资料相互印证，再一次确保研究质量。

本研究考虑到不同材料的特性，例如，报道的材料反映了公众话语；访谈更加接近个体，立体鲜活，接近当下的实际情况，并且带有个体的反思，但在历时性方面又有些弱化；游记材料以及女性独游者个人的微信朋友圈、空间博客等具有文字与图片的二维特性，同时也在一定程度上弥补了访谈在资料搜集历时性上的不足，却又在一定程度上缺少个体在他者影响之下的反思；独游书籍资料具有历时性较长的特点，个体叙事集中丰富，但可能会有“美化”的嫌疑。综合整体材料的特性，研究以访谈为核心材料，辅助观察以及游记、书籍和报道材料进行综合、多维度的分析。

### 3.2.2 核心资料的收集历程

#### 3.2.2.1 搜集原则及对象选择

虽然是对女性独游者个体的研究，但是选择女性独游较多的调研地点也是提升研究可行性的重要方式之一。调研地点选择主要有三个原则，第一个原则是与研究对象有紧密相关性，第二个原则是案例典型性，第三个原则是可操作性。即便对分布比较散的女性独游者群体来说，抽样方法以及固定调研地点的选择也有一定必要性。研究主要有两类案例地，由于女性独游者对于个体“意义”和独特性的追求，一类案例地选择远离普遍意义上的旅游目的地，如西藏（拉萨）、青海；另一类是独自旅行安全系数高（考虑到西藏的高海拔）、女性独游数量多且日常生活意义较为丰富的案例地，如云南的昆明、大理以及丽江。

为了平衡独特性的案例，补充案例的丰富性，采取线上以及通过“滚雪球”的方式联系受访者。在调研地点选择比较出名的、旅行者聚集较多的青年旅舍进行调研，同时实行“滚雪球”式访谈，通过熟识的女性独游者介绍其他独游者，一是可以保证样本的质量，二是在条件受限的情况下可以搜集更多的受访者样本。研究在筛选受访者时考虑到研究对象独游经历的多地点性，并且研究选择的案例地只是更大程度上为调研提供了接触受访者的地点，并不代表某一案例地的人群，于是研究通过纳入受访者经历的多样性和调研地的多样性，降低案例地本身属性带来的影响。深入调研地方式的访谈（emplaced participation）能够提供更多的多感官式内容，为理解受访者的日常实践提供更多机会（Sand et al.，2021）。在青年旅舍调研突出了更多的情境性，刚来的旅客、外出归来的旅客以及返程的旅客，组成了流动的人员空间；旅舍的布置以及周边城市设施、消费场景的配置也使得旅舍作为访谈地点更具综合性；在旅舍安静空间进行访谈既能够与受访者有一个较好的交流空间，又可以拥有“身处（旅游）其中”的感官体验。在选取研究对象时，主要有三个方面的考虑：首先，选择有独游经历（一次或者多次）以及其他旅游经历的女性旅游者。其次，受访者来自不同背景、不同地区，以保证样本的差异性进而丰富研究内容。最后，如果为线下访谈，独游者还必须符合自主决策、自主计划独游行程的特征。

#### 3.2.2.2 资料搜集的时间段

在资料搜集方面，笔者先后外出调研三次，包括预调研阶段的西藏拉萨及周边（2019 年 7 月 28 日至 8 月 5 日，共计 9 天）；第一次正式调研的云南昆明、大理以及丽江（2020 年 8 月 4 日至 8 月 28 日，共计 25 天）；第二次正式调研的青海西宁以及西藏拉萨（2020 年 10 月 11 日至 10 月 30 日，共计 20 天），在此期间同步进行资料搜集，历时（包括访谈资料、网络资料、参与式观察资料搜集）1 年完成。

#### 3.2.2.3 资料获得概况

在调研对象中，三次调研共访谈了 38 位独游女性，笔者还补充了 7 位女性独游者非正式访谈，以完善对于女性独游的理解。其中，预调研阶段受访对象有 5 位，年龄在 20~40 岁。第一次正式调研受访对象有 18 位，其中有 5 位采用线上访谈的方式。年龄分布上有 3 位在 50 岁以上（其中两位 60 岁）；25~50 岁以下的调研对象有 11 位；25 岁以下的调研对象有 4 位（其中一位 16 岁）。第二次正式调研受访对象有 15 位，其中有 3 位是以“滚雪球”方式找到的，其他为自行结识，线上访谈 3 位。年龄分布上，40 岁左右与 50 岁左右的各 1 位，其余均在 20~30 岁。职业分布上，多为教师、自由职业者以及旅游相关从业者或具有休假时间的职员，年龄较小的多为学生，也有辞职员工。婚姻状况上，50 岁以上女性独游者已婚，其余年龄段大部分女性独游者为未婚，仅有 1 位 20 岁左右的独游女性为已婚。

调研共获得访谈资料 70 万余字，受访对象的访谈时间不等，最长可达 160 分钟（由分次访谈完成），平均受访时间为 50 分钟左右，每次访谈时间在 30~90 分钟，超过半数的独游者是在与笔者熟悉之后进行正式访谈的，且合并多次非正式访谈，在正式访谈之前如果住在同一家青年旅舍，会在前期接触了解。访谈的内容广度、深度以及情感融入程度都满足资料饱和的要求。在访谈过程中，研究者时刻提醒自己关注受访者的情绪事实，并给予访谈情境下恰当的回应，例如“是的”“嗯”“是这样吗”等平和的回应，一是使得访谈继续，二是回应受访者的情绪，以保证访谈符合基本的伦理框架。虽然定性访谈不是心理咨询（consulting）或心理治疗（therapy），但是访谈时主体间的体验与之类似，尤其涉及强烈的情感、情绪或者生活私密事件的时候，研究者的回应极其重要（Leahy，2021）。样本不做复杂统计性分析，将其视为探索性研究，具有“存在着这样一种事实”的意义（李银河，2021）。受访对象基本情况概述见表 3–1。

**表 3–1　受访对象基本情况概述**

| 序号 | 姓名（均为化名） | 年龄（岁） | 来自 | 独游经历 | 职业 | 婚姻状况 | 访谈形式，时间，地点 |
|---|---|---|---|---|---|---|---|
| 1 | 廖姐 | 40+ | 成都 | 多年独游经历（欧洲多国、加拿大、美国、墨西哥和国内多地） | 经商 | 未婚 | 线下访谈，2019 年 7 月 29 日，拉萨 |
| 2 | 小明 | 30+ | 西安 | 国内（西藏、新疆等）多年独游经历 | 教师 | 未婚 | 线下访谈，2019 年 7 月 31 日，拉萨 |

续表

| 序号 | 姓名（均为化名） | 年龄（岁） | 来自 | 独游经历 | 职业 | 婚姻状况 | 访谈形式，时间，地点 |
|---|---|---|---|---|---|---|---|
| 3 | 薇 | 30 | 福建 | 国内（西藏、新疆等）国外（塞班岛）多年独游经历 | 教师 | 未婚 | 线下访谈，2019年7月31日，拉萨 |
| 4 | Alesha | 30+ | 江西 | 近一两年开始长途独游（涉及多个省份） | 辞职 | 未婚 | 线下访谈，2019年8月1日，拉萨 |
| 5 | 小林 | 25 | 海南 | 第一次长途独游，有过独游短途经历 | 互联网创业 | 未婚 | 线下访谈，2019年8月4日，拉萨 |
| 6 | 文 | 29 | 山东 | 独游过西藏、五台山、菲律宾 | 职员 | 未婚 | 线上访谈，2020年8月4日 |
| 7 | ZM | 16 | 贵州 | 第一次独游昆明 | 学生 | 未婚 | 线下访谈，2020年8月4日，昆明 |
| 8 | 兔 | 29 | 河南 | 经常旅行，独游箱根泡温泉 | 留学 | 未婚 | 线上访谈，2020年8月5日 |
| 9 | 夕颜 | 35 | 杭州 | 经常独游 | 淘宝店主 | 未婚 | 线下访谈，2020年8月6日，昆明 |
| 10 | 晶晶 | 28 | 河南 | 独游海参崴、内蒙古、青海等地 | 互联网旅游职员 | 未婚 | 线上访谈，2020年8月6日 |
| 11 | ZD | 27 | 北京 | 经常旅行，去过30个国家，独游过希腊、摩洛哥 | 职员辞职，留学期间独游 | 未婚 | 线上访谈，2020年8月7日 |
| 12 | 兰姐 | 51 | 威海 | 国内独游多次，少有国外经历 | 教师 | 已婚 | 线下访谈，2020年8月10日，丽江 |
| 13 | VC | 22 | 广东 | 独自或者搭伴旅行过40多个国家，独自一人成为常态 | 学生 | 未婚 | 线下访谈，2020年8月10日，丽江 |
| 14 | 号子 | 67 | 济南 | 独自旅游经验丰富，去过多个国家 | 单位退休 | 已婚 | 线下访谈，2020年8月10日，丽江 |
| 15 | 王姐 | 35 | 北京 | 独游多个国家 | 从事非洲旅游，因疫情失业 | 未婚 | 线下访谈，2020年8月13日，丽江 |
| 16 | 小杨 | 29 | 上海 | 独游国外海岛和国内多地 | HR | 未婚 | 线下访谈，2020年8月13日，丽江 |
| 17 | 琴姐 | 60+ | 南京 | 独游经验丰富 | 机关单位退休 | 已婚 | 线下访谈，2020年8月15日，丽江 |
| 18 | 小谭 | 19 | 湖南 | 独游过国内许多省份 | 学生 | 未婚 | 线下访谈，2020年8月16日，丽江 |

续表

| 序号 | 姓名（均为化名） | 年龄（岁） | 来自 | 独游经历 | 职业 | 婚姻状况 | 访谈形式，时间，地点 |
|---|---|---|---|---|---|---|---|
| 19 | 敏敏 | 30 | 广西 | 东南亚一带独游、云南独游经历 | 曼谷地接，因疫情失业 | 未婚 | 线下访谈，2020 年 8 月 18 日，大理 |
| 20 | 小曼 | 35 | 江西 | 西藏、尼泊尔多地独游经验、搭车经验 | 青年旅舍老板 | 未婚 | 线下访谈，2020 年 8 月 20 日，大理 |
| 21 | EMO | 28 | 深圳 | 大理、黑河、延边，东北三省、云南等独游经历 | 辞职 | 未婚 | 线下访谈，2020 年 8 月 20 日，大理 |
| 22 | 大琪 | 24 | 山东 | 美国东部城市和广州独游经历 | 员工 | 未婚 | 线上访谈，2020 年 8 月 22 日 |
| 23 | Ann | 42 | 广东 | 世界各地独游经历；国内较少 | 自由职业 | 未婚 | 线下访谈，2020 年 8 月 28 日，昆明 |
| 24 | 蔚冉 | 30 | 河南 | 西藏、青海独游经历 | 中医药行业职员 | 未婚 | 线下访谈，2020 年 10 月 13 日，西宁 |
| 25 | GD | 25 | 河南 | 云南、青海独游经历 | 待业 | 未婚 | 线下访谈，2020 年 10 月 13 日，西宁 |
| 26 | 莹子 | 30+ | 福建 | 国内多地独游经历 | 员工 | 未婚 | 线下访谈，2020 年 10 月 14 日，西宁 |
| 27 | Whoo | 23 | 北京 | 欧洲国家和国内多个城市独游经历 | 欧洲留学 | 未婚 | 线下访谈，2020 年 10 月 18 日，拉萨 |
| 28 | 小宋 | 23 | 青岛 | 深圳、珠海，泰国独游经历 | 自由职业 | 未婚 | 线下访谈，2020 年 10 月 19 日，拉萨 |
| 29 | 草小鱼 | 32 | 杭州 | 全世界多个国家、国内多个城市独游经历 | 工程师 | 已婚 | 线下访谈，2020 年 10 月 20 日，拉萨 |
| 30 | 蓉姐 | 38 | 武汉 | 多个国家、国内多个城市独游经历 | 检察官 | 未婚 | 线下访谈，2020 年 10 月 20 日，拉萨 |
| 31 | 小雅 | 30 | 上海（河南人） | 东北三省独游经历，新疆、西藏自驾独游经历 | 员工 | 未婚 | 线下访谈，2020 年 10 月 21 日，拉萨 |
| 32 | 郭老师 | 50+ | 上海 | 青海、拉萨及周边独游，多年前也有独游经历 | 教师 | 已婚 | 线上访谈，2020 年 10 月 22 日 |
| 33 | 大海 | 20+ | 拉萨（重庆人） | 重庆、成都、拉萨周边独游经历 | 青年旅舍前台 | 未婚 | 线下访谈，2020 年 10 月 22 日，拉萨 |
| 34 | 腿圈儿 | 27 | 烟台 | 西藏、西安、成都独游经历 | 待业 | 已婚 | 线下访谈，2020 年 10 月 23 日，拉萨 |

续表

| 序号 | 姓名（均为化名） | 年龄（岁） | 来自 | 独游经历 | 职业 | 婚姻状况 | 访谈形式，时间，地点 |
|---|---|---|---|---|---|---|---|
| 35 | HD | 28 | 贵州 | 国内多地独游经历 | 待业 | 未婚 | 线下访谈，2020年10月24日，拉萨 |
| 36 | 二姐 | 40 | 山西 | 国内新疆、西藏独游经历 | 自由职业 | 未婚 | 线上访谈，2020年10月26日 |
| 37 | 小Y | 22 | 河北 | 拉萨、丽江独游经历 | 待业 | 未婚 | 线下访谈，2020年10月27日，拉萨 |
| 38 | 皮皮 | 24 | 北京 | 哥伦比亚独游经历，国内多地独游经历 | 国外留学/旅游博主 | 未婚 | 线上访谈，2020年10月28日 |

资料来源：研究者整理。

## 3.3 研究资料分析

### 3.3.1 资料分析的基本考虑

本书的研究对象是实践独自旅游活动的女性及其行动，根本目的是理解女性独游背后的中国女性个体化命题。研究的宏观落脚点在于尝试从独游女性的典型个案中认识社会宏观结构，以当今社会个体化进程中的女性为关怀对象。前文所讨论的个体化命题的背景以及多元的法国个体社会学、年代久远的个体心理学有一定的参考价值，但是是否在女性独游情境中完全适用，是否能够进一步解释个体化进程下的女性独游及其生活处境，还需要进一步通过所获得的资料进行检验。

虽然本研究已经综合法国个体社会学立场、个体心理学视角构建了研究的整体框架，但框架只是指向了分析的基本方向，为了能够更加充分地贴近研究现象，理解完整的个体行动、心理及其生活本身，深化研究内容，具体的分析维度仍是依据研究资料而定的。同时，研究在面对多元化的、大量的文字资料时，在对先前启发性概念理解的基础上，资料分析采用的是更加聚焦于解释性的分析方式，相关论题是在研究者不断对资料熟悉的基础上生成的，不排除包含研究者的“直觉性”观点。

### 3.3.2 资料的基本处理与初步分析

研究在完成对 38 位受访对象的调研工作后，将受访对象的录音转誊为逐字稿，同时完成文字稿错字的校对工作。在转录结束后首先对文字稿进行开放式编码，并在梳理资料的过程中撰写备忘录。备忘录示例见图 3–2。

**摘自云南调研的思考性备忘录**
**（1）之前未考虑到的：**
“普通”的预设，没有考虑到年龄、经历等。
对于发展一直想着好的、积极的，而停滞也可以是发展。
独游暗含着某种特殊性，而在某些人那里也是日常。
女性友情，独游的女性之间的友情联结，以及我的角色——联结&共情。
群体&共同体的称呼，这群女性先前并未考虑“独游女性”可以作为一个群体。
**（2）新的思考点：**
按照生命历程去思考（年龄）。
创造性自我：多重自我的转换便是创造性的。
情绪隔离：自我防御手段（旅游中遇到的不好的情绪）。
“独而不独”：新关系的形成（正在形成/未来要形成的，向外界延展的自我）。
情绪的流露（交织、共情、反对）。
不断地转变之中，主体性得到表达。
转变并不只是自卑，自卑并不是唯一的内在动力。
女性独游是一种可表达的/表达性的主体转变。

女性在自我尚未建立或者说未起到联结作用的时候，独游获得一种表达的舒展，或者说表达的落地，自我得到塑造，这个过程中或倒退/前进/停滞，在每一种进程中，呈现不同的生活姿态，野蛮生长、双面人生或者亦游亦工作，对外界呈现开放的状态。

好像也不是追求独异性，因为个体存在就是独异的，但又是以日常为基础的，具有生活的共性；另外，自己参加了一个半日游的团，一个人问我：你一个人来啊？女性独游参团是奇怪的，不参团也是奇怪的。

**图 3–2 备忘录示例**

资料来源：研究者根据调研资料整理。

本研究的资料分析主要有以下方法，首先笔者对访谈的录音进行转录，然后在整理的过程中撰写备忘录。整体的分析建立在笔者对于研究反复的文稿阅读和对于意义段落的分析提炼之上。以受访者观点的内生编码和研究者的分类编码概念为主，具体内容见第 4 章。开放式编码示例见

表 3–2。

**表 3–2 开放式编码示例**

| 编码（分类编码） | 编码的概念内涵 | 次级编码 | 原始语句举例 |
|---|---|---|---|
| 社会—环境制约 | 指的是宏观层面的制约，主要出现在旅途之中，尤其是在异国旅行或者与其出发地文化差异较大的目的地，女性独游者将面临文化差异、性别空间与地理环境三个方面的制约 | 文化差异 | “我之前去摩洛哥，怕有宗教文化冲突，先买了一件翠绿色的衣服，因为穆斯林可能觉得绿色是吉祥的颜色”（ZD，27 岁，摩洛哥旅游期间为留学生） |
| | | | “(他们）死盯着我看，印度人的死亡凝视，一直这样盯着我，还有语言的各种骚扰之类的”（VC，22 岁，印度独游时在“间隔年”） |
| | | 性别空间 | “最近我走路的时候老是有那种 old man（老年男人）走在我后面，好，我就停了，等他走了我再走”（ZM，16 岁，学生暑假独游昆明） |
| | | | 在古玩市场被中年男性搭讪要在某一酒店吃饭，夜晚在台阶上坐着也遭遇了另一位中老年男性，并且男性提出要单独送她回酒店，“真吓死我了，我就差点被他忽悠走了”（小宋，23 岁，深圳独游时辞职，为自由职业） |
| | | 地理环境 | “(普吉岛）天气挺诡异的。我去的时候是 7 月，计划待 3 天，就带了 4 件衣服，4 件衣服在一天半就都穿过了，因为下雨，然后我出去走走又被晒干了，又下雨又晒干了”（王姐，35 岁，从事境外旅游业因疫情离职） |
| | | | “去纳木错，住过一晚，下雨。珠峰，也去住过一晚，下雨。要么天气不好，要么没有特意去看。就是留个念想。我要是完成了就不会再来这里了，如果留个念想，就会来”（薇，30 岁，教师） |
| 中介制约 | 指的是个体在与外界沟通、联系产生关联的状态时所面临的“媒介化”制约 | 备品的影响（钱、物品） | “他们装备特别齐全，专门搞野外的，锅什么的都有，还有睡袋，我什么都没有，我要是去了不冻成个球啊，我想算了，我就没去……他们之后想去尼泊尔，我什么都没带”（Alesha，30 多岁，葡萄酒侍酒师，辞职） |
| | | 技术的影响（网络、语言、地图导航） | “我英语如果好的话可能就聊得多一些，因为我英语确实不怎么样，跟人家聊多了，万一人家特别兴奋分享一些事情，听不懂就很尴尬”（晶晶，28 岁，职员） |
| | | | “我不甘心，又打开地图，觉得刚才走的好像没错，然后又走了一遍还是没找到。然后我就想不行，这次我就要开着地图，我要看看我走错在哪儿”（大琪，24 岁，美国独游时实习） |

续表

| 编码（分类编码） | 编码的概念内涵 | 次级编码 | 原始语句举例 |
|---|---|---|---|
| 个体制约 | 指的是与个体自身情境相关的、从个体出发的相关制约，涵盖了女性独游者情感角色、个人感受以及生理条件三大方面 | 情感角色 | “管不住我，我根本不听管。就像我昨天说要去拍银河，他觉得晚上 12 点出去不安全，我说没事人很多，管不住我的呀”（草小鱼，32 岁，工程师） |
| | | | “妈妈总会说怕我危险，我不能去，或者说我是一个女孩子，我不能去，包括我在路上遇见的很多人也都说我一个女生其实就不安全就怎么样，然后我就想证明自己，我在用行动告诉他们，其实我可以，不用担心那么多，我跟你们没什么区别”（Whoo，23 岁，留学生） |
| | | 个人感受 | “玩不动了……我觉得我有点跑不动了”（小明，33 岁，教师） |
| | | | “现在哪儿都去过了，而且去了好几次，已经没有兴趣再去”（二姐，40 岁，自由职业） |
| | | 生理条件 | “他们说你都来这边了，今天天气好你怎么不去？我说我就不去，我要走了。我只能这样说，因为我和大家也不是很熟，我不可能那么直白地说，所以我就说不想爬，我下次再来”（HD，28 岁，辞职待业） |
| | | | “我每次出来旅游最难受的就是大姨妈来的时候，因为我有痛经，每次痛得玩都不想玩，然后跟谁玩都不开心”（夕颜，35 岁，淘宝店主） |

资料来源：研究者通过资料分析整理。

## 3.3.3 资料的关键分析方法

### 3.3.3.1 叙事分析

在生活故事讲述中，研究者事实上在找被访者对于经历过的生活的观点（克兰迪宁，2012），可以聚焦某些传记片段、特定视角或者关键事件，可以采取民族志式的分析方法，并且注意文本如何被讲述及其所反映的社会生活（格莱斯，2021）。在个体、关系以及公共不同的叙事之间发现女性传统的性别角色逐渐脱落，展现新的可能性。研究以受访者的访谈资料为核心，以搜集的典型新闻资料、书籍资料为辅助，针对女性独游者在独游过程中的形象塑造特征和方式、在他者关系叙事中的形象塑造方式和特征、在公共叙事语境中的塑造特征和方式展开分析。在个体叙事、关系叙事和公共叙事三个情境中建构了女性独游者的典型形象，具体见第 5 章。

#### 3.3.3.2 主题分析（thematic analysis）

将重点放在叙述的内容之中（Van Manen，1997）。面对大量的研究材料，主题分析法可以总结资料的关键特性，并提出一种解释性的发现，给予资料某种意义，获得资料某种“见解”的书面尝试，适用于探索受访者心理世界中的“信念、结构、同一性发展与情绪体验”研究（萨尔达尼亚，2021）。在获得不同层级类属的主题结构、聚焦核心内容后，对不同主题进行诠释现象学分析，解释主题背后的意义，最终将其汇总为有组织的主题，通过充实文字说明，撰写典型类属的叙事内容，对案例整体进行分析。对于女性独游过程的分析，聚焦女性独游过程中的变化特征，按照变化的性质并将其划分为聚焦旅游过程本身的“从规定式到随机式”，聚焦人际关系方面的“从独行到结伴”以及聚焦女性角色本身变化的“从性别角色到个体实践”，并对具体的变化过程予以分析，具体呈现在第 6 章（见表 3–3）。

表 3–3 第 6 章研究分析主题整理

| 主题 | 次级主题 |
|---|---|
| 从规定式到随机式 | 规划的景点与线路 |
| | “先去了再说”的旅途 |
| 从独行到结伴 | 不与他人同行——“很难遇到一起的” |
| | 遇见陌生人——“都是好人！” |
| | 情感共舞——“因共鸣而分享” |
| 从性别角色到个体实践 | 被角色框定的一部分人 |
| | 体现个体创造性的一部分人 |

资料来源：研究者分析整理。

#### 3.3.3.3 拓展个案分析

采用拓展个案的分析方法尝试在微观社会情境（独自旅游情境）中揭示宏观社会整体的结构特征；采用情境化分析方法，“将情境知识编织成各种行动者之间的持续互动即关系的生产和再生产过程”（Burawoy，2009；

王晓晖，2019）。个体与群体在社会情境中互动，社会情境的塑造既来自社会宏观的塑造，也来自个体在日常生活中的活动与建构，因此社会结构的复杂性也反映在与特定情境的人与群体的实践中（Kempny，2005）。布洛维（2007）在拓展个案分析方法中提出了拓展的四个方面，从观察者拓展到参与者、对于时间和空间观察上的拓展、从过程拓展到对结构的理解和拓展理论。在拓展个案分析方法中，要同时考虑到宏观和微观两个方面的内容，时常保有反思性，要审慎权力对实践的不同影响力（卢晖临、李雪，2007）。在调研时笔者作为女性独游者的一员，亲身实践女性独游过程，实现从观察者到参与者的贯通；对女性独游者的身份背景、生活史的考察，也有助于理解其背后映射的社会事实（杨善华、孙飞宇，2005）。最后在第 7 章反思了个案背后的社会宏观现实，并在整体的分析之后尝试提出“性别化”视角之外的理论讨论。

在成文时，为了支持某些现象及其观点，笔者会直接引用受访者的回答或者相关资料作为论据来详细说明。在完成资料编码以及整体分析后，笔者与老师、同学根据研究成果进行了多次讨论，在这个过程中进一步提升了研究的质量。对于针对个体的质性研究，可以将能否与他人产生意义上的共鸣、能否为改善与研究主题相关者的生活提供某些启发等作为判断质量的依据（蒋逸民，2011）。最后，笔者通过反思独游的经验和背景，解释其产生的潜在性影响，力求使解释更加准确。

### 3.3.4 研究伦理

在质性调研中，作为研究者通过与研究对象确定访谈时间和地点，或多或少地打乱了研究对象的生活秩序或者旅游活动的安排。本研究在选择研究角色时做了不同程度的考虑，在自我民族志阶段充分地融入独游过程并保持反思性；在实际调研阶段向调研对象真诚说明自己的身份，以确保研究的中立，不过度远离现象，也不过度抛离研究角色。

在正式访谈之前，向受访者开诚布公地说明研究者本人的实际情况、访谈的意图、调研的主题，以及访谈过程中的录音和笔记记录，在征得受访者同意之后再正式访谈，对受访者的真实姓名、网名都采用化名的方式，并保证访谈的内容仅用于学术研究。在分析的过程中，如果研究中需要受访者提供照片作为支撑，研究者会与受访对象说明情况，在征求同意之后再使用照片，并标明拍照者；如遇到已经属于公共传播空间的新闻报道、已公开发布的游记照片，若文中有运用的情况会标明具体出处，并且不会将其用于商业。在研究者与受访者从相遇到相识，再到受访者接受访谈调研的过程中，为对受访者接受访谈进行回馈，研究者会以熟悉当地的老游客身份带领某几位独游者分别探访目的地；如果受访者同意，也会回赠明信片；随后也会与受访对象保持联系。其中几位受访者还表示想要阅读调研的成稿内容，研究者表示将在定稿之后与之沟通。

笔者带着研究者和女性独游者双重身份进入独游的具体情境当中，实践从观察者到参与者的拓展维度；经由自我反思发现女性独游现象不仅是“独自旅游现象”本身，也不仅是女性因为某些动机走出当地前往目的地旅游的简单分析，所以单纯围绕女性独游而分析“独游”，或者以性别差异的视角再次强调女性独游，都无法明晰独游背后的社会实情和现实意义。女性在时代发展中的处境、社会对于女性的态度、新媒体技术对女性形象的呈现与传播等都有可能对女性独游现象产生多样化的影响，还需进一步探究。

# 4
# 独游前：动机、制约与特征年龄段

## 4.1 出游动机

在独自旅行者出游动机的研究中，较为经典的是 Cohen（1973）的研究，他总结了漂泊者（drifter）的几种旅游动机，主要从宏观层面概括了文化、政治与经济维度的动机。独游之中的客观性因素以及主观性因素成为研究者所关注的重点。有的研究者从更具有概括性的客观与主观两个方面将其划分为“因周遭环境而独游”“因个人选择而独游”，不过其中具有个人属性的变革性体验、个人自由以及行程灵活性都是核心动机（Yang，2020）。但是独游者的概念具有“流动性”的特征（Yang，2020），即独游的客观状态和主观状态都是可以依据情境具体界定的，由此对于独游的动因也很难进行细致的划分。常见的是将动机归类为具有获得自信感、自我发展与“自我成长”相关的要素，且都属于“内因”的类型（Bianchi，2021），这类动机是带有心理属性的。

研究者对女性独游者的旅游动机较为关注，同时也注意到动机的内在价值。McNamara 和 Prideaux（2010）在一篇探究女性到访北昆士兰的描述性统计研究中，总结了六种女性独游者的旅游动机，包含挑战自我、遇见新人、扩展舒适圈、发展独立自主的感觉、自我赋能以及拓展生活。其中“自我力量发展”的动机在其他研究者的研究（Wilson & Little，2008；Jordan & Gibson，2005）中。Osman 等（2020）在其一篇探究越南独游女性动机与体验的文章中，将独游女性的独游动机划分为个人层面的赋能、成长与发展，以及人际方面对他人同行的渴望、结交新同伴等。一篇研究伊朗女性独游者的文献指出，出游动机主要有灵活与自由、自我赋能、独立性以及探索四个方面（Hosseini et al.，2021）。

对于本书而言，对女性独游者出游动机的探索不是简单概括为主观原因与客观原因，因为这两种类型的原因并不能完全剥离，即便是主观选择独游，也会受到当时具体情境的限制；即便是客观受限，也可能会主观选择独游；并且对于受访者而言，她们自己也难以分出主客观原因时间的先后性以及逻辑的主次性，需要回到当事人具体情境去做具体判断。

综上所述，通过对访谈文本的分析，有的受访者有多次独游经历，从中抽离出较为常见的、更具概括性的出游动机，即截断逃离、随机触发、赋能成长、精神依偎，更多地聚焦于动机的价值性、精神性和工具性，与先前的研究有所呼应（如大多数人强调的个人心理层面动因），但也有不同层面的差异性（如随机触发可以看作不受个人以及环境限制的灵活性动因），更有利于进一步发掘女性独游者个体自我的内容。

截断逃离、随机触发、赋能成长、精神依偎四种动机具有独特含义。第一，截断逃离以及赋能成长是具有目标性质的，代表着要达成某种目标一定要去完成某项事情，在这里动机又同时具有了工具意义，即女性的独游能够反馈给自身某种积极的意义；第二，动机随机触发是综合的状态，但又具有一定的生活日常性质，因为日常性的活动也具有随机触发的特质，进而可以在某种程度上说明独游与日常有些性质上的粘连；第三，精神依偎同样具有日常生活的特性，但精神依偎的精神特征更强，且具有“主体间性”的特质，即不单单是关乎自我的，与周遭一切都有某种关联的特性；第四，这四类动机并没有很强的性别特征，不单单归属于女性独游者，其他独游者在某种情形下也适用，只是说在当下情境中女性独游者表现出的动机没有与常见动机有明显的性别区分。另外，虽然各种动机对于个体而言是会发生变化的，换句话说，就是对于拥有多次独游经历的个体，每次的动因可能会有些许差异。但是整体而言，抽象概括出四种动机具有普遍性，是可适用的。下文将详细介绍。

### 4.1.1 截断逃离

“也算是一种对现实生活的逃离，首先去一个没有人认识你的地方，然后结识一些新朋友。”（蔚冉，30 岁，中医药行业职员）

逃离动机作为一种常见的旅游动机，既出现在其他各种旅游类型之中，也出现在女性独游之中。受访对象蔚冉在说起自己的独游原因时，提到了“逃离”这个词。这个词语带着对生活妥协又抗争的双重内涵，逃离是暂时的，逃离之后又会再次返回。截断与暂停并不代表所逃离的原有事物会消失，只是暂时将“催婚压力”“工作压力”“经济压力”抛诸脑后，暂时阻隔在新的空间之外。在逃离创造出的新机会中给了自己新的调整空间，会自然而然获得积极的心理收获，积极的心理收获属于独游的附赠品。正如蔚冉所言，“回家了，所有生活、工作上的事情会扑面而来，但整体感觉还是想让自己放松一点”，后来她在朋友圈发布了一则关于接受访谈的感想，表示“通过讲述发现了独自旅行对于自己的工作生活是一个发泄的方式”，这也印证了蔚冉一开始所表达的选择独游的动机是截断生活、逃离生活。

截断逃离即便具有比较现实的特质，但其目的性并不明确，只是阻隔原有生活空间的压力，还不具有要“获得某物”的确切目的性，可能只是单纯的“散散心”。正如受访者小林提道“也是自己的一个低谷期，因为跟朋友一起创业做公司做不好，真的不想做了就不做了，就是想来拉萨散散心”（小林，25 岁，创业者）。创业的失败成为小林生活的一个转折点，于是她放弃了原有的生活，踏上独游之旅，她的独游在这里成了一个分界点，阻隔了之前创业失败的感受，又同时开启了下一段生活。

### 4.1.2 随机触发

“先去了德令哈，就是（因为）海子那首诗，今夜我不关心人类，我只想你。”（小明，33 岁，教师）

随机触发是最为综合的一类动机，许多女性独游者在受访中也表示并没有什么明确的主观原因或者客观原因，可能仅仅是随机性因素，具有模糊特性，可以是一首诗，可以是内心沉积了太久的冲动，甚至可以是一则日语学习课文中的对话。这类动机呈现混杂的状态。受访者二姐表示，“每个人和每个人不一样，有的人可能是各方面原因”（二姐，40 岁，自由职业），多种原因混在一起，没有明确的目的性，就在某一时刻突然决定便实践了独游。受访者小明提到了独自前往德令哈，仅仅是因为海子的那首诗，直观上看是主观因素占据上风，但是环境因素也同时存在。随机触发因素还具有一定的想象性特质。受访者兔在提到她前往日本箱根的原因时，表示“黄皮书（这里指标准日语课本）前面几课不是说什么去箱根温泉，然后我就一直记着这个事。就想看红叶、泡温泉，然后就去实现了”（兔，29 岁，辞职后东京留学）。琐碎的意象在时间历程中没有被磨灭掉，反而一直深嵌在某种潜意识之中，受访者兔在东京留学期间终于有机会独自前往箱根，在特定时空随机触发的动机促成了她的箱根温泉之旅。

除了前文提及的随机触发具有模糊性、想象性、浪漫性等特质，还可以看出历时性特质，即具有将个人生命历程之中的前后过往联系起来，并串成统一的叙事的可能性。受访者大琪提到自己在美国大城市独游的原因时，表示“我其实对多人一起的旅行是无感的，再加上我在美国三个月，每天基本上过得差不多。然后我就想到最后再加上这件事，我觉得自己完全有能力可以自己出去玩”（大琪，24 岁，员工）。当许多随机性的原因混杂在一起，或许可以将其当作一种“自我决定”，也可以理解为带有某种冲动的意味。

### 4.1.3 赋能成长

“我觉得一个人出去，有那种追求刺激的感觉，也有觉得自己胆量还挺大的感觉，我也不知道该怎么形容，就觉得自己确实也挺胆大，也挺勇敢，觉得好像这些问题我都能克服。”（晶晶，28 岁，职员）

赋能成长是截断逃离动机之外具有较强目的性的动机，意味着想要通过独游获得什么，在独游出发之前便已有初步的预设，独自旅游能够带来某种积极的意义，即为了获得成长而出发。动机与意义构成了并列出现的互联单元。赋能成长是具有两个阶段性质的动机，即通过赋能的过程获得成长。独游者通过独游的多种方式为自己赋能，进而获得自己想要的成长性力量，最终达到独游前所预设的成长目的。正如受访者晶晶所言的“胆大”“勇气”“克服问题”。旅途中获得勇气、胆量也好，学会克服问题的方式也好，都是能够带回生活的，并不只是独游中的成长，最后根本上也是自己的成长。

在廖姐以及夕颜访谈回复中可以发现，她们对于多年前学生时代独游动机的看法属于赋能成长型，虽然这种看法会随着年龄、阅历发生变化。廖姐提及她早年留学法国独游时的动因，说道“旅游中一个人是面向世界的、开放的，而两个人是狭隘的、相互的”（廖姐，40多岁，经商）；夕颜讲述她大学毕业第一次只身前往香港的动因，“第一次走远一点，离家远一点，就像这种不一样地去看外面，不一样的世界，为什么要走近呢”（夕颜，35岁，淘宝店主）。开阔眼界、获得认知层面的知识增长是夕颜香港之行的目的。这类动机也常见于背包客出游，具有共通的属性，独游者期望通过独游证明自己的能力，在对世界的认知上获得拓展。

### 4.1.4 精神依偎

“这是一种自在，我觉得给人一种信念或者一种希望。”（兰姐，51岁，教师）

受访对象兰姐聊到她多次独游的动机，整体呈现比较统一的状态，具有内在属性的一致性，与随机触发的多变不同，这类动机能够将独自旅游看作一种“信念”“希望”。兰姐要完成这种信念以及希望，身为中学教师的她每年都会盼着寒暑假的到来，在寒暑假假期踏上自己的独游之旅。独游的动机变成了一种绵长的依托，独游者“依偎”在这种信念之中，并以实际行动实现独游精神。

与之类似的还有薇，身为小学数学教师的她，讲道“当老师唯一安慰我的就是三个月的假期，我可以出来。我在读大学的时候也是趁寒暑假出去玩，有学生证嘛”（薇，30岁，教师）。每个固定假期为独游提供了时间，精神依偎的动机能够在阶段性的时间里循环生产。“精神依偎”的信念在此体现，能够拥有时间独自出游变成了一种信念。其实对于她们而言独游已经变成了习惯性的实践，且更加具有“意义”的内涵，类似于形成了一种目的—意义的循环，为了实现某种信念独游，独游又能够增强信念，如此便形成了一种正向循环。

在长久的精神信念以及意向性的精神动机之外，还有另外一种更具有依偎性质的动机。正如受访者文讲道，“我去西藏其实是之前（经历）的释怀，是对家人的释怀”。后来她独自前往五台山，其动因也具有一定的精神性，“我突然就想一定要去五台山，我觉得那个地方是有东西牵引着我的，可能是有种无形的力量冥冥之中告诉我要去那个地方”（文，29岁，职员），更多的还是一种精神的依托与释怀。文前往西藏，期待通过西藏独游达成对家人的释怀，而此时更深的意涵由此产生。

正如受访者莹子提到她独自一人前往“大西北”的动机，“南方人的秋天是很平淡的，你会向往北方的秋，向往新疆、西藏的秋天，色彩斑斓，层林尽染，你就会想要去实现”（莹子，30岁左右，员工）。在莹子眼中，“北方的秋”的意象成了一种指引和信念，想要去一探究竟。与前文中提及的长久性、不易变动性的精神依偎不同，与随机触发动机也不相同，随机触发的时间很短，即便是某种长期存在的意象或者信念，也可能会消隐很久才在恰当的时间、空间之下实现，而莹子的精神依偎独游动机却极具现实性。她生活在江南水乡，江南水乡的秋天在她看来平淡无味，于是她向往四季分明的北方，这与她当下的生活是紧密相连的，并非纯粹没有生活参照的想象。

## 4.2　出游制约

独游女性的出游制约是另一个传统研究议题，女性独游要面对多重制约，甚至多重障碍。制约的概念源自休闲领域，指的是限制人们参与休闲并获得满意结果的因素（Jackson，1988）。Wilson（2004）早在其博士论文中就已系统地阐述过女性独游的制约及其应对策略，出游制约涵盖了旅途的行前与途中，包括社会文化、实践制约（没有时间 / 金钱、缺少知识、压力疲乏等）、个体制约（害怕与恐惧、孤独等）、空间制约（能去的目的地不多等）四个维度。Brugulat和Coromina（2021）借助Wilson等（2005）的研究框架分析了在南非背包独游女性所经历的制约，验证了Wilson先前所提出的框架。还有研究者通过定量方法探索及验证了女性独游者的三个家庭方面的制约因素，从家庭动力特征以及儒家文化角度进一步理解了女性独游的制约（Yang & Tung，2018）。研究中同样按照先前的基础回到资料中寻找女性独游所面临的制约因素，通过对资料的梳理，分析结果将更加突出社会—环境制约、中介制约及个体制约三个维度。

### 4.2.1 社会—环境制约

社会—环境制约指的是宏观层面的制约，主要出现在旅途之中，尤其是异国旅行或者与其出发地文化差异较大的目的地，女性独游者将要面临文化差异、性别空间与地理环境三方面的制约。社会文化差异是旅游者通常会遭遇的模式，具有宏观性与普遍性。性别空间则是女性独游者所要面临的特殊制约，Wilson 等（2008）认为女性独游者将要面临“女性地理空间上的恐惧”（geography of women’s fear）。不过，无论是国际旅游还是本土旅游，都有可能面临性别空间上的制约，即女性在一些情况下会遭受男性的凝视，并且男性很容易占据空间的主导权。对地理环境制约这一方面的关注，Wilson（2004）主要提及了空间距离，但地理环境的制约不仅包括空间因素，还包括自然环境因素，如气候条件等自然条件。

回归到访谈资料中可以发现，女性独游者在异国旅行过程中早已对文化差异做了心理建设并且已有自己的调整策略，制约因素与调整策略是成对出现或同时存在的状态。例如，ZD 在摩洛哥的独游之旅中，早已预设当地的宗教文化浓厚，极易发生文化冲突，行前便准备好应对策略，即带有当地人偏好颜色的服装，她讲道，“我之前去摩洛哥，怕有宗教文化冲突，先买了一件翠绿色的衣服，因为穆斯林可能觉得绿色是吉祥的颜色”（ZD，27 岁，摩洛哥旅游期间为留学生）。

文化差异与性别空间两方面的制约会有一些关联性，例如 VC（22 岁，印度独游时在“间隔年”），当 VC 进入印度文化语境时，当地人懒惰的文化态度引起 VC 的不适，但 VC 会尝试理解；当 VC 独自一人走在印度当地的一个露天市场时，唯有她是皮肤相对白皙的外国面孔，其他全都是黝黑肤色的男性，她所遭受的性别不友好也体现得较为明显，“（他们）死盯着我看，还有语言的各种骚扰之类的”。

不仅是在国外旅行，在中国，女性独游者在某些情况下也会遭受男性的注视。ZM（16 岁，学生暑假独游昆明）在独自旅游昆明市区时遭遇了一名中年男性的跟踪，这让 ZM 感到要更加注意安全，她通过调整自己的目标方向来判定是否遭受了跟踪，等跟踪的中年男人走了以后她再以原定计划前行，在此，性别空间以一种较为隐性的方式呈现。小宋（23 岁，深圳独游时辞职，自由职业）也有同样的遭遇，不过她所面对的是显性的性别空间制约。在深圳旅游时是她第一次独自出游，白天在古玩市场被中年男性搭讪要在某一酒店吃饭，夜晚在台阶上坐着也遭遇了另一位中老年男性提出要单独送她回酒店，这两件事都让小宋感受到不安，“真吓死我了，我就差点被他忽悠走了”。不过小宋还是及时地反应过来并且采取了不赞同以及假装有朋友来接的机智的应对措施，最终规避了危险。

除了文化宏观方面的制约，女性对气候环境方面制约的反应也较为细腻，她们通常会特别留意天气的变化。在一些受访对象看来，天气会影响出游的舒适度以及目的地风景的感官效果。王姐在独自旅游普吉岛的过程中，经历了普吉岛的“诡异”天气，晴天和雨天交加，所带的衣物并不能应付天气的无常变化，普吉岛的天气由此成为她印象中较深的一部分内容，没有解决的办法，只能被动应对复杂的天气变化。王姐（35 岁，从事境外旅游业，因疫情离职）讲道，“（普吉岛）天气挺诡异的。我去的时候是 7 月，计划待 3 天，就带了 4 件衣服，4 件衣服在一天半就都穿过了，因为下雨，然后我出去走走又被晒干了，又下雨又晒干了”。薇在讲到她在纳木错和珠峰的经历时，也提及天气对她行程的影响，薇经历了天气不好带来的影响，以至于没有看到纳木错的美景，在珠峰旁边住下时也恰逢下雨，使她没有看到以往旅游者所说的珠峰恢宏景观。但是她延长了下次旅游的意愿，留个念想，而不是就此停止，也没有让天气的负面制约影响了自己的旅途。

### 4.2.2 中介制约

中介制约指的是个体在与外界沟通、联系产生关联时所面临的媒介化制约，指的是备品准备（经济条件算在其中）以及地图技术语言（网络算在其中）两大方面。备品准备的制约出现在旅途之中，女性独游者想要进一步延长旅途，却发现备品物资不能够满足实际的旅途需要。道路地图、语言、网络的制约也会出现在旅途之中，女性独游者面对当地的道路是陌生的且难以辨别的，这将会面临如何寻找正确道路的制约；并且在异文化环境之中，语言沟通是女性独游者与当地人沟通的便捷工具，如果语言不通或者不足以满足沟通的需要，则会对旅游体验产生一定的制约和阻碍。道路与语言之间还有一定的关联性，即如果语言不能够很好地作为沟通工具，那么有可能在问路时依然会面临困难。

备品的影响不是决定性的，女性独游者虽然在行前以及旅途之中会受到各种备品的制约，例如旅游装备不足、语言沟通不顺畅、地图不明确、经济条件受限等，但是多数的女性可以选择灵活的应对策略。Alesha（30多岁，辞职）在独游西藏的过程中就遭遇了备品不充分的制约。Alesha有意愿跟随其他人包车继续前往纳木错，并且还打算沿着西藏的边境坐车前往尼泊尔，但是由于没有带足够的装备，“他们装备特别齐全，专门搞野外的，锅什么的都有，还有睡袋，我什么都没有，我要是去了不冻成个球啊，我想算了，我就没去……他们之后想去尼泊尔，我什么都没带”，备品不足直接影响了她的后续行程，最终她打消了前往纳木错和尼泊尔的念头，选择到拉萨然后前往新疆与朋友会合。即便经济条件不允许，也不会阻碍女性独游者的出游决策，她们可以去一个交通花费较低的地方。晶晶在旅行日本之后思考着下一步独游的目的地，由于正值毕业新入职期间，又要租房，经济条件受到限制，于是她调整策略选择交通花费不高的目的地。即便有经济上的制约，还是能够随机灵活调整，“其实我手里没有多少钱，所以想找一个便宜点的地方，然后我就搜机票，突然看到海参崴的机票很便宜，来回就要700多元。我又搜了一下海参崴的相关信息，那边的物价也很便宜，两三千元就可以去了”。

网络、语言、地图（导航）等中介制约，一方面是与当地建立关系的中介，另一方面是女性独游者对自己认同程度的衡量标准，能否很快知晓当地、查找当地知识、与当地沟通等都指向个体对于自我的认同。晶晶在海参崴的旅游中，当地说的是俄语，由于网络的中断，很难直接用语言沟通，“下飞机的时候，我买的电话卡突然就不能激活了……我就用不了网。

那边的语言我也听不懂，晕头转向，什么都不知道。幸好遇到了两个中国女孩，我当时只能厚着脸皮去求助别人”。她在刚抵达的时候便遭遇了语言沟通上的阻碍，没有网络没有办法查词语，有些不知所措，在晶晶看来能够熟知当地是对自己的认可，最根本的还是看自己是否能够解决这种突如其来的、未预料到的困难。大琪聊到她的美国独游经历时，她对于自己的语言是否能够流利沟通没有充分的把握，大多时候她会自己一个人体验并且很难与外国人产生交流，“我英语如果好的话可能就聊得多一些，因为我英语确实不怎么样，跟人家聊多了，万一人家特别兴奋分享一些事情，听不懂就很尴尬”。由于语言沟通上的制约，这种情况下，女性独游者更多的是与自己相处，与当地人的沟通会相应减少，更多的是围绕个体感受和体验。

ZM 认为自己“接受不了迷路，也接受不了导航，我下次去一个地方，一定要跟别人一起，或者是找一个安全点的网友带路，这样走路真的好烦”，导航的不确定性并不能给 ZM 带来安全感，还是一个游伴能够提供充足的安全感；而地图 / 导航也成为大琪面临的第二个中介制约，她表示“我不甘心，又打开地图，觉得刚才走的好像没错，然后又走了一遍还是没找到。然后我就想不行，这次我就要开着地图，我要看看我走错在哪儿”。导航地图的不明确无法让大琪准确识别位置，只能一遍遍地重复确认，女性独游者在导航识路的过程中，初尝与目的地建立关联时的障碍，同时也通过中介制约了解了自己，自己对于陌生环境的不确定性、对于自我确证的过程，以及自我认同，都在看似琐碎的中介制约冲突中映射出来。

### 4.2.3 个体制约

个体制约维度涵盖了女性独游者的情感角色、个人感受以及生理条件三大方面，指的是与个体自身情境相关的、从个体出发的相关制约，将 Wilson（2004）所提出的实践制约和个人（personal）制约一起归并在个体制约之下，凸显女性个体在决定独游与如何独游中所占的重要程度。情感角色一方面关系到女性原生家庭（独游女性的父母）、新建立家庭（丈夫）

与其的关联和女性在其中扮演的角色，这都是属于关系性的；另一方面，女性自身对独游的消极情感赋予（如“没有兴趣”“玩不动了”）也成为制约之一。生理条件也是具有女性性别特征的，例如女性的生理周期，女性身体的独特性会在特定条件下对独游产生某种意外性的制约。

情感角色制约更多与家庭相关，与独游女性的父母以及亲人相关。父母较关心女儿的安全，因为父母通常认为女孩子出门在外就要注意安全；同时也要注意自己的形象，要好好工作，不要乱花钱。在一些独游女性的家庭中，父母会认为女儿出门是缺少力量的，或者出门玩是没有实质性收获的。因此，女性独游者就会面临家长在情感方面的施压，使旅途的决策以及行程受到一定的影响。例如，Whoo（23 岁，留学生）因为新冠疫情休学一年，想要骑行前往拉萨，在接受访谈时她还没有获得妈妈的许可，包括她在法国读书期间的许多出行都被家长干涉，女孩独自出游被当成一件危险的事，“妈妈总会说怕我危险，我不能去，或者说我是一个女孩子，我不能去，然后我就想证明自己，我在用行动告诉他们，其实我可以，不用担心那么多”。另外一个是小林的例子，在其父母眼中出去玩并不会有实质性的收获，内在含义就是不能独自出去旅游，只是浪费钱，“曾经会跟我父母沟通一些事情，我现在不会跟他们沟通了，他们只会说，天天去玩，不好好工作，钱又赚不到，还花钱之类的”，在面对父母的疑虑时，女性独游的自在性被情感牵绊。

不仅是原生家庭父母的情感羁绊，女性独游者还可能面对来自家庭另一半的管束。草小鱼（32 岁，工程师）讲述了一次夜里 12 点在营地拍摄银河时被丈夫管的经历，但是她已经习以为常，她表示，“管不住我，我根本不听管。就像我昨天说要去拍银河，他觉得晚上 12 点出去不安全，我说没事人很多，管不住我的呀”。草小鱼选择直接回避的方式回应了对方的关切，但面对藏在“关心话语”表象之下的管束，草小鱼仍然是被动的，在草小鱼看来这不是关心，而是一种管束，选择不去理会就可以解决掉这类制约。

个体在旅途中的感受也成为独游过程是否顺利或者未来是否继续独游的制约因素。女性独游者所经历的行程不一定都是积极的、令人满意的，能够产生重复出游意愿的。小明经常独游，并且经常会有冒险的奇遇，但这些奇遇只会让她认为“运气好”，不会再走第二遍，这种不可重复性决定了女性独游经历的独特性，但这种独特性并没有带来新的动力，她感叹道，“玩不动了……我觉得有点跑不动了”。与她有类似感受的是受访者二姐，她觉得所谓的远方都已经体验过了，有一种疲倦感，也呼应了 Wilson（2004）研究中呈现的压力（stress）与疲劳（fatigue），但是在本研究中更多呈现心理属性的疲劳感和自身经历对比产生的压力性，正如二姐所说，“现在哪儿都去过了，而且去了好几次，已经没有兴趣再去”。

女性生理期的痛苦叙事虽然不是存在于所有人的故事中，可能不会产生影响，并且具体影响要依据个体的身体状况而定。但是，生理期也可能会带来难以忍受的结果，带来的痛苦影响是不可忽视的，它直接影响女性是否出游的决策。例如，夕颜在描述她面对生理期来袭的态度时是非常消极的，“我每次出来旅游最难受的就是大姨妈来的时候，因为我有痛经，每次痛得玩都不想玩，然后跟谁玩都不开心”。这种生理期的痛苦会被隐晦地表达，HD（28 岁，辞职待业）在黄山旅游时，还没有登山之前正好碰上生理期，身体状况无法适应大幅度的登山活动，即便天气不错也有登山的伙伴，她还是决定放弃登黄山，但 HD 认为他们（登山伙伴）和自己不熟，不能直接说“大姨妈来了”，于是就给出了一个模糊的理由。另外，从访谈的表达之中也可以看到，女性的月经词汇也被当下更加隐晦和委婉的“大姨妈”替代。当然，身体的制约还包括晕车、体力不能满足旅途的需要等常见因素。

## 4.3 特征年龄段

由前文在基础描述统计部分所做的总结可以看出，独游女性会流露出对年龄的特别关注。

### 4.3.1 20 岁之前不能独自出远门

对于年轻女性而言，18~20 岁是第一个明显的时间段。在受访对象中，唯一一个还没有成年的女性独游者ZM有着最直观的体验和感受，前往云南是她第一次独自旅行，即便没有得到家人的允许。ZM认为家人会觉得“一个人出门太远了”，但ZM还是自己偷偷买了车票独自前往云南。“20来岁的时候独自旅游，家里会反驳”，但是廖姐还会执意出门。她在独自一人前往法国留学时也是害怕与担忧的，“就我个人的独游经历而言，我第一次独自旅游是在2011年，那时我也是处在家人不让独自出远门的20岁，除了采取抗衡的方式，还会选择策略性的方式，例如‘不告知’‘先斩后奏’‘假情报’等来获得家人的许可”。由上述分析可以看出，20岁的女性还未进入个体独立的私域生活空间，依旧还处在原生家庭的生活领域，甚至连独游都会受到限制。虽然独自一人出游安全是第一要素，但由于是女孩，安全性再次降低。女性个体以一次旅游的方式尝试将私域空间过渡到公共空间遭遇了困难。

### 4.3.2 30岁作为人生转折点

30岁是另外的一个节点，多名受访者提到了30岁对于她们而言是一个重要的节点。在这一节点通过独游收获当下的意义，而且对于整个人生历程来说，都是有转折性意义的。30岁本身被赋予了特殊的意义，到了30岁应该做些看似必然的事，例如结婚、组建家庭（受访者当中有人提及了30岁就会被催婚），而独游者自己也多少对他人30岁的经历有所耳闻，独游在此时就成了暂停、延续自由与时间的方式，不过也有可能成为一个“玩不动独自旅游”的转折点。Whoo提到她所了解的情况，并表达了对于年龄和婚姻的一种直接态度，“我一点儿也不想有孩子，也不想结婚，因为我看到我表姐的情况，她有了孩子，快30岁了，被孩子完全拴住，没有自己的任何事情。但我觉得无论男女其实都是一样的，当你有家庭了你就很难再独自出游了”。受访者小明也表示了自己的确证观点，“去年过30岁生日之前，那个时候我纠结了两个月，我以前没觉得年龄会是一个节点”。在一定年龄之后，受访者小明便感觉到自己“玩不动了”，年龄与之带来的阅历发生了变化，与女性年轻时代的状态存在一定差异。

### 4.3.3 40 岁之后的敏感与坦然

40 岁之后的敏感与坦然并不仅仅指 40 岁这一节点，还包括 40 岁之后的年岁，更多地涵盖了女性在完成了重要的结婚生子，完成了家庭私域所应承担的责任之后的时间历程。敏感抑或坦然这一对立的词汇是为呈现该年龄阶段中的独游女性表现出对年龄的积极感受和纠结矛盾并存的状态。

在与 Ann（42 岁，自由职业）的访谈中，她提到自己对于年龄坦然且并不隐藏的态度，“就是这么老，我就 1978 年出生的，没有什么好隐瞒的，对不对”。无论是 30 岁独自出国读书，还是 40 岁在南极游轮上工作，Ann 都可以出色完成，“都不是问题”，但是她感觉回到国内后周边接触的人会反复提及并强调年龄这个话题，这是一种将年龄强加于女性的情境，她说道，“我不需要（别人）天天提醒我很老这件事情”。年龄本身并无其独特性，而在他人一直确证与提醒之时，40 岁的年纪变成了敏感词汇，也变成了代表着年纪大的词汇，女性对年龄隐性的敏感随即会在这种细微之处被强化出来。

兰姐的年龄与笔者母亲的年龄相差一岁，在刚开始访谈的时候，笔者没有想好到底是称她“姐姐”还是“阿姨”，她直接说，“叫我兰姐就行”。可以看出她对于年龄背后所代表的尊称并不太在意，然而在聊到她想要报名稻城亚丁包车组队的经历时，她讲到自己对于年龄的自卑，“我害怕人家年轻人不愿意同我这种年龄大的在一起”。她之前在查找攻略时想去某些地方融入年轻人的圈子，但也是害怕，她坦言“也有那种自卑的心理，就是这个年龄怕人家年轻人不愿意要”。

号子阿姨（60 多岁，已退休）对自己的年龄抱有一种自豪感。60 多岁对于她而言是骄傲的年龄，虽然退休了，“是出来晚了”，但是仍然可以做很多事情。笔者在与她初次接触的时候，周边还围了其他几位旅游者，于是她便成了当时聊天的“主讲者”，边吃泡面边讲述她在上一站的故事。当大家对她的精彩独游故事表示惊讶与赞同时，她随及回应说，“对，怎么样，厉害吧”，“我退休这 7 年来走了 50 个国家”，她的这一回应是对先前她所讲述故事的再次认同，也是对自己仍然能做很多事情的自豪。但这种自豪一旦触及质疑，便会呈现防御之态。就在号子阿姨讲述她精彩历程的时候，另一位受访者问起号子阿姨是怎么从机场抵达青年旅舍的，并且表示直接坐大巴就可以到达青年旅舍附近，号子阿姨随即中止了聊天，“你就非得和我犟，我5点多下的飞机我就打不上车……我得歇着了”。看似与年龄无关，但是年龄背后的矛盾在微小的沟通之中凸显出来。

## 4.4 小结

女性独游者旅游动机主要划分为截断逃离、随机触发、赋能成长以及精神依偎四类。每一类动机又有其内在的属性特征，但并不具有性别的独特性。截断逃离具有阶段性的特征，独游既可以作为一个暂停原有生活的临时截断点，也可以作为逃离的工具，不仅是临时暂停，还可以长时间离开原有生活；随机触发的动机具有模糊性、想象性、浪漫性特质，还可以看出另外的历时性特质，即具有将个人生命历程之中的前后过往联系起来，并串联成统一叙事的可能性。赋能成长具有意义的内涵，但是女性独游者会为了获得个人成长而去独游，这里的意义与动机呈现混杂性与纠缠性；精神依偎更多地具有信念性质，能够拥有时间独自出游变成了一种恒定的信念，且短期内不会发生太大的变化，更多的还是一种精神的依托与释怀，即便是某种长期存在的意象或者信念，也可能会消隐很久才会在恰当的时间、空间之下实现。综合来看，出游动机变得越来越复杂化，也容易与意义内涵相互交融，从个体拆分出“动机”进行研究的方式只能作为初步的探索手段，并不能揭示更深刻的内涵。

就旅游制约而言，从先前的研究可以看出，沿袭休闲制约的脉络去看待女性个体，制约是普遍存在的，可以是社会—环境宏观层面的，可以是中介层面的，也可以是个体层面的，而女性独游者面临的制约因素可能是多重的、复杂的。当然，个体的自主选择与其所在的阶层、拥有的资本紧密相关（吴真，2021）。性别制约也存在于其中，但并不是制约的全部。可以看到“独游 + 女性 = 危险”的惯常思维模式框定的存在，使女性通常被置于弱势地位。其实女性个体的主动性几乎是与制约同时存在的，有制约限制，那调整策略也会及时出现。在被拆分出来的制约因素中，可以窥见其中的社会学意义，例如女性对于身体的叙事、女性对于月经的模糊表达，这也呼应了黄盈盈（2018）在其《性/别、身体与故事社会学》中有单独的章节讲述女性的经血身体与性感身体，女性的经血身体是常常隐匿于社会场域的，不被看见，也更多地呈现为女性自己的内在感受的研究观点。

年龄在女性独游者的讲述之中其独特性也逐步显现出来，本研究划分出三个重要的节点，分别是 20 岁、30 岁以及 40 岁。当然，这三个节点并不只是单一的 20 岁、30 岁以及 40 岁，还代表其阶段，即不能独自出远门的阶段、作为人生历程转折点的 30 岁以及带有敏感与坦然矛盾纠缠感受的 40 岁之后的阶段。女性以独游者的身份跳出原有的角色，开始审视这看似平常又异常的年龄阶段，代表着一个女性的人生核心历程缩略图景。这背后意味着女性从原生家庭的私人领域跨越到公共领域的初步尝试，并再次在 30 岁的转折点被"召回"私人领域，而这次的私人领域将是女性需重新建立的与原生家庭不同的私人领域空间，在完成 30 岁的私人领域空间的责任之后，40 岁之后再次跨出私人领域向公共领域迈步，女性再次做出了新尝试。

女性独游者所表现出来的复杂体验，仅通过两类拆分因素以及初步年龄特征来看待，还不足以揭示个体的独特性以及其社会意义。马尔图切利与桑格利（2020）转述了乌尔里希・贝克对现代性第二阶段所带来的变迁相关观点的看法，认为社会群体中每个成员都拥有各不相同的人生经历，同时也认为每个个体的独特性以及经历都需要进一步地展开分析。本章的动机描述与制约分析也仅是对女性独游现象的初探，对于了解女性独游体验的基本特征具有积极意义，对于市场实践者了解女性独游者具有一定的指导意义。

# 5
# 独游过程中的典型形象及其塑造

## 5.1 个体叙事中的独游女性形象

### 5.1.1 知识储备“学员”

#### 5.1.1.1 形象特点：汲取知识

知识储备“学员”在个体的现实叙事与互联网叙事中都有体现。在现实语境中，知识储备“学员”通常是带有赋能成长与随机触发动机的。在互联网语境（如在线游记）中，知识储备的形象塑造越发明显。知识储备“学员”是一种理性化的形象，她们的独游是带有强目的性的自我认知性学习过程。

具体而言，知识储备体现在旅途前期的特点是，做好独游的准备，会阅读当地的书籍、搜索当地的信息等。在旅途中，她们也会注重收集知识，重要的是要回应独游动机的“成长”目的，要有所收获，主要是指认知体验方面的收获。除了输入知识，她们还能够输出知识。笔者在与她们交流的过程中，她们通常能够讲出各种当地的细节，知识的输出较为常见。例如，夕颜在聊到她去福州独游的经历时，“我就按照闽 A、B、C、D 的顺序：闽 A 福州、闽 B 厦门、闽 C 泉州，还有闽 D 莆田。因为我那时候做淘宝，所以有卖鞋子的供货商”，在她讲起 ABCD 的时候，笔者还没有反应过来，她便开始细数起字母简写所代表的城市名。她后来在讲到云南的独游经历时，便科普起怒江红河边金平县的概况，“你不再只是关注风景，而是关注到很多社会状态，从政治、经济、历史角度去看，横向对比之后，你就会想这个地方为什么会这么穷……”知识储备“学员”不仅了解当地的旅游情况，还熟知当地的历史文化等内容。

笔者在与 VC 聊天的过程中，她分享的是在印度做国际支教与独自前往支教城市的经历，混杂着英文的地名与掺杂英文单词的表达方式尤为明显，“这是一个很 amazing 的国度”“……更 high-level 的人”“我就去了他们 local market，一个巨大的 market”，而后又分析了当地城邦宗教与当地人的特点。再比如 Ann，新冠疫情没有暴发之前她在南极做船员，是水下摄影师、潜水爱好者。关于南极的知识她脱口而出，无论是关于企鹅的知识，还是关于鲸鱼的科普，都是她在南极生活的储备。即便讲到独自前往海南第一次体验潜水的经历，她也分析了体验到耳朵痛的原因，“其实耳朵痛是很正常的，这是水压的问题，只要你捏住鼻子来做耳压平衡，把它开通了就好了，你每一米都要做，一路做下去，耳朵就不会痛了”。可以看出她的独游并不是单纯的放松休闲，而是在不断收集经历体验，而后形成了自己的知识体系。

互联网空间（在线游记）的叙事中，知识储备“学员”的特征则更加突出。在研究所搜集的 40 篇女性独游游记中，多位知识储备“学员”的形象通过游记鲜明地呈现出来，表现在做准备、有解说、带叮嘱几个方面。她们的游记往往是攻略说明性质。如果独游的目的地是国外，游记中会带有详细的解说，从门票、交通、出行、吃喝玩乐每一个步骤都有详细的记录，强调对细节的把控。

#### 5.1.1.2 塑造方式

知识储备“学员”的塑造方式通常有四种，即目标经济、表格归档、攻略技术与多重经验。这四种方式并不是同时作用的，而是其中一种或者两种甚至多种共同作用的。目标经济指的是在旅行之前，会抱有旅游获益的目标预设，通常带有赋能成长的动机，会选择以经济且尽可能多的方式完成独游，目的主要是提升理性认知。其实知识储备“学员”的状态在多数女性独游者初次尝试独游的情境中也会有所体现，她们讲到通常要“打卡式旅游”，要做足攻略，一定要赶满行程才会心满意足。

表格归档与攻略技术较多地呈现在网络游记当中。知识储备“学员”

的游记中有较多的表格，列出了具体的门票价格、车票信息、行程计划等。表格以清晰化、逻辑性且较为简洁的方式展现了旅游中以高效方式得到的信息。攻略技术与表格归档相呼应，也是在目标经济的基础上，设立目标之后才会设置攻略技术，以在最适当的方式中获得独游带来的最大收获。攻略技术在日常语境中也有所体现，例如在长途租车、包车环节，谁的车最好、租谁的车最划算，以及和谁租最好，都在攻略技术的精妙之内。例如，小雅（30 岁，员工）讲到了她以非常划算的价格独自租车与其他三人自驾游新疆的经历，“65 元（租车）一天多便宜。65 元一天你想 4 个人平分才多少钱，他们一天 1 个人都要 100 多元，我们一天跟不要钱似的”。小雅通过在租车平台抢到低价可租车辆的灵活方式，租车仅用了 65 元 / 天，省下了大笔的钱，加上小雅在吃的方面不太计较，通过对租车花费的精妙掌控，她在长途旅游过程中收获了很大的自信以及经济自由度。另一种隐秘的攻略就是阅读当地的书籍，知识储备“学员”会在出游前了解当地的风土人情，正如廖姐所说，“我不会做攻略，但我会在旅行前有意识地了解当地的风土文化，这成为生活的一部分”。

除了攻略技术，女性独游者的多重经验是一种时间性长、作用缓慢的塑造形象的方式。比如前文所述夕颜的多重独游经历、Ann 几乎环游世界的经历，再如廖姐讲到她多次独自前往非洲旅行的经历，“近两年我去过迪拜、土耳其、埃及、摩洛哥。去迪拜是做商务旅行的，回来钱就花完了。但这里也有改变人生的可能性，朋友变成了生意伙伴……准备去中非，做商务旅行有一些商业机会在那边”。她打算再去非洲是预测到会有新的可能性，2020 年有一段时间她的朋友圈连续发布了在津巴布韦的商务旅行信息，她又一次成功完成了“成长”。丰富的工作、求学生活经历相互交叠，塑造了不断成长、富有理性的知识储备“学员”的形象。

还有王姐的例子，她呈现了典型的知识储备“学员”形象。王姐新冠疫情之前在南非带团，但是疫情之后失业了。在她的独游叙事里，她每年都在自己生日当月出去旅游，给自己仪式感（目标经济）；第一次去韩国时攻略做得非常详细（攻略技术），访谈过程中聊起她带团的工作，无论是南非、东南亚还是韩国，她都可以道出各种当地的知识与注意事项。

## 5.1.2　问题解决“能手”

### 5.1.2.1　形象特点：“野蛮生长”

相对于常见的知识储备“学员”形象，问题解决“能手”的形象要相对少一些。她们呈现的形象故事往往充满戏剧性，突发情况以及应对解决通常在叙事中处于明显位置。在旅途中面临困境但又积极摆脱困境是她们个体叙事中着重表达的。她们在旅途中展示的女性形象并不是光鲜亮丽的，有时甚至是狼狈不堪的。正因为如此，个体的独特性才逐渐显现出来。当然在互联网语境的游记中此类形象不是很常见，但也时有出现，例如在“宝”（马蜂窝游记，2018/6/30）的游记中她着重记录了在清迈自高处摔倒、在异地就医的过程和体验，其间她积极做出调整，“确定是否有保险，退掉了前往拜县的车票，然后联系民宿留房，咨询保险赔付问题”。

问题解决“能手”通常是带有截断逃离动机的，一方面她们有可能是为解决日常生活中的困境而选择截断当下并且逃离，另一方面她们注重在独游过程中的问题解决，并且看重解决事情的能力。例如小林在创业失败的低谷期选择以独游散心的方式来应对压力。小宋带着截断逃离的动机出发，离开了当时的工作环境。一开始小宋轻信了陌生男性的帮助，接受了一同打车的邀请，但在意识到将要去的是未知酒店后她果断拒绝离开，到后面再次遇见不友好的接近时她都采取机智方式避开，在她的讲述中可以看到一个有些害怕但是又能够做出自我保护的形象。GD（25 岁，独游时待业状态）讲到她想通过独游突破在家里封闭的自己，“（激动地）我买了一堆书，说好读完这本书后我一定要出去，我不能天天在家里读，书是永远读不完的，我也是永远探索不完自己的，然后我就想一定要出去，但是我没有去找工作”。GD 的旅行故事没有太多的波折，但从她勇敢迈出家门可以看出，她打破了日常生活的防御，这又是一种问题解决“能手”的形象。

小曼（35 岁，青年旅舍老板）的新疆、拉萨打车经历尤为波折。由于搭车的想法是随机出现的，她没有备好长途搭车远行的物资，在她的讲述中看到的是一个风尘仆仆、不顾旅途艰辛的形象，没有厚衣服、氧气不足、失恋的打击，甚至没有基本的生活费等一系列困难都被她通过各种方式解决，是一种“野蛮生长”的问题解决“能手”形象。

#### 5.1.2.2 塑造方式

问题解决“能手”的塑造方式通常有三种，这三种方式分别是“小事件连线与映射”“特别事件画上着重号”“个体能力的确证反思”。小事件连线与映射，指的是将每一件小事都串成线，琐碎之事看起来不重要，但是当每一件琐碎之事串联起来，背后的意义就会扩大，并塑造出能力强大的问题解决“能手”。小事件连线会产生对日常生活的映射，小事件映射到日常生活之中，会产生“嫁接”的作用。这一点在晶晶的回复中有所体现，“我觉得一个人出去挺有那种追求刺激的感觉，也有那种觉得自己胆子挺大的感觉，我也不知道该怎么形容，就是觉得自己确实挺胆大，也挺勇敢，觉得这些问题我都能克服，（生活里）还有什么我不能克服”。大海（20 多岁，青年旅舍前台）的独游次数不多，但她也是以问题解决“能手”的形象出现的，骑单车六七百公里，经由一个城市去马尔康市时遭遇冰雹，她就是“喝一小瓶白酒，回去洗个澡就睡了”，后来从阿坝折返成都遇见一伙朋友，也是由喝酒的小事件将叙事串联起来，“玩了几天喝了几瓶酒，那时候回去（之前待过的一家青年旅舍）就跟回自己家一样，房费也不给，天天买吃的买喝的就找‘潮老板’（注：当时大海打工的青年旅舍老板名字）”，即便在青年旅舍工作时，喝点小酒也是她面对日常困境的解决之道，“我觉得喝酒是我最能接受的方式，也能消费得起”。

特别事件突出讲述某些惊险、特别的事，令人意想不到的事，但是她们不会重复体验事件。小明与草小鱼都分别分享了她们有惊无险却不想再体验第二次的故事。小明徒步搭车新藏线之前并未做好充分的准备，在这趟旅途中她的“历险记”成了其自顾自开心的源泉，几次没有搭到合适的车使旅途变得漫长，但是她与搭到的大货车司机一路主动聊天来化解尴尬，感慨搭大货车实在太痛苦了，“他那车又破，那种卡车后面没装东西特别颠。从河南往若羌开，时间太久了，然后他俩换着开（自己笑起来），他俩在前面坐着，刚开始我上去以后，其中一个人为了让我，窝在后面，我（坐一个座在前面）说算了，我坐后面你坐前面，他也没坚持，后面那么窄，我就蜷着，跟东北的炕一样……你总不能在那里傻坐着，更不能玩手机呀”。从她的描述中可以看出，这段经历给她带来的是有惊无险，对她而言是独一无二的搭车经历。

草小鱼的经历更加惊险，她讲述了一个独自搭车“死里逃生”的故事。她讲到当时即便已经遭到了劫持，她仍然冷静地应对，“一直在跟他示弱，包括他让我不要哭什么的，我跟他说我知道你害怕对面来的车，所以我说我把头埋着，我从头到尾都在为他考虑，而且我从头到尾都在找一些线索，不知道为什么当时我特别冷静，我一直在思考怎么去应对他，我发现挡风板上面有一张他老婆和女儿的合影”。她特别强调了自己内心的冷静，即便在特别危险、紧急的情况下仍然能够寻找策略自救。在微博长篇游记中她记录得更加详细，并且描述了她的心理过程，她认真地回忆司机的精神状态，“他眼神特别奇怪，精神有些问题，如果硬着来，绝对会对我不利”。她又借着司机女儿的话题与司机对话，找到了司机的软肋，“您女儿回来看过您吗？您的老婆（跟其他男人跑了）真过分，还带走了您心爱的女儿，哪个父亲不爱自己的孩子啊……我打开我的包，拿出我的刀和防狼喷雾给他看”，她表示不会伤害这位司机。随着司机心理的崩溃，她终于获得了脱险的机会，司机让她下了车。整个过程中，草小鱼虽然内心恐惧，但表现出对司机的高度共情以此寻求自救。这些高度紧张的情境，是在应对风险时的“教科书”式的自救策略。草小鱼还遭遇过类似的惊险事件，不过她都顺利解决了。

最后一种塑造方式是对个体能力的确证反思。大琪讲述了独自去美国交流实习期间前往纽约的旅程，这段经历并不是很顺心，中间充满了曲折：赶末班地铁却找不到地铁入口、找不到所租住街区的地铁出口、躲过街边陌生外国男子的视线、巧连无线网通过线上打开租住房屋门锁等。她讲述之后表现出很激动的状态，并且感慨道“这么想起来真的特别有意思……我虽然没有写游记，但这些经历刻苦铭心”。记忆在叙事之中变得生动鲜活起来，叙述之后便是对自己能力的确证梳理以及反思。

## 5.1.3 生活意义“达人”

### 5.1.3.1 形象特点：围绕日常

在较多的个体叙事中都表达出了生活意义“达人”的形象。生活意义“达人”的特点主要是在叙事之中体现了较多的日常生活特点，包括聚焦在日常生活的琐碎之事以及日常人际交往之事，进而感受意义。日常琐碎维度可以分为“漫游者”与“雅致生活者”两个亚型。这两个亚型有微小的区分，漫游者更加注重在目的地的日常琐碎生活与人际互动，而雅致生活者的表现更加突出，外在形象的表达由更加直观的要素组成，独游在其生活中所占比重较高，两者的关系比较复杂，并且两者呈现的是相得益彰的整体效果。在精神维度上主要是“见证者”亚型，整体形象表现出对精神信仰追求的特征。

互联网空间中的生活意义“达人”形象在网络空间贴出照片的烘托之下更加鲜活，其中更明显的是行摄达人、旅途生活家的形象。日常生活的要素是形象呈现的重要特点，首先看重的是感官要素，例如旅途中的小吃、妆容等；其次是与个人周遭互动相关的一切，例如日常中的习惯、个人形象的呈现、人际交往等。生活意义“达人”的出发动机往往是随机触发的，也有截断与精神依偎的情况。同时，她们生活追求的形象更倾向于感受式。

漫游者形象鲜明的特征是在旅途中表现得随意，在一个地方不一定要像知识储备“学员”一样收获什么，而是表现出日常生活中的随意状态。ZM是城市漫游者的形象，第一次出游的她选择离家不远的云南昆明，只是在昆明城市里闲逛，“然后去买了关东煮，又买了饼，坐在那里边吃东西边背单词，困了就回（青年旅舍）寝室了”。和日常的活动有点类似，“出门转转”便是生活基本组成之一。在和Alesha相约前往一家餐厅的途中，她见到一位卖酸奶的当地妇女，便蹲下来询问价格，顺手买了一桶酸奶。随后她便分享了从甘南到拉萨吃当地固体酸奶减肥的经验，“你买那个很酸的，不要加糖，效果真的很明显，早上感觉腰瘦了一圈，昨晚上酸得打哆嗦，(她哈哈一笑)。在兰州买的是酸甜酸甜的，甜大于酸。吃酸奶就是为了促消化”。相对于饮食上的细节，她的旅途却很随意，没有计划，累了便不走了，本来想要与其他人包车前往圣湖，想到会晕车就放弃了。小Y（22岁，待业）的行程安排同样随意松散，石家庄飞拉萨，待两三天就返程，她与我坦言并没有去其他城市的打算，“就待着，晒晒太阳，仅此而已”。

城市漫游者还尝试融入当地的生活，EMO（28岁，辞职在大理旅居）从深圳辞职来到富有生活气息的大理。适逢大理有晨间早市的时候，她会尝试学习大理古城当地人的方式，借来竹背篓前往晨间早市买菜，在前一站昆明她也会这么做，“在昆明休息，就吃饭，不吃饭就待着，然后逛菜市场之类的”。在夜晚，她又会融入“新大理人”的夜市一条街，她还向青年旅舍的朋友购入了精酿啤酒，晚上在夜市售卖，“我们是买了一些酒，拎着一袋子，然后逛摊的时候，有人一路在问我们的酒是哪里买的，我就觉得，哎，要不卖酒试试，我们就订了11支，朋友选的是修道院啤酒。卖不出去也没关系，我们自己喝。哪有那么多限制呢”。敏敏（30岁，泰国曼谷地接，因新冠疫情失业）则是在大理火把节之时与青年旅舍好友一同上街用黑炭抹黑路人的脸。可以看出，她将所体验到的生活内容进行了融合与再创造。

与体验目的地的生活类似，结交当地友人也是漫游者的形象特点。皮皮（24岁，旅游博主，待回美国读研）同样也是城市漫游者，作为一名旅游博主，她选择与当地人建立联系，在她的小红书视频中，她结识天南海北的人，体验目的地的生活，包括帮农民收作物、与藏族僧人一起吃饭、在哥伦比亚与军人结交等，她说她喜欢的是当地的故事，“希望一个人的时候可以去接触一些人文的东西，就是希望有我的旅行可以跟当地人发现一些故事”。

对于雅致生活者而言，即便在旅途中，精致的打扮也是必不可少的。旅途的意义往往是她们所重视的，旅途中小的仪式感同样重要。例如，薇在拉萨独游时，曾到市区的冲赛康集贸市场购买咖啡杯，她说每天都会喝咖啡，很喜欢咖啡，这次出来还带了个咖啡手冲壶。她每天可能起得很晚，时间也很随意，睡醒了便出去闲逛，甚至尝试磕长头来感受当地信仰。小谭（19岁）还是一名在校大学生，她每天出门都会化妆，涂着明亮的指甲油，行李箱里装着一个小号的小熊手工玩偶。独游对于她而言是生活给予自己的一种奖励。

雅致生活者的“雅致”程度并不相同。“雅致”体现在她们旅游中所呈现的精致美好，旅途中的形象不是如同背包客或穷游者那般风尘仆仆，相反，她们展现出优雅的形象。蓉姐（38岁，公职人员）属于雅致生活者，她来拉萨是为了晒太阳、写毕业论文，她打扮得漂亮时尚，关于旅游中的穿着，她说“我只要出门，就很注重穿着。美这事情很好，不一定是虚荣，创造美是很好的事情，愉悦身心”，出门即便是一个小行李箱，她也会带上美美的衣服。Whoo由于新冠疫情未能返回法国，因此有了国内一段长时间的独游经历，她在独游过程中常常会在目的地选择一家摄影工作室，换上当地服装拍摄艺术照。腿圈儿（27岁，待业）也是雅致生活者，她画着精致的眼线、睫毛，指甲上镶有亮晶晶的水钻，身上带有檀木和甘草香气，和她刚相遇的时候是在青年旅舍里，笔者问起她带了哪些行李，她说带着折叠泡脚盆，从烟台飞了很久来到拉萨，但是在青年旅舍待着不知去哪里，也是和日常一样感到有些无聊。

深度的雅致生活者将旅游看作生活的重要意义所在，她们常常会选择以独游的方式来点缀生活，独游在其休闲经历中占据了较多时间，对于退休的以及有固定假期的女性来说更是如此，例如退休的号子和琴姐、职业为教师的郭老师（50多岁）、享有公司假期的小杨（29岁，HR），她们塑造出有着丰富生活经历的雅致形象。

在第4章的内容里，文、兰姐、莹子三位的动机更倾向于精神依偎。她们的形象更多偏向于意义见证者，相对于外在的要素表达，她们在叙事中心理要素常被提及，如情绪、情感、神圣、释怀、自卑情结、心之向往等。例如情绪释怀要独自去西藏才得以完成，而在独游中她们日常积压的内在情愫才得以表达。或是心理在独游情境之中得到了舒展与见诸行动，例如日常缺少情感表达的兰姐形容自己“内心住着一个小女孩儿”渴望去沟通，在日常生活中和丈夫的沟通不多，和儿子的交流也比较少。她回忆起一次和儿子在台湾的旅游经历，“他就跟同龄的年轻人在一块儿，也就是晚上住的时候，我们住一个房间那样”，然而在旅途中和年轻人交往，结交不同的好友可以使得在日常中不可见的情感得以延伸，“我觉得上了年纪还是渴望交流……我心里特别高兴，觉得和他们年轻人这样聊一聊，我买东西给他们吃，他们觉得挺好，我心里就特别美”。

莹子的形象更像是漫游者与意义见证者的综合，她可以在西宁城市里漫游闲逛，笔者作为她新结识的朋友，与她一同前往了西宁为数不多的精品咖啡馆，其间她与咖啡店主聊了聊咖啡与生活；她抢到从西宁到酒泉的列车车票，并打算从酒泉前往额济纳旗，将曾经在脑海中根植的想象实现，“这种东西是在你脑海里面根植的，有一天你就会想要亲身去踏足那片土地，去看一看那片土地的风景，你给自己种下了这颗种子之后，就会想要去实现”。后来她在朋友圈发布了关于胡杨林的信息，她写道“额济纳旗的秋满足了南方孩子对秋天所有的向往”，实现了精神依偎意义上的见诸行动。

#### 5.1.3.2 塑造方式

生活意义“达人”的塑造方式主要有两种，一种是延续情感惯习，另一种是“点缀色彩”。延续情感惯习可以是延续物质性的惯习，也可以是延续精神性的惯习。研究将咖啡、明信片以及票根这一类物件看作女性独游时对自己旅游经历的“情感惯习”（affective habitus）。Christou 和 Janta（2019）选择了先前研究者扩展的布迪厄“惯习”（habitus）概念，并将其应用于移民女性日常生活的研究。他们认为情感的倾向在习惯的背景下展开，由记忆、亲属关系和物质性作为支撑（Christou & Janta，2019）。明信片以及票根具有联结过去时空以及情感的作用，并且是在当下的新情境下激发出来的。例如，ZD 每去一个地方（包括独游或者结伴游）都会写一张明信片寄给远方的一位老朋友，“收到明信片的人，他也记得我去过哪里，他知道我的痕迹，我就很高兴”。明信片作为一个物质载体，不仅承载自己的旅途记忆，也联结了过去、他人以及自己的情感。

延续性会发生变化，并且会随着自己旅途的经历发生变化。莹子在讲到她之前也会写明信片的时候，直接评价之前的自己是“文艺的”，但现在不会做“文艺”的事了，“我第一次出去玩的时候，也会觉得写明信片给朋友很有意义，或者从远方寄一张明信片给自己很有意义，但现在会觉得其实没有什么特别的意义”，她认为文艺是一种类似于“洗涤心灵奔赴西藏”之类的感受。研究认为“洗涤心灵奔赴西藏”的文艺感受很大程度上是一种来自社会导向的大众情感，没有个体自身思考。

明信片或者票根等物件，承载着发出者（明信片寄出者、收集者）的情感，由并不起眼的物件连接起上一程旅途与当下的时间与空间，激发了新的感受，研究将其称为旅游载物（travel–ette）。正如兔（29 岁，辞职后东京留学）聊起她的东京箱根温泉之旅时说，她还是会收藏一些车票、展览票，并且会按照时间顺序整理好，“还有一些车票之类的（不是全部）、去展览馆之类的门票也会留，日本这边有很多景点盖章，还有车站盖章也会留”，她聊到这个的时候表现得很兴奋。又如 ZM，虽然昆明之旅是她第一次独自旅行，她在旅途结束之时在微博空间发出了第一张写给自己的明信片，内容大致意思是“此次独游之旅对她的 16 岁很重要，并且希望能够再次体验昆明之旅”。

带有内在心理性质的（精神性质的）情感惯习指的是精神性向往，情感、情绪的延伸。物质性情感惯习是以物质载体将情感延续，而精神性惯习的情感性会在日常生活的情境里中断，在独游情境中得以延续和表达，即便是日常性心理仍会在新的情境中再次被激发。

“点缀色彩”的方式并不是单指颜色，还有隐喻层面的生活色彩之物，例如在游记或朋友圈发布饱和度较高的图片、在日常着装打扮中表达对于色彩的偏好。对于旅游者旅游过程中色彩的表达，研究者通常关注的是旅游者在网络平台发布的照片，进而根据色彩引发的情绪进行量化分析，认为色彩的结构复杂，在不同的维度中发挥作用，并且能够丰富旅游者目的地感知（Yu et al.，2020；Yu & Egger，2021）。在研究中，色彩的呈现在女性个体表达中具有典型性。从她们发布在朋友圈的关于自然图景的内容来看，展示的形式通常是“九宫格”连续展示。通过色彩表达的一致性以及连续性，表现女性独游者对于景色附加情感的强调。

除了图片的表达，还有女性独游者在语言之中对于自然色彩精巧细致的描述。例如ZD在回忆克罗地亚时，讲起印象最深刻的克罗地亚海，克罗地亚海的颜色与其他地方不一样，“朝气”“阳光”“温暖”“很跳”，她选择四个形容词来表达对克罗地亚海颜色的喜欢，由此展开了详细的描述与细腻的回忆，“有些地方的海水是那种深蓝或者墨蓝的，你看着这个海，觉得是阴郁的，但在克罗地亚海，虽然颜色很深，但它是阳光的，充满朝气，就是很温暖的那种蓝。层层叠叠渐变的蓝色海水，在山坡上从下到上建着一排排密密麻麻橘色房顶的那种小房子，砖是砂岩的颜色，每个房子上面爬满了绿色叶子，都是那种燃烧的绿色，阳光直接从叶子后面钻过来感觉很亮”。海的颜色不是单独存在的，还附带着周边不同的颜色，“燃烧的绿色”“明亮的橘黄色”，无一不彰显在独游时的活力状态。

## 5.2　关系叙事中的独游女性形象

关系叙事在后文指的是女性所处的原生家庭关系、熟人关系以及亲密关系。不可否认的是女性在关系叙事中也呈现积极形象，但是形象比较直观，即作为被支持者的形象，被支持者通常能够很好地为家人、伙伴所认同和支持。例如，调研对象皮皮，她的爸爸会在其发布的旅游视频账号下方积极评论，皮皮也讲述了父亲给予她的支持和鼓励；同样地，琴姐在儿子以及伴侣那里也是被支持者，她儿子会帮她买好机票，伴侣会帮她查找好路线并做好说明；还有作为女性独游者的郭老师对于自己女儿独游也表示支持等。除此之外，独游女性在关系叙事中也呈现令人印象深刻的甚至是消极的形象，例如“虚线女儿”与照顾者，这些形象在某种程度反映了女性在关系中的角色特征。下文着重分析的便是女性的“虚线女儿”形象以及照顾者形象。

### 5.2.1 “虚线女儿”：“就只向他们报备一下”

#### 5.2.1.1 形象特点

在原生家庭关系叙事中，一些独游女性呈现“虚线女儿”的形象。“女儿”形象意味着独自旅游仍然要和家人保持联系，需要“报备”安全，甚至要在出行前获得家人（尤其指父母）的允许。“虚线”特征一方面体现在独游女性为获得独游允许以及在独游过程中所采取的策略，以及她们通过策略呈现给家人的是模糊化的形象特征。通常她们并不是开诚布公地向父母坦言独自旅游，而是会选择取巧的策略来说明并不是单独前往危险地方的独游，进而获得父母的支持。另一方面指的是家人对单独出游女儿的虚化了解，即选择并不多问但又不表现积极的支持态度。

从女性独游者的“特征年龄段”章节论述中可以看出，部分独游女性在 20 岁左右独自远游不会为原生家庭的父母所支持。在面对父母（更多的是父亲）的不支持时，她们往往会持两种态度：逆反和迂回。逆反的态度体现在较为年轻的独游女性身上。如果家人不同意，她们仍然会选择继续出行，例如在 ZM 的故事里，父亲不同意她独游，于是她直接挂掉了父亲的电话，“我爸打电话叫我不要去，然后我直接在出租车上把我爸电话挂了，上完（火）车再说”。当问及为什么不让出门时，ZM 表示理解父母，因为她觉得父母是担心自己一个人出远门的安全性，“我一个人出去太远了……”。Whoo 讲到自己的母亲总是不相信她可以完成独自徒步西班牙朝圣线、独自骑单车进藏等一系列突破极限的事情，在她母亲眼中她是不能够独自去体验或者独自去完成这些冒险事情的，于是她独自出来旅行也是想要证明自己，“妈妈总会说怕我危险，或者说我是一个女孩子不能去”，“(独自）去西伯利亚的时候，因为我选了一个不好的时间，就是大冬天的那边已经零下 40 摄氏度了，我跟我妈说就是要去，然后她就是不同意，我妈还想过买一张票跟我一起去，但最后还是因为签证没办下来（没和我一起去）”。

小林的父母对她独游表现出极不了解的态度，“他们就说，天天去玩，也不好好工作，钱又赚不到，觉得我的想法和他们不一样。我也不想和他们沟通太多，没跟他们讲”。在她父母的眼中，独游是和玩一样的消费金钱和时光的行为，这也是在小林和父母的关系叙事中体现的“虚线女儿”的状态，不被理解也不被支持，双方之间缺乏沟通却也无从沟通，只剩下虚化女儿的轮廓，在虚化形象中带着父母期望，要负责任、有工作、有钱的女儿的形象。

在对夕颜的访谈中，她说她从来不用和家人报备安全，因为家人不会顾及她，“我从来没有（向家里报备），我甚至工作（都没有告诉家人去哪里），因为我爸可能会觉得我去工作了，他觉得工作的事没有必要和他说，他也不会关心你去哪里、做什么，没有说我占他生活很重要的部分”。VC讲到她母亲时说，“我出远门母亲只要知道我还活着就行”，看似是支持的态度，其实是对关系的消极反抗。在访谈中她提及因为母亲生意繁忙，她和母亲的关系很陌生，后来她发的一个朋友圈推送中这样写道（此时她准备一个人前往印度尼西亚旅居），“我总是逃跑，很久或偶尔回家我妈还是会暴躁地出现在车站或者机场接我，她从来不让我接触外面乱七八糟的人，所以她一定会接我”。

GD讲到她的父母也是如此的感受，“其实我爸妈给我营造的环境挺舒适的，虽然没有爱但挺舒适……这个旅行已经决定了，我跟妈妈说我出来旅行一趟，我就去北京找工作，她说你有份工作能养活你自己就行了”，GD也讲到她在家里母亲连饭都不给她做，让她自己去解决，父亲生病了母亲也没有前往照顾。她的母亲对她没有过多的限制和过问，她也没有从父母那里获得足够的精神支持。从对夕颜、GD与VC的访谈中可以看到她们所理解的家人眼中的自己是“虚线女儿”的形象，是模糊化的，这种模糊化是家人未曾尝试了解与沟通的模糊化形象。

#### 5.2.1.2 塑造方式

通常“虚线女儿”形象的塑造方式有两种，一种是表述出强硬的抵抗策略，另一种则是采取“戴假发”策略。在她们的表达中抵抗方式并不常见，并且是出现在旅行初期，在出发前期与家人的沟通上通常会比较激烈，例如前文所述 ZM 为了能够顺利前往火车站，选择直接挂断了父亲的电话，并且在后续与家人电话联系时也对父亲保持沉默。小谭独自出游也会和父亲产生一些矛盾，她选择屏蔽不沟通的方式，而她的父亲同样也选择不再沟通，例如“走了之后一天我爸一般都不理我的，然后我就趁他走的时候走，免得尴尬。但是后来比如说旅游到一半了，（或者）十几天的时候我爸爸会说注意安全，也不会说不要旅游了，也不说其他的了，我朋友圈屏蔽他了”。小雅也分享了她对家人屏蔽朋友圈的情况，是为让家人不要过度担心自己，“朋友圈对家人都是屏蔽的，然后会告诉他们我在哪儿，但是基本不会告诉他们我玩了什么，他们会觉得不安全或者觉得不务正业”。

独游女性大多是通过朋友圈展示旅游过程，与家人沟通时采取“戴假发”策略。“戴假发”（la perruque）概念来自法国学者米歇尔·德塞图（Michel de Certeau）。在德塞图看来，为雇主干活的雇员在工作现场看似满足了雇主的需求，其实也为自己做着满足心意的事，并且通过阳奉阴违满足自己实际目的的方式来避开已有权力的压制，例如木工借用工厂车床为自己打造家具（De Certeau，1984）。

在研究中，独游女性同样会使用“戴假发”方式来塑造“虚线女儿”的形象，她们的父母所知晓的只是女儿的轮廓，只是部分情况，并不知道实际旅途中是何种情况。例如小明讲述她父母的见解，“他们觉得可能就是正常的那种，他们也不知道外面怎么样”，并且此次搭车新藏冒险之旅的事她也没有发朋友圈告知家人，“现在发朋友圈就是报平安，给他们看能看的……我纠结了好久没敢跟我家人说我去新疆，我在朋友圈都没敢发”。不说明便是最好的方式，自己可以专注旅行，而朋友圈的“不可知”屏障又可以使得她的父母暂时安心。出行前，她们会告诉家人和朋友一同出行，或者说在目的地会有朋友一起旅游，“刚开始独自出来旅行的时候我会跟他（爸爸）说有同伴”（薇）。

在出游过程中，发布的朋友圈家人是被屏蔽的，即便有可见的情况，朋友圈的信息也只是用来报平安的，“刚开始我也是，出来到一个地方给家里报下平安，发下朋友圈让他们知道”（薇），或者告诉家人并没有在西藏，“比如我去年没有跟他们说我要来西藏，有时候会跟他们撒一些慌，第一是不想让他们操心，后来在西藏我就跟他们说我会待在西藏，我也不会跟他们说去新疆，他们会问”（薇）。Alesha同样用“报平安假发”来满足家长的关注，“我就朋友圈随便发一下，让家人知道我没事”，而此刻的她正在家人无法想象的遥远的青藏高原。旅途中的艰险历程等让家人担心的情况是不能给他们看的，也没有进一步分享旅途琐事以及沟通的意图。

在独游次数多了之后，当她们达到了让家人放心的状态时，家人对她们独游的关注程度才开始下降。例如，薇说，“他们现在不支持也不反对。他们以前反对，不管怎么样，我还是会出来，他们阻止不了我”。随着时间的推移，女性在达到一定年龄，能够维持自身安全之后，家人也不再予以更多的关注。正如蔚冉所言，“我想去哪儿就去哪儿，直接说出去了，我爸妈基本上不管我去哪里，因为年纪都大了，也不是十七八岁”。Ann的家人已经习惯了她不在家的状态，差不多已经环游世界的Ann早已获得了家人的永久许可，“家人已经习惯了，都不管我去哪儿，家人看我朋友圈就行了”。

当然，这其中也不乏家人的支持或者不过多问及的情况，并不是说所有的都是消极反对或者过度控制的状态。但她们在家人眼中也是“虚线女儿”的形象，并不需要过多问及，只要平平安安回家就可以。敏敏会与家人分享她在外的状态，“今年在云南的没给父母看，但之前都有给他们看，之前去别的国家时他们都知道，因为他们有时候看到朋友圈会确认我是安全的”；EMO所呈现的状态同样如此，家人知晓的是她在外安全的状态，模糊化的形象便足够，“他们也不会问，只要平平安安回来就好了，现在只要我发朋友圈他们都会看到”。

## 5.2.2 照顾者——和他们一起与我自己没有区别

### 5.2.2.1 形象特点

在父母或者其他家人关系中独游女性是“虚线女儿”形象，而在独游女性表达的朋友、家人关系叙事中，她们是“什么都会”“都安排好”可以被依赖的旅游向导形象，甚至是照顾者的形象。照顾者的形象是可以做好规划，知道路线怎么走、下一步该做什么，并且独游女性的朋友和家人们只要依赖她们便不需要再做其他安排了。身为照顾者，会更加倾向于独游，因为在她们看来独游时不需要顾及日常生活中他者的看法。

当薇被问及和其他朋友一同出游的情形时，她讲道，“一般跟我出来的那些姐妹是听我的，她们什么都不用管，因为我每次出来都会叮嘱她们听我的，她们都说没问题”。相对于和熟人在一起被依赖，她反而更加认同独游是自由的、随性的，不需要照顾别人，这也是她热爱独游的原因，“我享受独自旅行是因为很自由随性，想干什么就干什么，不用照顾别人”，唯有独游的时候她不需要照顾别人，仅仅关注自己。王姐也有同样的经历，她讲到和朋友在日本地铁站迷路的情形，“我那天大姨妈来了，有点累，然后她俩全瞅着我，我当时就想发飙（她在讲述这段经历的时候很激动），全指望我”！由于离家身体已经非常疲惫了，朋友没有共情到她的疲惫信号，反而一直催促她寻找下一站的地铁出口，即便是在特殊情况下王姐仍然被朋友依赖着，因为她是一名有丰富旅游从业经验的导游。

#### 5.2.2.2 塑造方式

照顾者形象的塑造源自独游女性在旅途中会关照他人，包揽任务。通过这种方式，一方面她们在熟悉的友人那里获得了认同与信赖，另一方面她们又获得了掌控感，这种个体所具有的掌控感会在独游时变得越发明显。薇和朋友一起出游时，会做攻略、规划，而她的朋友只要“听从安排”就好了，“因为跟我出来的人都没有做攻略，什么都听我的，她们跟我出来很舒服，因为不用干啥，他们只出钱，很多东西我都会找好”。兔同样是包揽所有的计划，只要同行的人能够听她的安排，不过多评价就好，“我会选择那种带他不带他没什么两样的人做旅伴，其实跟我独游也差不多”，与这样听从安排的人同行，不需要考虑他人的感受，完全是自己安排，服从自己的感受。

EMO 带父母出游时，全程都是由她来负责的，但是整个过程要全面照顾上了年纪的父母，这让她很疲惫，“我跟父母去过泰国，全程我订的，累到我根本无心游玩，完全不在状态，必须按照他们的意思给他们安排好”，好在当她选择一个人住进床位房的时候家人理解了她独游的感受，认为这样是好玩的，而不是先前他们认为的“危险”状态。因为熟悉她们的朋友和家人会认为她们具有丰富的旅途经验，视独游女性为旅途的照顾者，而独游女性在这时继续成为家人、朋友的依靠，独游时光变成了摆脱角色的一种感受自在的方式，正如前文的动机所揭示的，她们中的一些人在做着截断逃离的尝试。

## 5.3 公共叙事中的独游女性形象

### 5.3.1 英雄式女性独游者：“Feminist Icon”

#### 5.3.1.1 形象特点

2020 年 9 月，54 岁的退休普通职工苏敏在网上发布了独自开始自驾游的视频，引起了各主流媒体与大众的现象级关注，中文国际电视台（CGTN）、搜狐网、网易新闻网、凤凰网、腾讯视频、梨视频等媒体短视频平台都对苏敏独自驾车游进行了追踪报道。本来仅属于苏敏个体的叙事被纳入了多重的新闻媒体叙事之中，一类独特的形象由此呈现，即在公众最意想不到的普通家庭妇女群体之中，出现了一位英雄式女性独游者，她可以突破传统的中国式女性形象，离开家庭的日常生活成为脱离传统女性的代表，甚至被外媒称为“女性主义偶像”（feminist icon）。奥克利在其著作《看不见的女人》一书中指出，在家庭以及婚姻的相关文献中，女性常被纳入女性角色之中，而英雄式女性独游者则突破了刻板形象的桎梏，这一形象与原有的女性家庭生活形象相差巨大。“女英雄”彻底脱离了原有的日常生活习惯，踏上漫长的自驾逃离或转变之旅，并且象征着对传统女性形象的突破。由于新闻的特定叙事安排是由不同人群角色定位而变化的，角色因而由不同的方式再现，进而制造产生某种独特的形象（霍尔，2003）。可以看出，英雄式女性独游者便是特殊的形象，这一形象具有先锋性特质，只能由个别的女性独游者所拥有，由媒体的多重叙事所共同塑造出来。

另外，外国媒体与国内媒体报道中的英雄式女性独游者的形象特点是有差异的。比较典型的是美国《纽约时报》在 2021 年 4 月 2 日发布了一篇名为 *A Chinese'Auntie'Went on a Solo Road Trip. Now，She's a Feminist Icon.*（中国阿姨开始了独自一人的自驾之旅，现在她是一名女性主义偶像）的报道，引发了大众的关注。在《纽约时报》对独游女性的形象塑造中，可以发现独自一人自驾旅游的苏敏（苏阿姨）成了大众眼中能够脱离女性角色束缚的“女英雄”，甚至变成西方话语中的女性主义偶像形象。该报道也对苏敏女性主义偶像是怎样的给出了具体描述，即许多中老年妇女会在苏敏的平台留言，对其家庭故事表示同情，并且会与苏敏在不同的目的地见面，还给苏敏带来水果以及家常菜；年轻的女性也会在苏敏的视频平台留言并且向她咨询一些经验。对于为何成为女性主义偶像，该报道仅给出了简单的解释，即短视频平台的飞速发展以及老一代传统女性性别平等意识的提高。

相较于外国媒体，国内主流媒体以及新媒体的报道中虽然没有明确提出“女权”的字眼，但也不约而同地关注到了苏敏的故事，例如中文国际电视台在 2021 年 1 月 17 日发布了一篇标题为 *On the road alone*：*An unhappy housewife's escape*（独自一人在路上：一名不幸福家庭妇女的逃离）的新闻。苏敏被描述为“不幸福的家庭妇女”（an unhappy housewife）。同样是“女英雄”的形象，但其形象特点与女性主义偶像的特点有所不同。不同于女性主义偶像所指向的宏大意识层面，“不幸福的家庭妇女”形象仍然将女性放置在家庭范畴之中，背后则暗含了女性逃离家庭去独自旅游，成了突破家庭生活圈的桎梏，并且能够彻底离开原有生活的一种特殊方式。

#### 5.3.1.2　塑造方式

英雄式女性独游者主要由不同媒体的多重表达、叙事内容上的转变两种方式塑造。以个体为中心的叙事经由媒介的多重表达，私人性故事的意义也在不同媒体平台之间转移、变化，甚至放大。苏敏个人录制视频，将其放置在视频平台播放，讲述自己的心路历程。不同视频平台与视频博主对苏敏进行了一系列采访与报道，例如知名新媒体平台“视觉志”将苏敏的故事表达为《一个叫苏敏的人妻决定逃跑》；同样在另一家新媒体平台“搜狐新闻极昼工作室”发表的公众号推送里，苏敏的故事被称为《56岁女人蓄谋一年，“抛夫弃女”离家出走：我再也承受不住了》。

在不同媒体的多重表达中，个体化的故事被不断重复、强调，逃离的动机以及经历的曲折性增加了叙事意义的传达，本来仅属于苏敏独游的私人化叙事中的单薄形象，经由多重媒介叙事扩大为“偶像”化形象。苏敏在原生成长中受到的委屈，成年后与家里兄弟之间的纠葛，以及在家庭中没有受到丈夫的关心与尊敬等都经常被提及与强调，例如“在西藏读小学的时候就要为一家人做饭”“因为丈夫不吃辣椒自己30年没有吃过辣椒”“即便出逃后苏敏的弟弟还电话要债”等小事。一人自驾的苏敏终于彻底“逃离”了原有的生活环境，打破了原有的照顾者形象，转而成为一位英雄式人物，也象征着苏敏所在年龄阶段代表的传统女性形象的一次破碎。

苏敏自驾独游的故事被认为是中国传统的家庭女性角色发生彻底变化的一种可能，这也进一步说明了个体叙事经由多重媒介的表达与传播转化为公共叙事的事实。话语一方面由社会结构所构成，另一方面又对社会身份、关系、观念等层面的建构发挥着作用（费尔克拉夫，2003）。新闻文本可以被看作身份建构的一部分（邓倩、罗敏，2020）。不同媒体平台在建构苏敏的英雄式形象的同时，也影响着大众对苏敏以及苏敏所代表群体的认知。苏敏所代表的中国传统家庭女性面对自我身份认同的问题，传统角色中“看不见的女性”或者仅在家庭领域的女性逐渐走入了公众视野。

## 5.3.2 独游易受伤害的女性：“失联女孩”

### 5.3.2.1 形象特点

媒体平台一方面塑造了英雄式女性独游者形象，另一方面也塑造了易受伤害的独游女性形象。女性独游失联或是遇害的报道标题（如“中国女性独游泰国失联：死于‘红灯区’沙滩”“女性独游需谨慎！四川女生独自到青海游玩，结果与家人失联 17 天”等）尤为显眼。部分女性独游负面遭遇的现实呼应了国外对女性独游过程中容易受伤害的研究，例如女性独游者通常会受到男性的不友好凝视，甚至是冒犯（Jordan & Gibson，2005；Jordan & Aitchison，2008；Su & Wu，2020）。无论是在国内还是国外，女性独游都不可避免会遇到危险的情况，媒体平台上有关“独游遇害（女性）”的新闻进而塑造出一种“失联女孩”形象。

“失联女孩”的形象较为负面，它指代独游女性脆弱且容易受到外界伤害。与英雄式女性独游者充满力量、引领性、变革性不同，“失联女孩”形象是被动的、幼化的，并且处于弱势地位的。她们选择勇敢独自出游，忽略了外界的危险，有的甚至被媒体评价为“不要把无知当作无畏”，最终一切责任又落在能够为独游女性赋能的独游行为上。在报道中，“20 多岁”通常附加在女性前面，表达出独游女性还处于不够成熟的角色阶段。“失联”“惨遭”“险遭”等动词则暗示着女性独游的悲剧后果。独游这一行为被描述为悲剧后果的直接原因，即女性单独一人旅游会产生负面影响，会遭受男性冒犯，甚至会有生命危险。通过独游女性遇害与失联新闻叙事，社会大众对女性独游的认识也受到了影响，而女性在选择独自旅游的同时，也会受到社会意见的影响，难免陷入对危险的焦虑。

#### 5.3.2.2 塑造方式

易受伤害的女性形象主要由新闻叙事呈现，具体由新闻叙事中的目的地设置与氛围渲染两种方式塑造。目的地设置指的是新闻叙事中通常会强调事件发生地点，它们通常是旅游目的地的名称或者是异国情境。如若转换情境，目的地也仅仅是日常生活中常见的地点，但在新闻标题中的表达则有着某种暗示，即女性独游者旅游到此地遭受了危险，目的地也由此带上了某种危险性，独游对于女性而言成为一种危险的行为。目的地设置通常出现在“失联女孩”新闻报道中。在“失联女孩”新闻报道之外，还有一类是提醒 / 建议信息，这类信息是对“失联女孩”形象塑造的氛围渲染，它们提醒着正在独游或是有意愿独游的女性要多加小心，并且要符合安全规定，这也暗示着女性只有在提示之下才有避免危险的可能。

女性独游会遭遇危险的现实固然存在，但大众需要知晓真实事件的必要性并做好安全出行的准备。不可否认，独游对于女性而言具有一定的危险性，但是这并不意味着女性独游就一定会遭遇风险。女性形象会受到社会的监督、比较和来自他人反馈的影响（Small，2016）。通过新闻媒介的叙事进一步塑造的“失联女孩”形象，在一定程度上削弱了女性选择独游的可能性，并且对女性有力量的形象也有所削弱。

### 5.3.3 具有文艺风格的女性独游者

#### 5.3.3.1 形象特点

除了英雄式形象以及易受伤害的形象，女性独游者在公共视野中还呈现“文艺女青年”的形象，她们并不是职业的旅行作家，但是旅游经历独特，并且独特的经历被记录成书公开发表，书籍出版之后会得到不同媒体平台、网站的推荐以及读者的评论。本来仅属于个体叙事的游记故事经由公开出版成了一种公共表达。例如，《我不允许你独自旅行》的作者马嘉骊，她趁着毕业后从事记者工作的身份，记录了只身 6 次奔赴中东和非洲的经历；《走吧，张小砚》的作者张小砚则书写下一人搭车与骑着二手摩托车进藏的故事；《像嬉皮那样晃荡行走》的作者吴苏媚将自己 15 个月独自前往东南亚 8 个国家的旅游写成“嬉皮士”般的经历；《一个人私奔》的作者王迪诗描绘了充满浪漫语调的独游；等等。

以上述四本书为例，书中的女性独游者呈现了文艺的形象特征，她们在独游途中经历曲折，在抒情化、情感化的氛围之中与周遭的陌生人相遇，又以堪称幸运的方式脱离各种困难，沉浸在梦幻的旅程之中，为大众制造充满独立、浪漫、与众不同的幸福幻想。例如，《我不允许你独自旅行》一书中，马嘉骊记录了她在伊拉克入境时被审查许久不被放行的经历，因为工作人员并不相信她一人走过中东许多国家，由此刁难她说护照有假，一位偶遇的中东妇女萨达果断站出来做了她的担保人，“萨达并没有问我意见，便吩咐司机把我的行李箱塞进后备箱，而我也被塞进车子里，随她们去往未知地”（马嘉骊，2018）。马嘉骊刚认识萨达就跟随她去了未知地，以一种幸运的、化险为夷的方式结束了在伊拉克的入境插曲。在《走吧，张小砚》“仓央嘉措情歌”章节，张小砚也用了很多笔墨写进藏途中与男性相遇相处的情形，藏族男子突然向她求婚，她从开始时的不接受以为是玩笑，到之后的心动，“告诫自己，这只是一种情绪，只是因为被喜欢而感动，不可放纵”（张小砚，2010）。

#### 5.3.3.2 塑造方式

文艺风格的女性独游者形象是通过个体独游叙事的媚俗化以及大众对书籍内容的再赋义两种方式塑造的。具体而言，个体独游叙事的媚俗化指的是公开销售独游书籍的相似性，并且书籍常包含几个主题要素，即女性独游经历奇特，甚至超出日常生活的想象、与陌生人产生情感、对于人生意义的感悟。这在研究搜集的女性独游书籍中均有体现。

再赋义指的是大众或媒体对书籍中的故事人物形象的再度理解，并赋予形象新含义，而新形象既可以是积极的也可以是消极的，与书籍作者表达的形象相似或偏离，具有较明显的灵活性与分化性。独游女性书籍整体呈现的女性独游者形象处于正面积极英雄式女性独游者与负面消极“失联女孩”两极形象的中间，但由于不同读者、不同媒体对书籍的再赋义，其形象可以解读为旅游经验丰富、积极独立的女性，亦可以被解读为浮于感受层面的、重复化的而非富有意义的行动者形象。

例如，国内知名社区豆瓣网的网友对《我不允许你独自旅行》的评分高达 8.2 分（总分为 10 分），在 134 条书籍短评中，好评率达 80%，差评率为 6%，其中好评提及了马嘉骊的“厉害”“勇敢”，感叹马嘉骊的善良与好运气；读者对马嘉骊文笔给出了差评，也指出独游女性的“文艺”“神经大条”，以及马嘉骊经历的旅游世界是被“筛选的”以及被“美化的”。《走吧，张小砚》在豆瓣评分为 7.9 分，在 4410 条书籍短评中，好评率高达 70%，可见“膜拜”“勇气”“遵照内心”等字眼；差评中出现了“矫情”“暧昧情感”等类似贬义的形容。

## 5.4 小结

本章从个体叙事、关系叙事以及公共叙事三个叙事主题展开，对女性独游者整体形象特点与塑造方式的讨论在表 5–1 中做了概括整理。

**表 5–1 不同叙事中独游女性形象特征及其塑造方式**

| | | | |
|---|---|---|---|
| 个体叙事 | 知识储备“学员” | 特点 | 知识储备、认知性体验 |
| | | 塑造 | 目标经济、表格归档、攻略技术与多重经验 |
| | 问题解决“能手” | 特点 | 截断逃离、野蛮生长 |
| | | 塑造 | 小事件连线与映射、特别事件画上着重号、个体能力的确证反思 |
| | 生活意义“达人” | 特点 | 围绕日常、城市漫游与雅致 |
| | | 塑造 | 延续情感惯习、点缀色彩 |
| 关系叙事 | “虚线女儿” | 特点 | 报备安全、模糊化形象 |
| | | 塑造 | 表述出强硬的抵抗策略，采取“戴假发”策略 |
| | 照顾者 | 特点 | 可以被依赖、和他人一起与自己没有区别 |
| | | 塑造 | 关照他人，包揽任务 |
| 公共叙事 | 英雄式女性独游者 | 特点 | 脱离传统女性角色，女性主义式的，具有引领力、变革式的 |
| | | 塑造 | 不同媒体的多重表达、叙事内容的转变 |
| | 独游易受伤害的女性 | 特点 | 被动的、幼化的，并且处于弱势地位的 |
| | | 塑造 | 目的地设置与氛围渲染 |
| | 文艺风格的女性独游者 | 特点 | 文艺风格形象 |
| | | 塑造 | 个体独游叙事的媚俗化以及大众对书籍内容的再赋义 |

资料来源：研究者自行整理。

在个体叙事中，分析资料主要来源于女性独游者访谈资料与个人照片等一手资料，更加聚焦于个体表达的部分，其形象有知识储备“学员”、问题解决“能手”以及生活意义“达人”三种。知识储备“学员”是一种理性化的形象，独游具有较强的目的性，被认为是认知学习的过程。在旅途前期，她们做好独游的各类准备；在旅途中，她们注重收集知识，同时也会向他人输出；形象的塑造由目标经济、表格归档、攻略技术与多重经验方式相互作用而来。问题解决“能手”通常是带有截断逃离目标的，既看重对原生活困境的截断逃离，也直面独游中的困扰和问题，重点是解决问题的能力；塑造方式通常有三种，分别是“小事件连线与映射”“特别事件画上着重号”“个体能力的确证反思”。生活意义“达人”的形象特点主要是在叙事之中体现了较多的日常生活特点，包括聚焦日常生活的琐碎之事以及日常人际交往之事，感受过程意义；通过延续情感惯习（becoming the affective habitus）与点缀色彩的方式塑造形象。

在关系叙事中，主要又划分为原生家庭关系和日常生活中的其他人际关系，分析资料来自受访者的访谈资料及其相关物件等一手资料，聚焦的是个体表达中的关系叙事，形象主要有“虚线女儿”与照顾者两种。“虚线女儿”形象一方面意味着独自旅游仍然要和家人保持联系；另一方面她们又要为获得独游允许，通过策略呈现给家人模糊化的形象特征。通常“虚线女儿”形象的塑造方式有两种，一种是表述出强硬的抵抗策略，另一种是女性通过朋友圈泛泛展示旅游过程以及与家人沟通时采取的（假装和朋友一起或只说大概）“戴假发”策略。

在独游女性表达的朋友 / 家人关系叙事中，她们是“什么都会”、“都安排好”、可以被依赖的旅游向导形象，甚至是照顾者的形象。照顾者形象的独游女性的朋友、家人只要依赖她们，就不需要再做什么安排了。身为照顾者，这让女性更加倾向于独自出游，独游时不需要顾及日常生活中熟悉的他者的看法。照顾者形象的塑造源自独游女性在旅途中会顾及他人的细节，概括来说便是关照他人和包揽任务。

在公共叙事中有三类主要形象，即英雄式女性独游者、独游易受伤害的女性以及文艺风格的女性独游者。分析对象一方面来自公共媒介平台的新闻叙事，另一方面来自个体叙事转成的公共叙事，通常是女性独游者的书籍经由公开发表并在不同的公共平台得到评论。

英雄式女性独游者指的是在公众最意想不到的普通家庭妇女群体之中，出现了一位指向宏大意识层面的女性主义偶像，她可以突破传统的女性形象离开家庭的日常生活，突破家庭生活圈的桎梏。以个体为中心的叙事经由媒介的多重表达，故事意义也在不同媒体平台间转移变化，甚至放大。新闻叙事通常具有策略性，对社会事实进行目的性加工，进而展示其构建的“现实世界”（何纯，2006）。“苏敏的独自一人自驾游”是关注者共同参与造就且具有深刻意义的公共事件，被赋予了远超苏敏个体行动本身的意义，也映射了老年人（女性）个体化发展趋势（阎云翔，2021）。

“失联女孩”直观呈现较为负面的独游女性形象，它指代独游女性脆弱且容易受到外界的伤害。不过这些形象是经由媒介叙事的方式塑造而来的。“失联女孩”形象是被动的、幼化的，并且处于弱势地位的，具体由新闻叙事中的目的地（或发生危险的地点）设置与未知 / 警示 / 危险的氛围渲染两种方式塑造，它提醒着正在独游或是有意愿独游的女性要多加小心，并且要符合安全规定，只有在提示之下才有避免危险的可能。

最后，文艺风格的女性独游者并不是职业的旅行作家，但是旅游经历独特且被书写而后公开发表。作为经验丰富的独游女性，在多次的独游过程中，她们经历曲折，在抒情化、情感化的氛围之中与周遭的陌生人相遇，又以堪称幸运的方式脱离各种困难，沉浸在梦幻的旅程之中，为大众制造充满独立、浪漫、与众不同的幸福幻想。

# 6
# 女性独游者的行动实践

# 6.1 改变行程规划方式：从规定式到随机式

## 6.1.1 规划景点与线路

### 6.1.1.1 打卡满格

“打卡满格”指的是有些女性独游者在独自旅游期间，想要不断充实在旅游景点上的经验，将行程计划排满，将自己的独游过程安排得十分紧凑且聚焦于以个体为中心的体验。“打卡满格”具有较强的规定性质，并且有以围绕个体体验为重的暗示，对目的地在认知上的获得成了独游的关注点。

薇讲到自己在大学时代独游的经历，“我从大学开始独自旅行，我是每个地方都得去打卡，早出晚归，因为时间有限，金钱也有限，所以我以前的想法就是多玩一些地方，凌晨五六点就出门，我比较喜欢晨拍”。薇独游初期阶段的经历是以打卡式为主，不断简化在旅游地的体验，但也扩充了目的地的数量，与周遭他者相遇的体验并不多，更多的是集中于自身的体验。在行程上具有规定性的特征，即有的女性独游者会完全按照既定计划前往已经确定的目的地与景点。以个体为中心较多体现在行程安排上，尤其体现在出游的景点路线计划方面，具有所游历的景点足够多、行程尽量排满的鲜明特点。腿圈儿同样也回忆了她多年前独自旅游打卡的经历，“像之前出去玩，总是早上七八点就起来打卡，我以前会做攻略，赶景点，一天下来累死了，还要记公交车从哪儿上从哪儿下”，“赶景点”似乎成了独游中的一项任务，然而这项任务并不能让人轻松。

这也可能是由于独游女性在出游时间与出游经济上的选择有限，她们意在将有限的时间填满丰富的出游体验，于是建立一种“事务清单”（to do list）式的行程，简化体验感，进而延展旅途景点的多样性，将精力花费在以个体为中心的体验之中。晶晶的海参崴独游经历便是如此，“我做了很多攻略，然后一个个景点看怎么坐车，下车之后该顺着哪个方向走，我一般会集中把市区的景点全部逛一逛，然后拍很多自己喜欢的照片”。在某种程度上，“打卡满格”的安排要将在目的地的体验与事先的规划进行比较，较为积极的方面是加深了女性独游者旅游体验中的个体经历。例如，晶晶讲述了旅途计划安排的作用，“我自己出去的话会先做攻略，然后做规划，当到一个地方时，我会很认真地感受这个地方的风景和人，所以我会对那些地方记忆非常深刻”。晶晶第一次去海参崴的旅游经历正因为事先做好了规划，新的经历与过去的认知经验进行了验证与重合，才有了深刻记忆。这种独游的安排也恰恰与获得意义感的出游目的相对照，即与赋能成长这类动机相呼应。

#### 6.1.1.2 灵活目标

相较于规定性较强的“打卡满格”，灵活目标设置的规定性相对弱一些。柔性目标指的是女性独游者在确定目的地之后，安排住宿以及规划交通，但在具体的行程事项上没有设置硬性规定。灵活目标的设定是为了给独游途中的不确定性留有空间，进一步为了深度体验。

以大琪为例，美国的独游旅行是她第一次出境游，她主要安排的是行程中的衔接部分，即交通、住宿和核心景点，“大概看一下有没有自己特别想去的景点，坐飞机的话，最好是买那种起飞降落在白天的，我觉得为了安全，最主要的也就三大点，第一个是交通，第二个是住宿，第三个是要去哪几个景点，以及这几个景点之间怎么玩”。安全感是独自旅游的基础保障，这一点在前文也有所讨论，女性独游要面对社会—环境的安全性制约。在大琪实际的旅途中，她基本按照规划完成了旅途，旅程中的不确定性反而丰富了个体体验，灵活目标为偶发性预留了充裕的空间，她在寻找先前规划好的乘船港口位置时，看到了路边的长椅便在长椅上坐了许久，看港口、吹海风，一直到天色转黑才起身坐船，“(或者)把脚搭在栅栏上，看风景、发呆或者想各种事，觉得还挺自在的”。蔚冉的拉萨独游规划也是如此，订好机票，简单查一下攻略了解目的地，将整个行程计划做好便可以了，至于中途的衔接没有多加考虑，“就是把机票、火车票订好，然后把住宿的地方订好，买一些吃的，稍微看一下攻略，就这样”。蔚冉后来在拉萨的旅途也是根据目的地情况而随机变化的。

以灵活目标方式规划景点与线路，带来的积极影响便是延长心理预期，提升愉悦感。对旅途做准备的同时也投入了心理预期，出游的意愿与出游准备相挂钩。正如蓉姐所言，出游前做好规划，目标虽然不是硬性的，但是由于每天都在投入准备，所以准备过程带来了积极感受，“我的国际旅行计划时间很久，至少得提前两三个月，在那一段时间里很兴奋，每天都在准备，看攻略、订机票、订酒店、准备衣服，我觉得准备的过程其实很兴奋”。

### 6.1.2 “先去了再说”

“先去了再说”代表的是女性在独游中行程的随机选择与变化，其中有两种情况，一种是女性独游者在获得了独自旅游经验以及自身生活经历之后个体时间的变化，即原来是“打卡满格”的方式独自旅游，随着时间的推移和阅历增长，不再强调规划以及对完成行程的硬性要求，一切按照行程随机安排，整个过程变得流动；另一种是在整个旅途中都采取不做规划的方式，更加不受先前规划的限制，女性独游者以更加流动与开放的心理来应对旅途的变化与行程的不定。

大学时代独自旅游采取“打卡满格”式的薇在多年以后的独游中变成了“去了再说”的状态。笔者在拉萨与薇相识之后，经常会见到她起床时间不定、时间安排随性的状态，并且她大部分时间会选择坐在拉萨甜茶馆里喝茶。薇这样讲述她目前的状态：在拉萨闲逛几日后她突然联系到了拼车去新疆的其他驴友，因此便打算收拾行囊随驴友自驾前往，“其实跟他们去新疆，我什么攻略都没做，我不知道他们明天要干什么，后天要去哪里，我只负责看风景，我可能会等逛完一个地方再去了解”。不只是去新疆没有计划，即便是在拉萨的这几日，除了晚上在八廓街磕长头，其他时候她都在青年旅舍或是甜茶馆，没有其他安排。问及原因，她说，“一方面是经济、时间限制……以前我比较孤僻，我享受独自旅行是觉得很自由、很随性，想干什么就干什么，不用去照顾别人”。虽然她给出的回答没有完全解释这种转变的发生，但是也可以看出独游给予个体一定的空间，个体在流动的情境中变得舒展，规定式的安排逐渐变得松动进而给个体创造更多的机会。

相较于先前做规划与打卡，腿圈儿最新一次拉萨之行也是无计划随机式的，她展现出休闲的状态以及前文所提及的生活意义达人形象。她携带的行李箱里装备齐全，有折叠洗脚盆、化妆包、香水以及精致的配套穿搭。此次拉萨之行仅仅订了去的机票和第一晚住宿，之后的行程都没有规划，“现在觉得（没有去哪里）不亏了，就随便走一走，走到哪儿算哪儿”。在访谈之前她刚刚骑着共享电动车外出返回。虽然转变的时间不得而知，但转变不是突变，是杂糅了日常生活经验与独游经验共同产生的结果。

前文所述有关女性个体在独游习惯上的转变，而后文将要分析的是由日常的规定式或是有节奏感的生活到随机的独游生活的转变。她们可能在第一次踏上独游旅途时就选择了随机不做规划的方式，即从日常有规制的生活突然转变至跃动变化的独自旅游状态。下文以 Alesha 和草小鱼的经历为例进行说明。

Alesha 在葡萄酒侍酒师工作辞职之后进行长途独游，时间有大半年之久。她辞职之前在上海工作、生活，辞职之后按照有节奏的生活习惯学习跳舞与唱歌一段时间，而后开始长途独游。青年旅舍有旅游者拼车前往纳木错，曾问她是否同行，她这样答复，“我也没什么装备，去了不冻成个球啊，就不去了”；许多游客会选择经由拉萨前往尼泊尔，她却说，“我没带护照，就这么待着转转，觉得麻烦”。因为不想坐大巴车，她就选择不再前往羊湖以及纳木错；因为不想找售票“黄牛”买票，就随便绕了一圈布达拉宫外围，“请一个黄牛排到早上 9 点，你要给 200 元，还不是门票的钱，再请个导游又是 100 元，后来想没必要，不累么，在外面转一下就好了”。个体怀有的目的性不强，选择也具有随机性，虽然“就这样吧”看似属于消极心态，但是也在另一方面给个体的其他可能性创造了空间，呈现流动多样的形态，例如她更关注旅途中遇见的人是否合得来或者诸如吃酸奶减肥、购买藏族服装等琐事。

草小鱼的独自旅游也是随机式的，这个随机式是指女性独游者在旅途中的状态，不做规划，不按照先前设定的行程来旅游。她是一名汽车工程师，按时上下班往返家与公司是她生活的日常。独游中她常常突发奇想，随即决定随即出发已成为常态。笔者在拉萨找到她进行访谈，问及她何时抵达的拉萨，她直接回复说“昨天来的，今天下午就走”。她接着讲“就想来磕一个长头”，她总结自己的行程是“纯偶遇式的”“像我第一次来拉萨，就光在拉萨晒太阳，很舒服，一般人接受不了任何的放松，他们会很焦虑，但凡一个人我能感受到他有一点点着急的话，我就不太想（结伴）”。从来不做规划，即便是在国外她也秉持“不查攻略”的态度，完全根据情况来随机应对，而在国内较为熟悉的环境，她呈现一种松弛舒展的状态。

## 6.2 重构人际关系：从独行到结伴

### 6.2.1 不与他人同行——“很难遇到一起的”

#### 6.2.1.1 对旅游理解不同

正如研究对女性独游的定义所界定的，女性独游者具有在出发时不与相熟识的人一同，选择独自决定行程的特点。那么她们选择独游，最直观的原因便是“很难遇到一起的”同行者。本书第 4 章对女性独游者出游的动机进行了讨论，但是独游的动机并不由此就简而化之地归结为主观（愿不愿意结伴）/ 客观（时间一致性）二元划分下的动机，而是会逐渐指向个体与他者之间交流与理解的更复杂的情境。他者与独游女性对旅游理解的差异和对于旅游持有不同的态度评价都会使得女性更倾向于选择独游。

小杨讲到了她和男友对旅游理解的差异，“他理解的旅游就是住个酒店，做个 Spa，我觉得旅游就是一个人背个包，然后拍好看的照片，累就累点，是体验生活的”。一方对旅游的理解是享受和度假，而另一方对旅游的理解是深度体验，于是不需要过多解释，小杨便选择了独行。如果出现更大的理解偏差，则会出现不支持的情况，敏敏很享受一个人的旅游，她认为自己的独游就是“穷游”，然而她的朋友们无法认同“穷游”，“我有些朋友不能理解，他们觉得你没钱就是因为辞职了，所以你才穷游”。由于无法找到一同享受旅游过程的友伴，女性选择了独游，将体验聚焦于个体单元。女性独游的意义在此发生了变化，回落到朴素的个体日常意义内涵。

#### 6.2.1.2 私己性体验

“很难遇到一起的”原因之一是女性没有找到有共同兴趣的同伴出游，另外的原因则是女性的私己性体验。“私己性体验”指的是女性独游者围绕自身出发，在非惯常环境中产生新的“情境突触”联结更多他者，进而产生丰富的意义与创造性内容。这一特征直接与女性独游体验的概念挂钩，即体现女性独游中的独立性以及个体性。

以 Whoo 为例，她讲到自己独游，先是分析了为什么不愿意和男友、朋友以及家人一同出游，“难找到”“听父母的”等原因限定了个体的体验，个体限制在旧有关系之中难以有新的可能性，且由于日常活动有序，又很难有新的社会关系形成，而独游带来的是新的个体体验。与女性独游者相关的惯常情境中的人不会了解到女性在独游中能够收获的新的社会关系以及新个体形成的可能。“我一直都是一个人，因为很难找到一个合适的伴儿一起出来玩，要是跟男朋友旅游完就分手可不太好；跟闺密一起旅游也是差那么一点；如果带父母旅游，就要一切事情听从父母的，这样也不好，所以还是自己旅游自由，而且一般会选择一些从来没有去过的地方。可能平时在自己的小圈子里压抑久了，跑到一个新的地方后你就可以做全新的自己。”

当关系单元简化为单一的个体而非二元的关系时，会由个体延伸出新的“情境突触”，即遇见许多新人与新事物，并与之创造意义。皮皮的总结可以反映“情境突触”的作用结果，与他人相遇的可能性增多，但是复杂的社会交往关系会回归到对当地、对人的故事的关注上，女性独游者其个体的“情境突触”将会有更大的选择空间，遇见新的关系并发生更多的联结。“我就享受一个人旅游，多了很多选择，我觉得只有一个人玩的时候才能遇见（她讲到自己在哥伦比亚军队的奇遇）很多新的人和事，如果是跟朋友玩就遇不到，所以我觉得这也是独游的魅力。希望一个人的时候可以跟当地人发生一些故事。”

### 6.2.2 遇见陌生人——“都是好人！”

女性独游出发的起点是一个人，但是在行程中会结识陌生人，就此可能会形成阶段性的结伴游，而她们对于结识的陌生人的评价大多是积极的，正如部分女性独游者所说的“遇见的都是好人”。女性独游者的社交动态研究相对其独游原因与制约的研究较少，并且研究较多揭示的是女性在旅游过程中的负面情境，例如有研究者关注女性独游者面对来自男性骚扰时的忽视、自责以及逃避的被动反应（Su & Wu，2020）。不过研究者已经开始关注女性独游过程中与男性的社交互动情境，并归纳总结了“旅游点滴”（tidbits of travel）、“友善行为”（acts of kindness）、“友谊相伴”（company and friendship）、“情感牵连”（affective relationships）四种积极的情境类型，其意义在于理解陌生男女在旅途中的多元性别关系与影响（Su & Wu，2021）。这四种情境既是女性独游者行动实践本身，也是行动实践情境。接下来将针对这四种情境及其情境中女性的行动反应做出讨论，随后通过资料的分析扩展出第五种行动，且对行动发生的情境进行分析。女性独游者在旅游过程中不仅仅是结识男性，社交互动的情感深度也并不是线性递进的，还有其他更多结识情境的出现以及更多元化的互动出现，都进一步影响了女性对于他者的认知。

#### 6.2.2.1 旅游点滴

旅游点滴的含义可以进一步扩展为旅游过程中不期而遇却又令人难忘的经历，不只与男性相遇，还有可能与当地人、同行的旅游者接触。例如。皮皮在旅途中偶遇了西藏僧人，被西藏僧人邀请前往寺庙吃饭，“我在西藏跟当地人发生了很多故事，比如有一次我去一个寺庙见到一个和尚，然后我就上去跟他聊天，他问我为什么一个人来，肯定没吃晚饭，就邀请我和他一起吃晚饭”，而后皮皮在公共平台发布了寺庙的视频。又如，从事旅游业的王姐早已习惯了一个人旅游，她讲述了警车奇遇的经历，“我人生第一次坐警车是在贵州”。有一次王姐在凌晨前往安顺的航班落地取完行李后已经没有了公共交通工具，她向旁边的一位警察打听交通，恰巧有一辆警车要返回市区，王姐就被顺路从机场载回派出所，后又被警察送到了派出所旁的快捷酒店，这次经历也影响了她对贵州的看法，感慨贵州人民热情好客。

#### 6.2.2.2 友善行为

友善行为常出现，女性可能会对女性的帮助更加敏感。女性在独游情境中所遭遇的男性凝视具有性别化特征，且容易被男性侵犯，女性在男性持续的“监视”下（Jordan & Gibson，2005；Jordan & Aitchison，2008），容易受到伤害。女性虽然容易遭受伤害，但也更易受到他者的帮助。HD 在坐火车的时候，本来坐在靠近过道的硬座，后来一位大哥与她换了座位，“之前坐火车遇到一个大哥，我买的座位是外面的，然后他让我坐里面，他说外面不安全，因为晚上睡外面不安全”，她评价道，“遇到的人都还挺好的”。女性不仅会受到来自男性的帮助，还可能会受到来自同性的帮助。例如，蔚冉在从林芝返回拉萨的路上恰逢生理期，邻座的两位女性给予她许多关照，她详细地讲述了当天的情形，“我一来例假属于那种疼痛到休克的，我那天真的是上吐下泻，到车上以后其实就是一个人一个座位，我难受到浑身出冷汗，脸色苍白，但又没有止疼药，就只能硬扛。有一个我们一块儿报团的小姐姐，她就坐到台阶那儿，让我躺下。有一个阿姨让我把脚放到她身上，经过这件事以后，就感觉路上能认识到特别热心友善的人，这是一个人出来玩的一种信念，路上总能遇到很多美好的人与事”。尽管是一件在日常生活中不起眼的事，但是在旅游情境中会被个体情境放大。女性独游者随之也表达了对人性善良的信任以及对后续类似事件践行善意的想法，这也呼应了先前研究者的观点，即如果有类似的机会，旅游者同样也会施以善行（Su & Wu，2021；Filep et al.，2017）。

#### 6.2.2.3 友谊相伴

友谊相伴在 Su 和 Wu（2021）的研究中被进一步划分为陪伴与友谊两种分型（仅面向男性作为结伴对象），陪伴式旅游者在后期的联络性较弱，交往互动相对于友谊式程度较低。研究中，将单一的男性结伴对象扩展至女性同性以及多人，并且深化“陪伴”分型的内容。就旅途结伴的浅层互动而言，浅层互动也会出现更深层的情感交流；而友谊难以进行清晰界定，后期当旅游者返回各自的生活空间后，很难继续维系长期的友谊关系，但有极个别的会长期维持，不过长期维持需要有现实空间交流而非单纯线上沟通。旅途中相遇的友人在回到各自的目的地之后无法拥有共同交流的内容，所以也仅仅保持线上的关注，少有沟通。例如，兰姐聊及她在旅途中的友人，后来也仅是在线上保持浅层联系，“都留有微信保持联络”；琴姐提及她在独游香格里拉时遇见的友人，他们建了一个微信群，分开之后也会时不时分享各自的旅途见闻。

友谊相伴的情境还有另外一个特性，即女性在独游过程中结交友人较为容易，很多情形属于碰面之后就结交为好友。虽然不喜欢和朋友、家人一同出游，但是旅途中仍需要与周边的人分享，“我不喜欢和朋友一起玩，我只能自己玩，但一个人看风景会很无聊，与别人分享这个东西会觉得更有意思，只能想办法怎么样才能自己玩又不觉得无聊，还有人分享”。这也是可以与他人拼车的原因，但是她也讲到租车的形式是自己先租车再找其他人一起拼车，这样自己不会尴尬，是崭新的自己与他人相遇，不会覆盖原有生活中的标签，“对陌生人没有期待，也不会想要给自己树立人设或者保持一下形象，这种都没有”。

小曼的例子也是同样的情况，她评价自己的拉萨独游，“我觉得去拉萨就能得到很好的治疗，我接触了好多新鲜的事情和新鲜的人”。在一开始未知的情况下能够与几位陌生男性共同搭车从新疆前往西藏，共同经历缺氧、搭军车等相较于日常的奇特经历之后，他们结下了深厚的友谊，后面还经由新结识友人的帮助找到了义工的工作。可见，在突发情境中，人与人的关系发生了简化，当然不排除发生危险的可能性，但正因为事件的突发性，个体获得了创造的空间。

#### 6.2.2.4 情感牵连

女性独游者在旅游过程中与陌生男性发展出情感的情况也有出现。情感牵连的情境程度较深，在先前研究中有观点认为有可能会在陌生人、友人的基础上发展为恋人关系。国外的研究会更关注个性化的内容，将女性独游与性别共同探讨，在男性性别化的凝视之下讨论女性独游以及其他行为等内容（Jordan & Aitchison，2008）。但是国内的情形更多会涉及女性情感遭受侵扰而非身体，会呈现细微差异。女性独游者与男性的情感牵连是较为隐晦的、不被明确言说的，但女性确实更容易成为陌生男性关注的目标，这与先前研究者所讨论的“易受伤害的女性”主题相对应。夕颜分享了她独游时在所住青年旅舍遇见的一位陌生男性，加了她的微信，并时不时跟她“开黄腔儿”，这让夕颜感到反感。敏敏在她的大理之行中也遇到了来自陌生男性的积极追求，一开始可能会为之感动，所幸青年旅舍的其他友人提醒了敏敏这位陌生男性并不友好，让她及时远离。

#### 6.2.2.5 参照—反思

女性独游者在旅游过程中结识不同陌生人（不只是男性），还有可能出现参照—反思的情境，即除了旅游点滴、友善行为、友谊相伴与情感牵连之外的第五种情境。女性独游者出游可能是出于模仿式的，参照先前设定的模板人物出发。大海的经历便是如此，她十五六岁便独自在社会找工作，习惯独自一人，但真正开始独游是由于看了大冰的书，由此形成了参照。一旦有合适的契机便会随机触发，“我从出社会到现在一直都是一个人，所以说我已经习惯了……可能是因为我看了大冰的书，或者说看了刘同、张佳佳的书，我就会觉得这个世界不管怎么样，我还是要去看看”。小说中半虚拟式的故事场景成了大海的参照，大海对书中所讲述的内容产生了向往，并由此产生了反思，“女孩子要多出去走走”，这也进一步印证了媒介在（背包客）旅游文化的形成和传播中产生的影响（解佳、孙九霞，2020）。

文讲述了她在拉萨遇见藏民进而产生反思的故事，她感到在北京的生活失去了纯粹与朴实，在八廓街看见乞讨的乞丐以及藏民家的生活后开始反思生命的意义。正如她所说的，“我在路上遇到了藏民，他们一路朝拜，当一个人在大城市生活久了，然后看这些很纯粹、很朴实的东西，（我真的）感觉一下子内心被净化了……那天晚上我们在牧民家，我看不到他们对生命的恐惧，他们很热情地招待我们，给我们送暖水袋、烧热水、做早饭，人与人之间没有隔阂，对生命的敬畏、坦然真的不一样”。与当地人的互动引发了文内心的对比，其实不可否认的是，藏民日常生活中也会有纷争，但女性独游者以此“真空情境”为参照，建立起和自己新的认知以及与当地人情感上的联结，并由此构筑其自主空间。

除了正面的模板，还有一种负面参照—反思的情况出现。负面事件的参照—反思的情况是偶然发生的，反思的内容与所参照的内容具有较强烈的反差，即负面事件产生积极反思，且有经历不可复制的特性，但对于女性独游者而言也具有危险性。草小鱼讲述了她所经历搭车被挟持的事件，她搭上了一辆看似普通的面包车，然而面包车司机因家庭问题对社会报有仇恨，想要对她劫财，她想尽办法对司机进行劝说，直至司机被感动后脱险，对于此次危险经历她的评价仍然是正面的，“我之所以会一直来西藏，因为我是很坚信人性本善的，而且我坚信只要我不做坏事就不会遇到坏人。这可能比较天真，但我仍然坚信人心里总有一些柔软的地方”。

### 6.2.3 情感共舞——因共鸣而共享

情感共舞指的是独游女性与他者的旅游共享，更愿意“与有共鸣的人分享”，是与陌生人相处更进一步的情感交流状态，由此会产生愉悦感。“共舞”概念来自法国社会学家让·考夫曼，他用共舞来描述家庭妇女在完成熨衣服等一系列家务劳动后产生的具有感染力的愉悦心情（卡班、多尔蒂耶，2010）。研究中，情感共舞更倾向于女性独游者之间产生的情感联结，是对关系在短时间内能够从陌生到熟悉的刻画。情感共舞既出现在当下旅途之中，也会在后续不同的旅途里，因为有共同的旅途和对于事物的共同见解而达到共鸣的、共通的理解状态。多数女性独游者都有提及在旅游过程中遇到了能够聊得来的陌生人，这同时也是友谊相伴情境下个体情感交流的深化。与日常生活中的固定、惯性交流不同，许多女性独游者表示在旅游过程中出现了另一个“圈子”，并且交流较为纯粹。“我觉得在同一个时间内去做了同样一件事，其实是跟这个人产生了一种联结，这种联结可能不是直接的，但我们其实有相似的东西，所以这种随性相遇交朋友其实是很纯粹的，不会去谈一些工作、家庭的压力，只谈在路上的感受。唱歌、聊天、玩游戏、说心里话，有些跟朋友、家人很难开口说的心里话，对于这些人没有防备之心。”（文，29 岁，职员）

不同的陌生人对于她们而言是“新的世界”，由此可以看出独游情境中的人际关系是流动的，随机性较强，也反映出女性独游者在其日常生活中交往较为疲乏，期待发生变化。例如，莹子聊到她喜欢与有共鸣的朋友分享，“特别是都喜欢旅行的朋友，只是大家交流的时候会说到自己的一些经历，比如你去过新疆，我也去过，你去过西藏，我也去过，能聊到一起，大家就很有共鸣，不只是一个在听一个在分享，而是在交流”。当然，旅游者间分享的奇遇不能保证其完全符合实际，敏敏这样回复，“大家听你的故事，有时候也只是当作一个故事来听，他们也不一定相信，只是找个地方说话，而且陌生人之间其实很少打探隐私”。交流分享的过程可以抽象为抛开“熟悉”的故事，只建立当下的联结，和陌生人之间建立深刻的联结不需要在关系之中推敲与打磨，并且保有不过问隐私的默契。日常环境中人际交往也好、个人经历也好，都是维持在一种恒定的环境中。独游面临的是一种随时突变的环境，但是在突变环境中人反而能够拥有与人交往的能力、自己解决问题的能力，应对突变就是个体的创造力。

## 6.3 跨越性别边界：从性别框定到个体实践

### 6.3.1 被角色框定的表现

女性的性别角色在独游研究中是常被讨论的主题，大部分研究会从女性的性别角色视角出发展开讨论。在以往的研究中可以看到，独游女性在整个旅游过程中都有可能受到性别角色的框定，例如在出游前会受到限制（Wilson & Little，2005），出游途中会遭遇男性的冒犯或者其他危险（Jordan & Gibson，2005；Jordan & Aitchison，2008；Su & Wu，2020）等。在独游情境中，女性所处的带有社会性别性质的角色形象越发凸显，研究在前半部分也对关系叙事中女性独游者进行了探索，女性具有“虚线女儿”、照顾者以及被支持者的多样化形象。

性别角色框定主要体现在角色标签性的限制、性别权力的不对等、经济基础的限制以及关系责任的牵绊方面。女性角色在制度话语的作用下被定位，在日常生活话语下获得一定的角色期望（潘泽泉、杨莉瑰，2010），女性也由此承受着两者作用下的多重压力（马亚静，2002）。

女性被标签化，在“应该怎么样”的道德束缚作用下失去个体发展的自由度。例如，薇提到她在家里的角色是“乖乖女”，而薇的母亲会因为薇放假出门独游不归家而劝她要“女孩子一点”，正如薇自己所讲的“我在家里是乖乖女，我来外面可以喜欢做什么就做什么。我就是那种比较有个性的，妈妈说我整天就不像个女孩子，工作了还跑那么远，跑那么久，都不回去啦，这不是一个女孩子的样子。她们眼里的女孩子就是那种大家闺秀，她允许我出来玩，但是不允许我出来这么久、出来这么远”。女性常被认为要承担照顾家庭、抚养孩子的责任，履行听从父亲、丈夫的义务（Leung，2003；Hu & Scott，2016），并且女性要待在家里的观点对女性角色也产生了一定的影响（Xu & Gu，2018）。性别权力的不对等与关系责任相互呼应，两者对女性产生了较强的束缚，例如前文所探讨的情感角色制约，一些女性独游需要得到家人的允许，在一些独游女性的家庭中，父母会认为女性独游是没有实质意义的，不能带来金钱、名誉等实质的物质性收获。独游女性会面临家长在情感方面施加的压力，旅途的决策以及行程都会受到一定影响。

性别角色框定还有一方面体现在经济基础上，这也侧面对应女性在公共领域的角色。王姐对于女性独游有自己的看法，她说“现在还没有形成女性独游群体”，“趋势还没有形成，取决于女性现在的平均收入”。在建立稳定的经济基础之前，还没有足够多的女性能够实践独游，这也意味着女性独游与女性社会地位相关联。

但是还有一些女性具有选择独游的自由，或者在平衡了性别角色框定之后个体表达出自主的创造性。虽然性别角色在女性独游研究中是较为主流的话题，但是研究者对性别角色框定的研究表现出既突出又模糊的特性，突出是由于在独游情境中性别带来的影响较容易识别，女性与性别影响成为较常见的主题；模糊是“性别角色”视角模糊了女性的个体特性，在女性独游过程中性别角色的影响会逐渐发生变化与“褪色”，而相较于性别角色的影响力，个体的创造特性会逐渐浮现。越来越多的女性在旅游过程中开始追求独立、冒险和自我价值的实现（Lin & Lehto，2006）。

## 6.3.2 个体创造的体现

### 6.3.2.1 自我赋权

关于旅游中女性赋权（women empowerment）的话题研究者一直都有讨论。以往的研究会关注从事旅游相关工作的女性在工作中的赋权（Movono & Dahles，2017；Abou-Shouk et al.，2021），但女性在旅游中同样可以获得赋权。Hao 等（2021）将女性获得能力或者资源的动态过程称为女性赋权，并梳理出女性“闺密游”在情境限制下的“资源”（resources）、“动力”（agency）、“获得物”（achievements）赋权机制过程。目前，女性独游的研究关注女性在独游时如何面对危险，并且通过对危险的重构（消解与面对）强调女性在克服危险之后的自我赋权感（Yang et al.，2018）。但是，通过调研可以发现，女性独游过程中遭遇危险仅仅是可能发生的多样情境中的一种，女性可以自由选择安全或者不安全的方式旅游，并且在没有性别角色框定的情况下自在实践和创造。旅游中独特的体验与旅游者和物之间的互动、旅游者在场参与的体验有所关联（Rickly-Boyd，2012），可以看作个体身份差异化的表征（Karagöz & Uysal，2022）。女性独游者经历了不可重复的独游过程，获得独特体验，进而在自我评价之后获得了赋权。

例如，小曼在搭车之前是白领，做着自己不感兴趣的编辑与校对工作，辞职后踏上了漫长的独游之旅，经由长沙、兰州到了新疆，即便没有做好搭车的准备，她也能够在旅途中充分发挥自己的创造性，与周边的人、物和环境互动。确定好前往拉萨的行程后，小曼没有足够的御寒衣物，她在青年旅舍晾衣服的地方捡到了一件其他旅游者扔掉的破旧童装羽绒服；没有钱爱干净的她“本能”地在青年旅舍帮老板打扫房间，被青年旅舍老板招收为义工管吃管住；又突发奇想坐上了前往尼泊尔的跨境大巴车，在尼泊尔晃荡几日，后又通过与搭车的熟人联络开始帮忙倒卖围巾。途中她遭遇了高原缺氧，见了从来没看见过的高山、湖泊，尝过军车的补给，面对过一人搭车到戈壁的孤独与害怕，也体验过在尼泊尔自由晃荡的自由，她评价自己的旅途是，“感觉我接触了好多新鲜的事情和新鲜的人……我当时太天真、太无知了，现在叫我（去）都没有那种勇气”。

小明也有类似的独特体验，趁着2019年暑假她即兴而起想去德令哈，又顺道前往新疆。中途搭乘送货的大车与司机一路闲聊后又遭遇交通警察查车；在荒无人烟的小镇检查站，在工作人员的帮助下搭到大卡车；凌晨一个人晃荡在小镇街头寻找旅馆。她又讲述了徒手攀爬火焰山的经历：偶遇一辆出租车被送到了可以不买门票的火焰山后山，她仔细描述了火焰山风化了的碎沙土，感叹道“就一个景区，我当时真的一点都不害怕，中间脚力不够用了，就选择把背包甩一截，再一步步向上腾挪，最后实在没有力气爬不动了索性就滑到了水渠中”。在回忆讲述这段经历的过程中，她不时哈哈大笑，感慨“估计火焰山形成以来，我是第一个从那儿走的人”。不过最后她形容自己的经历是“不会再走一遍的”，过去看似顺利的旅途中充满了不确定性与独特性。

薇磕长头的经历则是另外一种情境下的赋权。在真正实践之前，她做了很多准备，向朋友借来了磕长头的工具，模仿了很多次磕长头的行为，真正认为自己学会之后，她会在晚上绕着拉萨八廓街学着当地人的样子磕长头，意在通过这种方式来了解当地的文化。她坦言从开始有磕长头的想法到真正实践，她用了三年。第一年只是有想法，第二年在大昭寺门口拜一拜，用身体体验匍匐贴地的感觉，第三年才开始学着当地人的样子绕着八廓街的街道以单数形式磕长头膜拜。“不管他们的信仰，只要你去虔诚地做一次，然后就大胆地去磕”，随后她自己评价道“独游带给我很多自信，不会在乎你的出身怎么样，放开了做自己，就是把自我展现出来”。磕长头不是一种冒险的经历，但在磕长头的过程中，身体的感受是最直接的，“肩很痛，膝盖红肿”，薇所感受到的及自己的对话与内省都附加了身体感受，共同形成了磕长头的独特体验。

但是独特体验带来的赋权又是相对的，且作用时间较为短暂（不可再次模仿），相较于惯常情境中的没有被赋权的女性来说，独游过程是先弥补后填充的赋权。一名受访者兔认为“女性的能力比男性弱，但是我觉得独游这件事不至于会让大家觉得很厉害、很了不起，我觉得这是很正常的”，这样看来如何进行独游是每个个体的选择。

### 6.3.2.2 日常转译

女性独游者除了拥有独特体验，在独游过程中还夹杂着朴素的日常生活体验。现今的旅游逐渐成为人们日常生活的延伸而非背离（Stylianou-Lambert，2011）。与独特性体验为女性赋权不同，旅游中的日常生活不能够为女性独游者带来即时高额的赋权，而是提供了微小的支撑点与弹性空间。研究者通常讨论的是旅游地的日常生活、旅游空间中的日常生活转向，或者旅游与日常生活的关系等话题，鲜明多样的个体性被嵌入大众的日常生活中，日常生活方式的意义也同时被简化。研究中，女性独游过程的日常转译指的是在独游过程中浮现的日常性生活行为习惯，例如喝酒、晒太阳、跑步等，在独游情境中作为女性独游者在其惯常生活中的延续，一方面将独自旅游的赋权意义转化为朴素的日常化意义，另一方面在不同情境下对比转译为更具差异性的意义。

例如，大海平时喜欢喝点酒，在一次独自骑行高原的途中由于冰雹天气，她骑着车掉入了冰冷的河水里，爬上来骑到住处就喝了一瓶白酒，“我知道被冰雹砸了，又淋雨了，肯定会感冒的，所以我就喝了一瓶白酒，开着电视盖了两床被子睡了”。日常性的习惯带给了她一种缓冲的安全空间。酒也经常出现在大海所经历的其他独游场景中，与青年旅舍老板相熟识之后她甚至可以帮老板看店，然后不给房费，请老板喝酒就可以了；在成都穷游，“在那边就天天跟别人喝酒，约着大家出去吃饭，也吃火锅”。她说道，“喝酒是我能够接受的一种方式，是一种缓解、释放与宣泄”。

另外一个例子来自受访者蓉姐。蓉姐拥有丰富的独游经历，而此次独游拉萨仅仅是因为那里有阳光，她离开多雨的武汉，在拉萨晒太阳、写论文。“今年的雨特别多，武汉每天都下雨，夏天好不容易出个太阳，还是期待有太阳的天气。”笔者在约蓉姐访谈之前跟她联系问及她在哪里，她回复说在大昭寺外面的长椅上晒太阳，“就是坐在那儿晒太阳”。与 Ann 相遇是在昆明大脚氏青年旅舍的八人间。8 月的昆明阳光热量和强度都很足，Ann 也表达了她对昆明阳光的热爱，来昆明很大程度上就是为晒太阳美黑。通常她都会带着 750 毫升的大杯子装满咖啡，还有一瓶美黑油，坐在青年旅舍四楼的阳台上，戴着墨镜晒太阳、抽烟，没有其他旅游目的，到了昆明也只是随着机缘，不知道玩什么，“其实去昆明玩什么我都不知道，就到了再说，晒晒太阳（美黑）”。访谈结束，午餐之前她迎着炽热的阳光又在四楼阳台跳起了波比跳。在 Ann 因为新冠疫情结束南极的船期回国后，她参加了一个健身项目，几个月以来，如果平时在家没有其他事，她通常都会选择健身。云南的上一站是西藏，她在西藏某处高原寺庙附近还跳起了波比跳，虽然是日常性的健身习惯，但是在身体会发生高原反应的环境中，波比跳会消耗更多氧气，她的日常行为变得突出且独特。

可以看出，相比独特性体验及其赋权，日常生活在独游情境中的转译可以在另外的层面上体现。看似朴素无意义的喝酒、锻炼或者晒太阳等日常行为，在独游的情境中会由于其他行为缺失的对比显得更加突出。在脱离了原有的惯常生活情境之后，个体性越发凸显，将日常的行为转译为有意义的行为，为心理提供了调适的空间。一方面，独游女性对原有的日常行为带有一定的熟悉感，心理感受上是安全的；另一方面，日常行为通过在陌生情境中的不同表达呈现，被赋予新的体验内涵，于是意义得到了延伸。不可否认旅游地本身会有一定的影响，但是独游者的自我创造与调适对其独游体验也有重要意义。

## 6.4 小结

自我改变（change）是个体顺应主流文化方向自主进行的，在改善自己的心理与行为活动方面做出尝试与努力，这些改变可以体现在日常生活中，也可以出现在人生历程大的转折点上（李先锋、刘鸣，2004）。个体通过不断调适，为了达到自我和谐的状态，即个体认知、情感、行为之间没有对立与冲突，相互联结并且良性互动（Carver et al.，2000）。比改变更进一步、更深刻的是个人的转变（personal transformation），这是一个独特动态并且个性化的意识发展过程，个体会批判性地意识到旧的观点和新的观点，并选择将这些观点整合到新的自我意识中（Wade，1998）。可以看出，转变（transformation）一方面强调的是心理过程的变化这一动态性质，人不是一成不变的整体，人可以通过社会环境以及周边人，甚至与自身的互动，不断调适；另一方面，转变相当于一种心理变化，如果用好与坏评价个人转变，那么日常心理研究的是一种从负向到正向的位势变化过程，由"低状态"到"高状态"的过程秉持着一种发展的眼光。

本章主要对女性独游者旅游过程及其转变进行了研究，具体对旅游过程前与旅游过程中的从规定式到随机式、从独行到结伴，以及从性别角色到个体实践三个方面的转变展开了讨论。

旅游转变不仅是个体的心理过程，也可以发生在整个过程中。研究者将转变体验的相关主题在整个旅游过程中按照时间顺序排列，包括前期的旅游准备、旅游在场以及旅游后，发现转变体验的一个交杂的特征过程。旅游转变的引发因素可能是旅游者所不熟悉的外在环境以及他者（Morgan，2010），也可能是时间点的缘故，发生在旅程结束时，能够唤起旅游者的混合情感以及高度认知，是旅游者之间共同创建的（Kirillova et al.，2017）。

从规定式到随机式，指的是部分女性在独游之前采取规划景点与线路的方式，后由于旅游过程中的不确定因素转变为随机的"先去了再说"的旅游方式。她们选择独游最直观的原因是"很难遇到一起的"同行者。随着行程的展开，女性独游者在过程中不期而遇却又令人难忘的经历，构成了女性独游者对于旅途中相遇陌生人的“好人”认知；由于新的文化背景以及和他人建立联系的作用使得体验具有转变性质（transformative）（Kirillova et al.，2017），与他者因为有共同的旅途和对于事物的共同见解而达到共鸣的、共通的理解状态，进入了情感共舞的另一个层次。

从性别角色到个体实践变化过程中，性别角色框定主要体现在角色标签性的限制、性别权力的不对等、经济基础的限制以及关系责任牵绊等方面，然而女性在独游过程中遭遇危险仅仅是可能发生的多样情境中的一种，女性可以自由选择安全或者不安全的方式进行旅游，并且在没有性别角色框定的情况下进行自在的实践和创造。这些变化在某种程度上也是一个循环的过程（cyclical process），女性在受到其他女性独游者的启发后会引发新的独游（女性的自身赋权以及对他者的赋权），这也可能引起更大的（对于女性意义的理解）变革（Yang et al.，2018）。

# 7
# 独游后的影响：独游与日常生活的关系

## 7.1 独游与日常生活的关系及其维度

日常生活由构成普通社会成员典型社会生活的世俗化事件组成，包括人与地方的关联、与他者的社会关系，范畴涉及工作、家庭生活和休闲等方面（MacKay，1997）。旅游与日常生活之间的关系讨论由来已久。在早期研究中，旅游被当作逃离日常生活的方式（Graburn，1989），强调旅游对日常的“暂时逆转”（Cohen，1979）；旅游为大众寻找原真性的体验（MacCannell，1973），为逃离日常生活的压力提供了新的时空可能（Edensor，2007）。旅游与日常生活之间的关系表现出差别性，以及意义指向的冲撞性。

信息技术的发展增强了远距离人们之间的联系（White，2007），以及旅游地的建设越来越具有重复性，例如四处可见的购物商场、相类似的主题公园等，旅游目的地不再呈现较大的差异性（Uriely，2005）。旅游诸多实践成为我们消费生活其他方面的一部分，旅游和日常生活之间的区别逐渐减弱（Hannam & Knox，2010）。大众对旅游的态度发生了变化，在旅游中实践更多的日常活动，旅游和生活之间相互影响，关系越来越趋于缓和及复杂。研究者也意识到旅游者专属的体验其实也包含着日常特征（Lash & Urry，1994）。旅游成为日常生活的一种扩展延伸，而非与之相异的面向（Stylianou-Lambert，2011）。例如，Richards（2011）所强调的，文化旅游者和具有创造力的旅游者会利用他们的创造性在自身与目的地之间构建起新的联系。旅游者通过带有休闲属性的旅游实践将“我”与“异乡世界”的关系进行了重构，旅游的研究不应只限制在传统的现代性、异化的框架之下（方芳，2022）。刘录护和左冰（2017）站在重申旅游世界对日常世界回归的基础上提出了旅游的回归范式，重点关注旅游对日常回归、延续和沉淀及其之间的关联。旅游的日常化实践与日常生活情境中的实践有相似之处，主要有生活资料的获取与行为活动、交往活动、观念与精神活动，既要对列斐伏尔提出的日常中的“瞬间”保持关注，还要对旅游空间的地方性以及个体的主体性保持敏锐（郭文，2020）。

旅游与日常生活之间越发呈现相似性、杂糅性，正如 Munt（1994）所言，“旅游是生活，生活亦是旅游”（tourism is everything and everything is tourism）。许多研究对两者间的辩证关系展开了概念化讨论，涉及旅游者的体验（Uriely，2005）、旅游者个体存在的意义（Brown，2013）等关涉旅游本质的主题，但还需要对两者关系模型进行抽象提炼，进而通过日常生活与旅游生活关系分析回归日常的意义，也进一步加深对旅游意义的理解。因为旅游并不是单纯的分离出日常生活，而是日常生活的缩影，例如棱镜的作用一般将日常生活的意义集中、放大并再次移置到日常生活的情境中（Dann，2002）。对于日常生活与旅游生活的关系，可以进一步探讨的话题包括个人如何建构自己的身份、地方性与意义，以及在日常与旅游活动之间构建关联（Dann，2002）。旅游研究也需要进一步补充对旅游活动的社会性思考（White，2007）。女性独游与日常生活关系维度划分见图7–1。

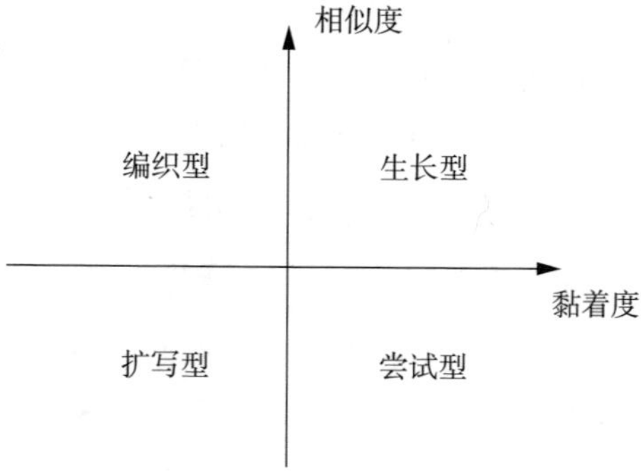


**图 7–1　女性独游与日常生活关系维度划分**

在综合分析所获得的资料信息基础上，研究提出了独游与日常关系划分所依据的两个关键维度：一个是独游方式与日常生活的黏着度，指的是女性从日常生活中离开并开始独自旅游再返回原有日常生活的程度，并且具有时间、空间上的属性特征；另一个是独游行为与日常生活中行为的相似度，主要体现为个体在生活风格上的变化程度。如果女性独游者能够在短时间内回归日常生活，或者独游的频次较高，独游行为与日常生活的相似性较高，划定为生长型；女性独游者不能在短时间内返回，或者表现为低频次的返回，且相似程度较高，则为编织型；独游与日常生活之间的关系表现为低黏着度与低相似度时为扩写型；当黏着度较高时，女性独游者能够及时迅速地返回日常生活，并且其体验到的独游生活与日常生活表现的差异较大时为尝试型。

## 7.2 女性独游与其日常生活的四种关系类型

### 7.2.1 尝试型的特征及其案例分析

#### 7.2.1.1 尝试型的特征

在尝试型中，独游对于女性而言是一次日常生活的突破，是以往日常生活中从未尝试过的行为方式，它和日常生活出现了一个短暂的相接，并且在相接处出现了相切点。独游的时间可能并不长，女性独游者会很快回归日常生活，从独游状态快速切换至日常生活状态，黏着度较高；由于独游对于女性而言是一次崭新的尝试，所以独游与日常生活的差异性比较大。独游还未形成一种完全或者高度日常化的生活状态，可存在与日常生活相似的元素或者体验，但是独游过程中大部分女性仍会按照计划，以好奇旅游者的状态探索。整个独游过程（计划与动机、行动安排、未来意愿）呈现一种“僵硬”状态，一切以计划为先，不过也存在其他可能的转变，例如前文所讨论的遇见陌生人、情感共舞等更深的交流与互动，以及独游情境中发生的其他不可预知的情形等。

对于女性独游者而言，再次旅游的主观可能性取决于独游与日常相切点的意义。如果相切点饱含意义，即女性独游者对旅游过程进行自我评价和反思，在未来如果有出行的条件时，女性还有可能继续选择独游；如果相切点是空心点，即并未有充分的意义注入，个体对未来再次独游的主体意愿概率可能为零。在尝试型状态下，女性独游者的日常生活风格并没有太大变化，可能出现了印象点，但是并没有发生本质变化。尝试型图示见图 7–2。

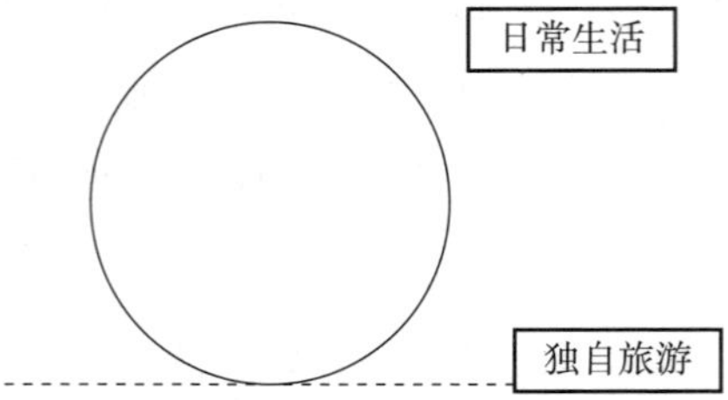


图 7–2　尝试型图示

### 7.2.1.2　尝试型典型案例：初次离家的 ZM

ZM，来自贵州，2019 年就读高一，成绩排名年级前几。正值暑假时，她独自一人从贵阳乘坐高铁抵达昆明，这是她第一次独游。她的日常生活有些单调，因为正处于高中阶段，时间几乎都用在课业学习上。ZM 所在的高中管理并不严格，但她对自己相当严格，给自己的评价是“管得住自己，起早贪黑，有时候还给宿舍的同学带早饭”。与其他同学下了课就玩手机、刷抖音的喜好不同，她有些“与众不同”的想法，她认为一方面源于自己的性格，另一方面源于与外界的接触，例如自己读过的书和地理老师讲述的旅游故事。她似乎不与同学为伍，但是又会表现得合群，例如会和同学一起骑单车在当地玩。不会和同学一起出来，“因为他们都不出来”。她将周遭的同学分为两类，一类是玩游戏、没有长进的，另一类是暗自努力的。但是她不属于其中任何一类，同时也不想和家乡人一样过早结婚。

刚见到 ZM 时，她打扮得很休闲（一身运动装搭配鸭舌帽），她的独游计划是在昆明吃当地小吃，然后经由昆明北上前往丽江，打算在丽江看雪山和古镇风情。然而她在出游前遭遇了不少制约。ZM 的父母不同意还未成年的她独自前往昆明，同学们也与她半开玩笑地说要报告给老师她出省旅行（因为正值新冠疫情期间）。她是这样说的，“我妈不让（我去），但是我妈心态好，生气一会儿就好了……我爸打电话叫我不要去，我直接在出租车上把我爸电话挂了，后来跟我爸聊天他都不理我了”。就连在外地上大学的姐姐也对她独游表示了担心，“最近微博热搜有一个女学生失联，就在昆明。现在还没找到，我姐姐还发这个吓我”。但是她还是不顾家人反对，遵从自己内心的想法，带着既勇敢又害怕的心情，直接前往车站坐上了火车。平时她都待在学校里，并不了解火车站不用取票，直到取票时才了解到已经不需要纸质车票了，这也反映出她的独游体验与原有的规程式生活的差异性。

在抵达昆明之前，她事先加入了一个微信旅游群，因为她没有做攻略，喜欢到时候再问。她对加入微信群有自己的看法，认为较为安全（因为入群者的信息是需要经过筛选的），而且获取信息较为灵活，甚至还可以问民宿老板当地美食以及好玩的去处。到昆明的第一天，按照计划她打算去云南大学（这是她未来想要考入的大学的备选项），跟着手机导航绕了翠湖一圈却迷路了。她所担心的独游中最大的问题就是安全，其他方面她认为自己都可以解决。这次的昆明之旅她遭遇了危险的事件。她在路上被一位年龄较大的男士跟踪，她意识到之后便躲进路边的店铺里，待跟踪的人走了才离开。

独游其中一天的行程是这样的，“我今天早上去菜市场吃了一碗豆花米线，吃了一个汤包，然后还有一个青团放在寝室里没有吃，我走着出来又看到粥，好多人买，但是我吃不下了。后来买了关东煮，又买了饼，就坐在那里背一下单词。之后跑去商圈买东西（给家人的礼物），准备再去云南大学，没想到一买就买到下午5点，光买衣服了”。她去了想去的几处地方，没去的索性就放弃了，之前的计划在旅途中随机变化，没有冒险的独特经历，但是这些经历都与她的日常行程有较大差异。她在市区的商场为家人买了几份特产和礼物，吃了昆明的小吃，逛了大学校园，在青年旅舍同宿舍舍友夕颜的带领下游玩了滇池，见到了落日与海鸥。这趟旅程带给她的是一种新鲜感，在公交车站问路虽然听不懂当地人方言，但也让她感到当地人很热心。

途中她与家乡好友分享见闻，而她的朋友只关心帅哥多不多。丽江之旅成行之前，由于在昆明市里迷路且随身携带的资金不充裕，她便买了回贵州的车票，准备结束短暂之旅，之后又回归了高中学习生活。

她为其独游赋予了一定的意义，认为独游让自己变得不一样，“一定要出去看看”，旅游中的新鲜事物也会不断吸引着自己。她在返家途中，在腾讯 QQ 空间发布了一则自己写明信片的照片，“这 5 天对我来说，是 16 岁很重要的一部分，往后美好的经历都从这里开始，希望再来之时，别留遗憾，人生那么长，慢慢成为自己想成为的人，我喜欢这个地方，这里的人，两年之约，不见不散”，这也透露了她未来会再次踏上独游之旅。独游对于 ZM 而言，是为找到自己的定位，不断与鲜活的人或者事碰撞，“我想看不同的地方、不同的东西，然后回去躺着想想我想要什么”。ZM 对她所处的生活有距离感，周边人早早融入日常琐碎的生活，结婚、生子，这些都不是她所追求的。她选择用独游的方式来确证自己的生活，反思自己的未来。独游是她探索和融入生活的一种方式。

## 7.2.2 编织型的特征及其案例分析

### 7.2.2.1 编织型的特征

编织状态相较于尝试型较为复杂。女性独游者在展开了多次尝试之后，其独游方式已经自成风格，但每一次的独游体验又各具特色，不完全相同。每一次独游已经成为虚线式的类生活方式，具有女性个体的生活风格。在编织型中，女性独游者选择再次独游的意愿较强。由于已经拥有了丰富的独游经验，女性独游者旅游的时间可能会延长，再返回原来生活的黏着性变低（包括返回意愿可能会降低，但由于客观限制不得不返回）。与尝试型的好奇探索不同，编织型不一定关注独游中的日常性体验，可能会出现突变式的、冒险性质的经历。

每一次独游都会形成独特的、不可重复的完整过程，独游与个体的日常生活开始出现新的相接点，称为“结”，意味着独游与日常生活相交的意义点，对下一次独游意愿有一定程度的影响。“结”将独游的体验与日常生活的经历紧密连接在一起，并且“结”与“结”之间形成了纹理，

“结”的性质与尝试型的相切点类似，都是独游与日常生活的相交点，意味着独游对日常生活的启发性，但“结”的启发性是难以被察觉的。相切点的启发性在于赋予意义与否，而“结”的启发性女性独游者可能并不知晓，在未来需要再次回忆、评价才有可能显现。“结”与“结”之间形成的纹理是被女性独游者编织在日常生活之中的，与日常生活中的经验存在差异，属于崭新的经验内容。编织型图示见图 7–3。

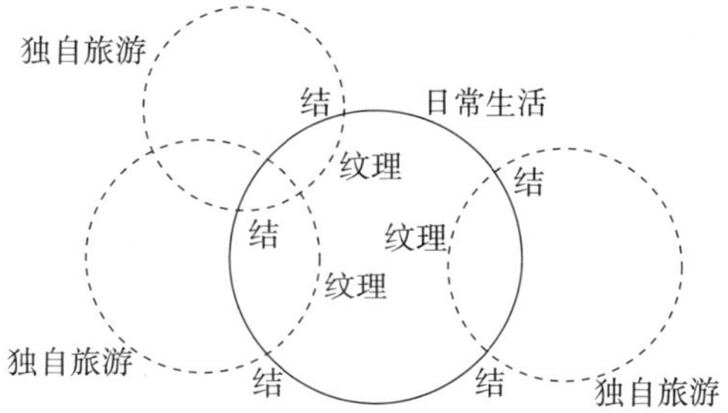


图 7–3　编织型图示

不过，女性独游者的日常生活不会发生变化，发生变化的是独游与日常生活之间的交叉，以及交叉点之间女性独游者对独游的记忆、反思和联结。个体在多次独游经历中将不同的纹理编织进日常生活，但纹理不一定会形成固定的模式，形成的多是虚线的模式，但不同女性独游者会赋予其对日常生活新的意义与理解。这里还有可能出现的情况是不同独游之间的相交，这意味着前一次独游对后一次独游产生了系列影响，可能是独游之中的新认知、新反思以及新关系发生的作用。另外，编织型的意义带有一种女性的隐喻，意味着女性独游者及其经验的独特性。

### 7.2.2.2　编织型典型案例：独游和日常无差的小明

小明，西安人，31 岁，职业是初中化学老师，有固定的寒暑假期且时间都比较长，她日常的生活穿梭于家与学校之间。她和父母都居住在西安市，但是她和爷爷奶奶生活在一起，平时会照顾爷爷奶奶。父母对她的管教比较严格。她之所以选择教师作为职业，也是父母帮她做的决定。正式工作五六年之后她开始独游，独游是因为自己的放假时间与朋友不同，等不到一起旅游的人。随机根据一首诗歌确定了第一个目的地，并不是一个人去冒险旅游，她说只是因为好奇，但是这种好奇心理在日后的经历中慢慢发生了变化。她有多次独游经历，基本都在放假期间，“我把中国大多数地方跑了一遍，哪儿没人去哪儿，例如成为网红旅游地之前的色达、青海湖等地方”。笔者是在青年旅舍宿舍与小明相识的，刚见面时她一直很开心地与同屋其他旅人聊着自己的经历。她的行李很简单，只有一个蓝色的双肩背包，里面装有几件衣服和少许必备物品（如充电宝等）。如果是短途，只有一个背包不会让人惊讶，但是小明此次拉萨独游是经由新疆一路搭车十几天的行程，只有随身的一个背包作为行李让人不免有些惊讶。

在约小明访谈见面之前，她正在饰品店里挑选精致的珠串，见面之后她向笔者展示了她刚串好的饰品。她这次独游从西安出发，乘车前往德令哈，然后一路从青海（德令哈—花土沟镇）、新疆（若羌县—且末县—和田市—叶城县）、西藏（拉萨）搭车过来，提及为什么先去德令哈，“刷抖音刷到了海子的诗，又正好想去新藏线，就顺路去了”，出发的目的地也是随机决定的。从德令哈前往新疆路途遥远，需要多次换乘客车，但是前往第一站花土沟镇的大巴车是晚间的，小明决定第二天一早搭车前往。在出发前一晚，她与青年旅舍老板一边吃饭喝酒一边聊天，热心的老板决定第二天将她送到能够搭到车的道路检查站，从那里搭车可以前往花土沟镇。很多司机都问她要前往的花土沟到底在哪里，可见其所要前往的地方很偏僻。后来交警帮她拦到了前往花土沟的大货车。上车后，她独享前排大座位。由于押车的人挤在狭小的后座，她感到过意不去，便提议换到了后排（讲到这里她哈哈大笑，将后排狭小的座位比作“东北大炕头”）。她选择一路和货车司机聊天，免得尴尬。在路上遭遇了司机超载罚款，她提及之前认为交警可能会“欺负”司机，而真正体验后认识到，“不是想象那种，拦下了就是为要钱，咱以前一直误解了”，她发现大家都是有人情味的人。

由于大货车的行程终点不是花土沟，而是到花土沟的中间，她只能半路下车，又在道路检查站与交警聊天，在其协助下于凌晨 4 点搭到了前往米兰镇的车（目的地的选择变成了完全随机的）。到了米兰镇，她走了一家又一家的宾馆询问有没有空房间，直到找到了有空房间的宾馆才住下。

她与父母之间似乎也达成了隐性契约，因为每年都会出来玩，不需要每次都汇报，不用说具体的行程，只要安全回去就可以了。她享受和陌生人相处的时光，“和陌生人相遇的感觉很棒”。这是她以前住青年旅舍留下的印象，而这种印象也顺次应用到了德令哈，她与青年旅舍老板结识的第一天就一起搭伙吃饭。

在此之前，更冒险的经历还有徒手爬火焰山，这一经历在她口中变成了跌宕起伏的逗人发笑的故事。她描述火焰山碎成渣渣的石头，还有自己攀爬时上不去山又难以下山的窘迫，白色的 T 恤沾满了水渠中的泥，自己变成了泥猴，“我在那儿只有一个想法：一定要活着出去，我胳膊、腿不能受伤，即使直升机在上面找你也找不到，因为你在渠里面”。后来她乘坐出租车时司机都感到惊讶并称其为“第一个爬火焰山的人”。独游的奇特性超出日常生活中的无波折体验，突发与临场性增加了意想不到的经历。她会把这些独特的经历记录下来，但只是找点纸随便记录，并不会向家人朋友宣传很多，冒险的独特经历既有专属性也有不可重复性。

独游过程中，小明认为一个人的感觉很好，在旅游中也会想明白很多事情，“纠结的不再纠结”，发现了当下新的感受，这便是“结”的作用。由于搭车的独特经历，当她再次回归日常生活之后，从开始的彻底隔绝（原来不给学生讲）到开始将两者融入，从不给孩子们讲自己的“英勇”，“害怕把孩子带坏了”，到选择讲一些好玩的事情，在朋友圈发布好的状态给家人看，这是对自己行为的微调，也是减弱独游和日常境况下自我的对立感。虽然已经过了 30 岁，但是她评价自己并不像 30 岁的人，“认知和心态是混乱的”（随后她很开朗地笑了，她用略带玩笑且自嘲的语气讲道），“去年过 30 岁生日之前，我纠结了两个月，我以前没觉得年龄会是一个节点，但是现在，觉得自己还像个小朋友，其实这样不好，你是啥就是啥，你多大就是多大，是什么样子就是什么样子”。30 岁对于小明来说，是后知后觉的人生转折点，同时也意味着在跨越了这一节点之后其行动实践也会发生不同程度的变化，这也让她对自己的独游有了新的感悟。小明评价自己随着年龄和阅历的变化，好奇心在减弱，她坦言自己独游中遭受了个体性质的制约，即自身感受削弱了独自旅游的兴趣，“我觉得我有点跑不动了，还是之前那句话，好多事因为好奇就会有力量去做，当你不感到好奇的时候，就没劲儿了，我觉得现在我没有好奇的了”。

独游过程中她重新开始了对年龄、恋爱、婚姻的思考，也让她逐渐意识到家庭对自己性格和选择的影响。她自己也说：“我就是因为小的时候在家里压抑久了，这是实话。”对旅游的期待逐渐转变为对日常生活的期待，好奇想出去看看，看了也没什么，好奇的“不安”欲望逐渐沉淀为“平平安安活着的期待”，虽然这与她选择的旅行方式（冒险式的）有所矛盾，但好像正是这一次次带着转折性质的独游经历，与她原有的生活方式交织交互，才发觉到生活的动态变化以及自己的思考感受方式是何种模样。

最后，她给出对于独游的感受是，“独游啥影响都没有，出来旅行是把书本、手机放下，跟去电影院没区别，遇到一些没想象到的，就像是电影后面的彩蛋”。独游和日常中的感受无差，没有赋予其他超越日常的意义，但是在一次次的独游与日常碰撞编织的过程中，新的思考、想法与认知被编入新的生活经验之中，混合着日常生活的其他经验共同丰富了她的日常。

## 7.2.3 扩写型的特征及其案例分析

### 7.2.3.1 扩写型的特征

扩写型最鲜明的特征便是对日常生活的打破以及扩展，具有一定的特殊性（很少出现经常性变化的扩展）。女性长时间离开日常生活的独游（甚至不会再回归日常生活）与日常生活会有较低的黏着度，其独游的方式已经扩展成了日常生活之外的圈层。低相似度指的是女性独游者重新建立了一种生活风格，虽然这种日常是在原有基础之上构建的，但已经与旧有的生活风格迥异，并且极有可能是对原有生活的扩展和延伸。每个人对日常生活的扩展程度不同，扩展点衔接处也可能会不同，不同衔接处代表不同的日常生活阶段。

女性独游者在独游之初并未完全规划出独游之后新的日常生活样态，

有着离开当下生活的目标，却未有实际的行动规划，充满创造性与可能性。由于独游活动充满创造性，独游对原有生活的扩展将呈现较为明显的变化，所以独游圈层的扩大在某种程度上会大于原来生活的圈层。独游的次数不一定多，但独游对原有惯常生活的影响较大，带来的结果是生活中心的偏移，在人际关系、工作任务、生活环境、生活状态上发生不同程度的变化。

不同的独游之间存在一定影响，但不会产生颠覆性影响，会在原有的日常生活与独游生活构型上出现再次叠加。独游生活状态呈现虚线说明独游女性的状态与其日常生活有所差异，生活状态还未稳定，但是在较长时间作用下会越来越趋于稳定的实线状态。独游与日常生活的相接意味着两者之间与原有生活保持着一定联结，并不是对原有生活完全、彻底的摒弃。扩写型图示见图 7–4。

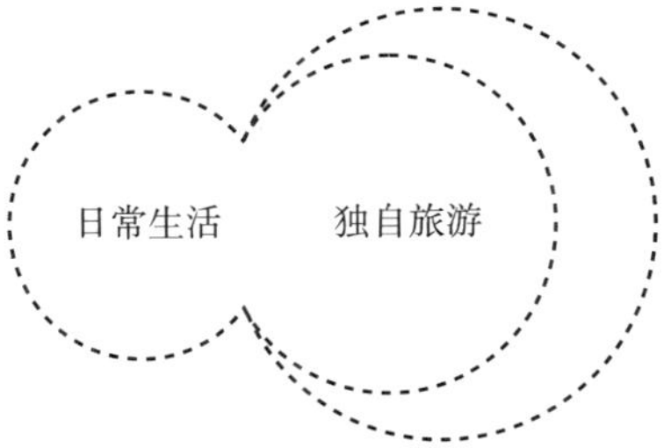


图 7–4　扩写型图示

### 7.2.3.2　扩写型典型案例：新开始的小曼

小曼，30 多岁，江西人，目前生活在大理。她是一家青年旅舍的老板，她经营的青年旅舍在 2018 年曾上榜国外知名酒店预订平台 Booking，评分 8.9 分。平时不开店的时候她喜欢去大理市区学习街舞，因为是一个人开店，所以学习街舞的时候她就提前联系好住客自行办理入住。这是她当前稳定的生活状态，是日常生活合并独游经历之后发展成的稳定态。

与她交流时，她开门见山地讲到自己适合一直在路上，“我觉得我很适合在路上。我有一种瘾，是不断地离开家乡的瘾，我觉得我在心理层面和物理层面都没有归乡的那种归属感”。这或许与她小时候的经历有关。

她从小在农村长大，小学读到三年级被父母接到城里，后又因为父母工作变动的关系寄宿到亲戚家，就读初中时又寄宿到老师家里，到了高中又住校。她在青少年时期不断变换寄宿的地方，这让她逐渐消弭了“家乡”的概念，“我对家乡没有那么强烈的概念，他们都说有什么事回家就好，家是你的避风港，我从来没有这种感觉”。到了大学阶段，她盲目地选择了新闻专业，毕业后跟风入职杂志社，却发现自己没有办法专注写稿，做人物稿的同事一个月内能够写出一篇“大稿”，她却做不到。在意识到自己不适合在杂志社工作后，她果断辞职，离开了工作日常，开始了一段未知的长途独行。

小曼在出发之前并没有决定具体的行程，或许因为她在大学一年级时到过甘肃一带支教，对其有着熟悉的印记，她在 2013 年辞职后再次经由湖南（长沙）、甘肃（兰州）、青海，后又一路“晃荡”到新疆。前一段的经历在她看来平平无奇，但是在新疆她开始了冒险之旅。她说以前的朋友都不相信她能够一路到新疆。在喀什的一家青年旅舍，她与同宿舍的几位旅游者聊天，另外几位旅游者聊起搭车前往拉萨的想法。她表示想要一同前往。她在出发前粗略地做了准备，没有徒步的装备，就捡别人不穿的儿童羽绒服。中途她们搭到了开往荒芜人烟的红柳滩（当地人又称“死人沟”）的私家车，虚惊一场，后又被送到边检站，与四五个青壮年待在一起。后来她们搭车到了武警分部，又遭遇了高原反应，适应了 6000 米海拔之后又搭到了军队的补给车一路到了狮泉河。在整个旅途中见到了冈仁波齐神山、众多叫不出名字的圣湖，独一无二的景色对她产生了影响，她感慨道，“我去了那儿以后，国内其他地方都不想去了，我后来就往国外走，就不会再去国内任何地方了，因为那儿太漂亮了”。

经历了大半个月的搭车，她在 2013 年 9 月 1 日抵达拉萨，而此时她手里几乎没有钱了。经由朋友介绍，她入住了一家新开的床位便宜的青年旅舍。第二晚实在没有钱，又打听到了一家可以接受沙发客的青年旅舍，她说房子特别小，住一晚只要 10 元，但是一间屋子有七八个人，“并排摞大包就放在旁边，然后就在那一排排睡”，大通铺形式，厕所公用。没有钱了就跟随其他沙发客一起摆摊卖明信片、佛珠。后来她又回到了第一晚在拉萨住的青年旅舍，偶然听见青年旅舍宿舍隔壁的旅游者在讨论办前往尼泊尔签证的事，她选择加入他们。后来他们一行人决定搭乘拉萨前往尼泊尔加德满都的大巴车，青年旅舍老板表示愿意寄存小曼的行李，就这样小曼带着轻便的行李前往尼泊尔大半个月。

小曼非常怀念尼泊尔的那段经历，“我好喜欢尼泊尔，因为我觉得非常真实，当地人没有钱但很开心，他们一个月可能就500元，这还算高的，酒店前台可能就300元工资，你看他们的房子也破破的，但很有风格”。在尼泊尔就是“瞎逛”，她经历了尼泊尔的风土人情，与同车的小伙伴熟悉起来，这也为其之后再返回拉萨的新生活打好了基础。小曼在尼泊尔漫无目的晃荡的日子直到过完中秋节（2013年9月19日）才结束。当再次搭乘大巴车回到拉萨时，小曼已经没有钱了，她联系青年旅舍问是否可以入住沙发客，因为没有钱便帮忙打扫卫生，青年旅舍老板看她勤快便招收其为义工。有了住处，她开始想办法解决收入问题，她联系到同车的旅游者，然后帮忙摆摊卖尼泊尔围巾。摊主把剩余的存货都转让给她，她通过卖围巾一个月赚了五六千元。不摆摊的时候，她就沿着拉萨的街道闲逛，独游过程中的新日常开始建立起来，“我就天天在那儿逛，背着小包，带着手机，走街串巷到处玩，因为拉萨寺庙很多，经常走到一个废弃的寺庙，走到一个被烧的寺庙，走到一个乱七八糟的地方，就找一个小咖啡馆坐下来”。直到从拉萨返回，她的父母才知晓她曾前往高原地区。2014年，她再次去拉萨独旅，重拾摆摊行当，因为她对拉萨很熟悉，经由朋友介绍体验了一次策展人的工作，逐渐发现自己喜欢的工作。

拉萨丰富的经历和体验也打开了她对于他者的认知，“我们之前在拉萨的时候，见那么多新鲜的事物，见各种各样的人，用多种多样的生活方式，就会觉得人可以是各种各样的”。这一次漫长的独游为她日后多次往返拉萨留下了深刻的印记。而后的几年间，她如果遇到不好的事情便会启程前往拉萨，她将其比喻为一种“治疗”，“情绪不好就会在路上治疗自己”。拉萨也成为小曼的归属之地，“有时间会去拉萨，是一种归属感”，“我对拉萨的每一条街道都很熟悉，我觉得拉萨给我的归属感要比其他任何地方都要强烈”。

小曼在2013年下半年的独游持续了将近半年，是以原有的日常生活为基础的一次创造。将日常生活的惯常模式截断并向外牵拉，生活经验被新经验填充、扩展，但是这种新扩展的生活模式不一定稳定，会再次发生变化。在形成稳定的生活模式之后再附加新的独游经历有可能会再次形成编织的形态（如小曼之后做青年旅舍店主）。旅途中她展现了更加鲜活的生命力和多样的生活方式，她表现出自信应对外界环境的能力，“我在路上感觉很自信，不管我穿得多丑，我打扮得多奇怪，因为很开心，就会很自信，就可以感染到别人”，“在路上非常自由，没有人管你，其实就是很新鲜，还有一点我觉得我在路上的感觉，是把所有事情都安排好，我是那种环境越差越能把事情做好的人”。

小曼在2014年结识了来自云南的男友，跟随男友开始了在大理的生活。2018年俩人分手，这期间没有成长，就是“看山不是山”的状态。分手后，小曼再次启程前往拉萨，在拉萨待了两个月。后来随着时间的推移，慢慢地，自信又回来了，她还找到了自己喜欢的东西（开青年旅舍、跳街舞、室内装饰）。

创造性和心理韧性是她认为重要的特点。日常生活中固然会因为其他突发的情境对日常边界造成破坏，但是独游是具有高强度突发性的情境。独游是旅游者将自身抛入突变的环境中，任其环境发生变化，在个体与外界的不断碰撞中去发现，进而扩展日常生活的边界。“我觉得出去玩的人身上都有一个很重要的特点，就是生命力强，把他们扔在任何一个环境里都能好好生活下去。就像我去新疆，我在新藏线上不管以后能不能过得很好，但很开心，就像树一样，怎样都能活，不像很多人一定要住星级酒店，要跟着别人的攻略走，去打卡，为什么要去打卡别人的东西，而不是创造一个东西出来给别人去打卡。”

启发性与自反性是生活风格扩展的动力所在，个体面对外界变化，打破了原来日常生活中的一致性，实现了一种自我启发。创造性不是自己发现的，是通过旅游历练逐渐浮现的，是被蒙蔽了的先验的。正如小曼通过漫长且记忆深刻的独游，打破了自己原有的生活风格，在个人事业、自我觉察、人际关系等方面都做了扩展，同时也从中找到了持续发展的动力。

“也许你会通过其他方式，但是通过旅游你会更加认识自己，知道自己是什么性格，知道自己喜欢什么样的人和事，你就会朝这个方向发展，不会盲目。所以我觉得旅行还挺重要的。”

## 7.2.4 生长型的特征及其案例分析

### 7.2.4.1 生长型的特征

独游已经和日常生活基本无差，个体不断体验独游但又会回到原来的日常情境之中，不稳定的日常生活和固定模式（周期固定或者旅游的模式固定，因此独游的圈层是实线）的独游相交叠加构成完整经验，逐渐成为个体的一种新“日常”，并且具有日常的节奏。女性独游者可能“一有空就会选择独游”，这成了一种习惯性的休闲方式，整体的经验在不断延伸与生长。这种经历对日常生活有着实质影响，实质影响指的是独游中新的经历会被移置到旧有的日常生活之中。一种是无序的结果，女性独游者在旅游情境中稳定下来，构建新的日常，而新的日常又会再次发生变化，类似于扩写型后续短暂的稳定发展（但又有黏着性上的区别）；另一种是有序的结果，在日常生活与独游生活之间发生交叠，类似于编织型。生长型图示见图 7–5。

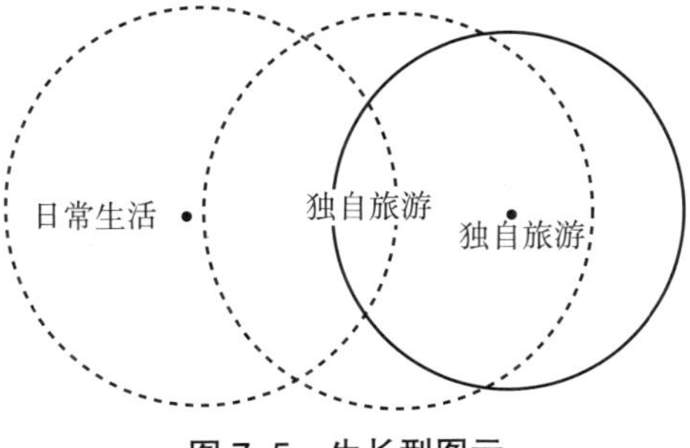


图 7–5 生长型图示

女性独游者旅游的时间可能不长，短时独游又迅速回归原来的日常生活，但是这个日常已经是独游和旧有日常作用后的“新日常”；相似性在于越来越趋于常态化，相较于女性独游者扩展的日常变得越来越稳定。扩展型较为特殊，也较少见，如从事旅游工作、退休后的女性独游者。

#### 7.2.4.2 生长型典型案例：不断出发的琴姐

琴姐，60多岁，南京人，高中毕业后被分配到园林绿化事业单位，已经退休。她说，“简单点说就是在家无事就出来独游”。琴姐的丈夫还没有退休，儿子已经工作并且订了婚。笔者与琴姐相遇是在丽江束河镇上“背包十年”青年旅舍的晾衣台。刚见到她的时候笔者以为她只有40岁，没想到她已经退休了。她很爽快地答应接受访谈，还约了后续的正式访谈。

在前往云南旅游之前，她自己一个人从南京出发自驾去了杭州，因为在家觉得有些无聊。琴姐感慨自己退休后的心态是“无聊的”。“一旦你退下来，刚开始的时候还有一点兴奋，觉得不像上班的时候总在赶时间，但时间长了，就会觉得很无聊，真的很无聊，就觉得我这个年龄在家好像无所事事。”退休前，琴姐是个会计，退休后她不知道做些什么，生活的日常开始变得不稳定。琴姐退休几年后才实现独游，现在一有时间就会选择独游，已经有多年的独游经验。她自己评价道“现在才出来感觉来不及了”，独游带来的积极感受让她不断选择一个人旅游。

之前琴姐父母在的时候，她会和家人一起出去旅行。第一次独游是因为母亲过世，为了缓解悲伤的心情，琴姐独自去了内蒙古（南京飞海拉尔）、东北三省一带，共22天，也经历了自己第一次和陌生人拼车、在民宿老板家拼饭。第一次出游还不知道有青年旅舍可以住宿，选择的是住在连锁酒店，然后询问前台哪里值得游玩。她这么评价自己的第一次独游，“能力得到了锻炼”，“讲真心话，第一次出去后胆子就大了，一个人在一个陌生城市刚开始是害怕的，但两三天后就不再害怕了”。

琴姐是通过自己小心翼翼探索的方式进行第一次独游的，第一天晚上入住连锁酒店后她出门在酒店附近走了走，因为周边是闹市区，相对安全；第二天晚上“胆子就更大一点，要去看看”，就在稍远的市场走了走；第三天由于结识了新的朋友，“突然就放开了，胆子更大了，就很有安全感”。此时，琴姐的独游模式还没有稳定下来，但是其独游中的一些行为方式和其日常所熟悉的方式有些类似，例如逛市场、在附近溜达，呈现与日常的相似性。后来她的旅途越来越随机，从海拉尔一路北上到了北极村，然而由于机票是海拉尔往返南京的，她又从黑龙江折返至内蒙古，中途没有买到卧铺，在齐齐哈尔下车自己去吃了一顿齐齐哈尔有名的烤肉后又前往另外一座城市才再次踏上返程之旅。这一次让她有了再次独游的意愿。

她在旅途中也会和家人视频，出发前丈夫很支持，会帮忙查旅游攻略，一起做规划。但琴姐喜欢走“小众”线路，不再满足于丈夫帮忙规划的线路，于是尝试自己探索新的体验。周边的朋友会很不解，为什么她要一个人跑这么远“十几天不在家”，会问她是不是和老公闹矛盾了。她不予理睬，因为别人也不会理解。琴姐平时满足感其实挺强的，家人一直很支持她独游。孩子长大了有自己的生活，她认为不需要再多加干涉，多留一些时间给自己，将自己的生活过好是她所看重的。

访谈当天是她到青年旅舍的第二天，而前一天她刚从迪庆包车回来。拼车途中遭遇了雨季的“恐怖”——车子途经道路上方的石子滚落。前一晚她刚抵达束河这一家青年旅舍，放下背包就与新结识的旅游者一起去了周边的白沙古镇，过完了火把节，半夜 12 点跑了 5 公里才回到青年旅舍。她喜欢用口头禅“说真心话”来表达她内心的激动，还有在旅途中让她为之动容的故事。在知晓她的年龄后笔者一时不知道称她“阿姨”还是“姐姐”，她回复说，“我从来不讲年龄，大家都喊我姐（就行）”。年龄并未限制她的心态和角色感受，她坦然融入周边与她年龄相差极大的“小伙伴”之中。云南之行，琴姐第一站是大理，但是她并没有先前往大理，而是提前在楚雄下车吃了一顿菌子火锅。之后才经由大理北上去了迪庆。琴姐在迪庆玩了刺激的攀岩、溜索、速降等项目，这让她既害怕又兴奋。

先前在平遥的一次独游中，琴姐淋了雨，身体不舒服。她对私人诊所的技术有些担忧就打算在青年旅舍内自己休息恢复。青年旅舍的前台小姐姐煮了粥并且连续几天照顾她。当时琴姐没有与家人分享这段一个人在外感冒发烧的经历，只是以手机信号不好为由没有再与家人联系，直到后面好起来才讲给家人。琴姐独游与日常生活的黏着性在于家人对琴姐的牵挂，还在于对旅途生活中日常琐事的关注。她在旅途中喜欢找乐子，比如和家人、朋友分享滚筒洗衣机的衣服在转动，分享自己住的地方叫“鸽子笼”；和旅途中遇到的旅伴组成的微信群名叫“东北大忽悠”，与朋友（自在地）开玩笑地怼对方。她选择发布朋友圈记录自己的旅游，作为一种“证明”，分享独游属于“自我”的世界。

独游一段时间后她会选择回家休息和整理。不出门独游的时候，琴姐会在家看书学习，有一次去日本旅游之前她还特意参加了英语班和摄影班。她对独游的态度很中立，不过度褒奖也不过度贬低，“在家门口也有危险，对于环境都是从陌生到熟悉的，还是要在安全的前提下对生命负责”，“旅游不是玩，是进入这个社会”。她说她的格言就是，“能出去走的时候就多出去看一看，开心最重要”。访谈结束后，琴姐又一次次地踏上独游旅途，建立了与独游交叠的日常，足迹遍布西藏、海南、广西等地，实践着她的快乐生活格言，年龄对于她而言并不是一件不开心的事。作为观察者，看到她在朋友圈发布的照片中年轻阳光的状态，笔者也备受感动。

## 7.3　对女性在个体化进程中的现实反思

通过女性独游现象，可以看到一部分女性处于游刃有余的积极状态，选择自由的工作和生活方式，灵活利用自己的假期在自己身处的性别角色中弹性切换。性别视角下的女性并不是完全受制于框架，性别结构的影响可以在女性独游进程中短时静止、暂停、隐现，并且女性个体的力量也会对性别化的限制进行“暗中消解”。独游作为女性性别之外的个体实践为女性带来实践机会，也带来创造性建构生活的空间，与女性其他积极实践生活的手段相类似，比如利用鲜花消费搭建起自己的精致化生活（林晓珊、朱益青，2019）、小镇女性以更加自我的身体投资消费建构个体的身份认同（赵杜灵，2021），以及进入都市的中年女性为重新融入新的群体参与广场舞（杨君、冯燕，2017）。

不过从独游女性的年龄特征、工作特征也能够看出，个体化进程给女性带来消极的影响。育龄期的女性仍然深嵌于家庭角色当中，从所调研的女性受访者来看，大部分女性都还没有成立家庭以及生育子女，而育有子女的独游女性其子女皆已成年（接近成年），中间育龄期的女性出现了断层。农村女性群体也在女性独游者中鲜见，表明女性还没有大量的机会实践独游。

从更宏观的意义上看，性别结构框定以一种隐性的方式存在。在当下复杂的现代性社会中，女性在传统性别期待以及现代独立身份之间博弈，周旋于母职、就业工作、亲密关系和独立生活之间，许多女性选择放弃自己的生活来维持另外的几种责任（陈纬、罗敏敏，2022）。在家庭与婚姻的社会学研究文献中，女性几乎被定义在女性化的角色之中，然而精神分析的观点则有力地指出女性的妻子与母亲角色定义具有排他性，将女性在生活领域其他类型的角色排除在外（奥克利，2020）。

在工作—家庭冲突研究领域，有学者认为女性很自然地被社会认定为母性角色，而男性则被期待为工作者的角色（Corwyn & Bradley，2005），实际工作中男性的工作性质与工资进一步强化了工作角色的预期（Grönlund，2007），反过来又弱化了女性在工作中的预期角色，家庭领域的责任仍然属于女性，并且在育有孩子之后压力会越发明显（Bergman et al.，2008）。郑会曦和缪菁（2021）对网络热词（“中年少女”）背后的个体化表征进行了讨论，认为女性试图超越传统性别角色自我以及超越集体性意图，却由于恐惧身体衰老、向消费主义妥协，并没有实现个体化目标，面临的仍然是家庭内部劳动分工没有发生本质性变化的困境。女性在生育后由于生育遭受的负面影响以及系统性困境被称为“母职惩罚”（马丁，2018）。由于女性对小孩和老人的照料在不同生命时期存在差异，形成了“M”形的就业路径，在生育小孩离开工作之时处于“M”的最低点，随着年龄的增长，照料老人的责任增加，女性又会逐渐减少工作，家庭政策需要着力平衡女性的家庭与工作冲突，预防女性退休后面临家庭责任增多和老年贫困，保证女性的老年生活。老年女性一般承担照料老伴、儿女及孙辈的责任，家庭负担较重（杨宜勇、吴香雪，2017）。

从历史进程中的性别角色和性别关系发展特点来看，女性的性别角色经历几次转折，目前仍表现出消极的状态。从新中国成立到改革开放前，女性整体的性别关系特点表现为“一性化”（吴小英，2009）。改革开放之初，中国庞大的女性工人群体进入工业现代化的适应与调整进程中，为中国经济做出了突出贡献（田艳平、姜奕帆，2021）。由于国家推动家务劳动社会化，建立集体保育院、食堂，以及后续实行的计划生育政策，减轻了女性的生育负担，再加上“男女平等”“同工同酬”的法律保障，女性的独立性大大增强；20 世纪 90 年代以后，单位制转型，女性再次被抛入私人领域重拾家庭事务的重担，女性的主妇化现象也逐渐显现（胡益頔，2021）。

女性独游现象体现的女性个体性力量反映出部分独游女性及其他不能够实现自由独游的女性遭遇限制时的无力。智联招聘网发布的《2016 年职场妈妈生存现状调查报告》《2018 中国女性职场现状调查报告》显示，女性管理人员缺失；生育造成的工作中断是性别隔离的主要因素；企业给予女性的福利待遇较低；企业家“女强人”仍然孤身奋斗（何雅菲，2019）。世界银行的统计数据表明，中国总生育率自 20 世纪 90 年代初期开始处于平均以下水平，甚至逐步接近国际公认的“低生育陷阱”指标（张抗私、王亚迪，2021）。中国女性平均初婚年龄已由 1982 年的 22.37 岁提升至 2017 年的 25.60 岁，接近日韩女性终身未婚率开始急升的 26 岁（陈卫民、李晓晴，2020）。

女性的权力保障在国家政策、制度层面开始受到重视。2021 年 9 月由国务院印发的《中国妇女发展纲要（2021—2030 年）》强调了性别平等对于社会经济发展具有重要意义，围绕女性事业在健康、教育、经济活动、决策、管理参与、家庭建设等八个领域提出了发展目标和策略措施。在理念层面，通过政府干预、家务劳动社会化以及高质量公共托育服务体系为家庭功能提供支持，为母亲提供高质量的再就业机会，促进“理想照顾者—母亲”的观念转化；推进对于女性的教育，在教育和大众传媒领域逐渐改变现有的性别规范和刻板印象，创造性别平等的文化环境（陶艳兰、风笑天，2020）。何雅菲（2019）通过“目标—工具—功效”三维理论框架对中国就业保障政策进行了梳理，发现政策的特点是以政府命令为主、以市场与企业的刺激和鼓励工具为辅，但辅助的政策力度不足，提出了法治治理、公司治理、市场治理和网络治理联合机制。不可否认，男女之间的差异与生俱来（生理、心理），只有认识到这种差异然后合理地区别对待，才能做到真正平等，并不是说绝对平等就是真正平等。保护女性权益被写入法律是考虑到女性在某些方面的确更容易受到侵害，因此给予特殊保护，不能说是一种歧视。同时应关注女性发展，释放女性智慧。女性被赋予权力的内核而不是权力的表象。

另外，在以个体化为特征进程的现代社会，如何实现“社会团结”已经成为深刻影响着现代人“共同存在”及其日常生活的重大现实课题（贺来，2021）。贝克在其书中谈道，“要成为个体，你就得去建构和创造你的主体间性”的新型伦理构想（贝克、格恩斯海姆，2011）。独游情境提供了一个性别建构弱化情境的女性个体重新与他人建立联结的短暂机会，而独游过程中个体的实践也反映出个体与他人相互依赖、彼此负责、共同促进的联结，或许这也意味着人与人新型的松散性质的“共在方式”的可能性。

## 7.4 小结

本章基于日常生活和旅游的关系，探讨了独游情境中的独游生活与日常生活之间的关系原型。以生活的相似度以及黏着度为划定维度，分别划分了尝试型、编织型、扩写型、生长型四种独游—生活关系类型，并分析了特征，对典型案例做出深度剖析。基于以上分析，表 7–1 列出四种类型之间的区分特征，生活中心指代抽象图示中的圆形中心，关系强度表示两种生活之间的差异性程度，意义影响代表在某些方面发生转变的结果。

基于先前的研究讨论可以发现，在旅游—日常关系对撞的认识阶段，旅游对于大众日常生活的积极影响是填补式的。对于个体的意义在于人们在日常生活中失去了本真性，而旅游则成为实现其本真性的途径之一，在旅游之后能够重新适应生活（Wang，1999）。该特征在尝试型和扩写型中表现明显。研究者对于旅游—日常关系认识更为缓和，认为两者之间是交织或者相互影响的辩证状态。

**表 7-1　四种类型之间的比较**

| 类型 | 生活中心 | 关系强度 | 意义影响 |
| --- | --- | --- | --- |
| 尝试型 | 不变化 | 弱 | 弱 |
| 编织型 | 不变化 | 弱 | 强 |
| 扩写型 | 不偏移 | 强 | 强 |
| 生长型 | 偏移 | 强 | 强 |

资料来源：研究者根据分析总结。

需要说明的是，四种类型之间存在类型的变化，且每个个体本身由于其经历的复杂性，存在多种类型并存的情况。尝试型是最初的形态，如果相切点有意义，并且女性独游者有继续独游的意愿，可能会演变为编织型、扩写型和生长型；编织型不可逆向变化为尝试型，但是可以变化为扩写型和生长型；扩写型待独游与原有的日常生活相接稳定后，可能会变化为生长型；生长型是较为特殊的型态，不能变化为其他几种型态，独游已经渐渐成为一种习惯、一种新的日常，交织于日常生活并且给日常生活带来较大的影响。每个个体独游与日常的关系并不是单一的，为了进一步理解关系原型本身，本章选择案例中能够突出该类型特点的故事做了深度描述与剖析。

# 8
# 结论与讨论

## 8.1 研究结论

### 8.1.1 独游已成为当代女性性别角色基础上的一种特殊个体实践

#### 8.1.1.1 从刻板角色转变到多元的女性旅游者形象

旅游研究中女性常被赋予“物化”的消极形象，或者在与他人同游过程中扮演为人熟知的“母亲”“妻子”“女儿”“好友”的形象。例如，在女性旅游过程中会连带出角色压力，有的研究者通过批判性话语分析中年女性澳门之旅的游记文本，揭示了中国城市女性在享受放松和养尊处优机会的同时，还要担心履行好母亲、好妻子和孝顺女儿的传统角色所面临的压力（Zhang & Hitchcock，2017）。即便在放松情境的休闲旅游中，女性仍要面对来自多方面的压力，例如照顾家庭的责任（Zhu et al.，2020）。

研究者 Ong 和 Du Cros（2012）对中国在线背包客论坛的话语空间展开讨论，注意到这些背包客社区是高度性别化的：男性和女性背包客被期望履行他们的性别角色，男性是自信的、冒险的，女性则是顺从的、温柔的。这样看来，如果单纯以多元形象以及弹性行动来看待女性的独游，似乎有些悲观：女性独游只是对生活短暂的调适，似乎摆脱不了性别角色的限制。不可否认，女性在某些情境下的负面形象常以刻板印象呈现，这通常是女性在受到性别结构化影响下的被迫选择。本书在前述章节已经对不同叙事主体中独游女性形象的特征展开了讨论，认为女性的形象塑造在不同主体的叙事中是多维的、存在差异的，甚至是矛盾的，是某些情境下由不同主体叙事得来的，而在非女性主体叙事的情况下，独游女性的形象是被动化塑造出来的。贺萧（2017）在研究农村妇女口述史时指出，妇女会选择独特的行动方式反过来作用于文化结构带来的影响，农村妇女们借用“好女人”这一长久以来的文化概念来强调女性的勤劳能干、灵活处理人际关系的品质，并且在家庭领域和公共集体领域以不同方式实践着。社会性别的单向结构化作用并不能完全对单个的人进行解释，也不能对女性的多样化处境进行整体概括，女性故事中呈现深刻的代际烙印以及女性复杂的态度都提醒着研究者，社会学性别不是“唯一”的分析范畴（贺萧，2017）。

独游女性在面对当下复杂的现实处境时，性别的影响并不是自始至终的，虽然性别特征在形象塑造、行动方式中间出现，但与此同时，在独游过程中还可以看到更多发自女性个体的为其个人发展、个人朴素化生活起作用的实践。通过前文的研究可以发现，在媒体传播中她们要么是“独特的”“异化的”，甚至是英雄主义式的“女权偶像”，要么是容易受伤害的、被动的。整体上女性独游者是被“特殊化”看待的，也正是这种特殊化的塑造形式使女性独游者的形象被再一次填充刻板化的内容。但是女性在实际独游过程中可以是知识储备学员、问题解决能手，也可以是生活意义达人、文艺风格女性独游者，总体上呈现模糊性别特质的多元形象，而且形象与形象间可以融合与切换。传统性别观念范畴以及与性别相关的文化对女性角色给予的属性不会立即消失，却会成为女性在面对新挑战时的反思支点与批判支撑（佟新，2021）。

#### 8.1.1.2　女性独游体现为弹性行动

女性独游不是模板式的，其内容不仅拘泥于从脱离女性形象到旅游过程中的性别反抗过程，而且以往的性别建构视角还不足以理解现象背后的丰富意义。

将视角放置在历史维度上，Yang 等（2017）通过历史文献梳理了亚洲地区不同年代对女性旅游的态度和观点，其中中国女性的旅游方式以及态度和观点随着历史的变迁发生了一系列变化。例如，在 17 世纪（明清）

以前，女性通常是作为男性旅游者的同伴出游的，常见的有“随官宦游”形式；20 世纪早期到中期，仍然是同伴式的出游，极少能够独游，并且女性的传统角色明显突出；现今，女性旅游中出现了专业性质和小团队性质的旅游，在其中可以观察到矛盾性的性别态度，而在中国台湾，女性则热衷于背包旅游或是独游。独游最明显、最易识别的特征便是对性别权力的反抗以及脱离传统形象的限制，却也从某种程度上带有一定的二元对立价值意涵，女性个体发展的机会从中变得缺少自由空间。

随着女性传统形象的脱离，女性个体性的寻找成了可以顺接二元对立价值的重要命题，这也与个体化进程中女性在脱嵌后的再嵌入过程相契合。研究者的视角也多关注女性独游者的赋权以及能力的提升。但是鲜有对于女性独游与日常连带的关注，在独游与日常生活之间呈现复杂的弹性变化关系，这也呼应了 Zhang 和 Zhang（2022）基于“选择性不插电旅游”（selective unplugging tourism）情境所揭示的旅游与日常“交错交织”（interlacement）关系的观点。

将女性独游理解为弹性行动，可以缓解角色转换后带来的对立感。女性角色不是成为原有传统家庭角色的对立，而是变化到多元形象，但多元形象并不会为女性核心力量本身带来负面影响，因为弹性行动中的自由度和个体力量的再附加削弱了角色转化冲突带来的负面效应。自由空间意味着性别角色施展的自由性，在女性当下形象与原有形象之间虽然具有一定的差异性，但并不是颠覆性质的，女性聚焦于当下独游个体的形象，传统的角色被暂时搁置；当回归日常生活（尝试型、编织型）或者扩展（扩写型）与衍生（生长型）日常生活时，原有的性别角色会再次回到女性个体本身；这次回归并不是对女性力量的削弱，因为即便女性会承担多重责任，但是女性从独游中获得的灵活性、联结感以及新经验又反过来为女性增加了应对日常生活风险的力量。

### 8.1.2 独游为女性提供了再创造的空间

女性从原来的结构化日常进入变化的独游过程当中，离开原有的日常关系，其个体的主动性、创造性在独游过程中被凸显出来，都被囊括进独游当下的时空中，形成一个新的创造空间（Chora）。Chora 意味着在生成及存在之间，个人利用空间并赋予其意义（Grosz，1995）。休闲领域的研究者 Wearing（1996）为了凸显旅游者的主体性、主观意义和自我想法，强调人际关系并从女性化的视角看待旅游目的地，将目的地看作创造性的 Chora（最初起源于柏拉图的哲学概念）空间，而旅游者则称之为能够在其中不断展现创造性的“Choraster”，也由此表明旅游目的地再生产的特性。

在创造的空间中，首先，从女性实践的个体层面分析来看，独游女性通过突发的事件累积经验，以及通过在独游中的日常行动获得日常生活带来的意义感和价值感，进而获得对自己自信、能力的再确认。其次，女性通过独游获得一定的赋权感，这一观点回应了女性独游研究的性别和风险视角。研究所强调的赋权感是指消解了性别内涵，进而使得女性融入更朴素化的关系之中，这在一定程度上扩展了原有的“性别”“风险”所限定的具有“束缚”意义的框架维度。女性在受到来自其他女性独游者的启发（相遇、聊天、结识、共情等方式）后会引发新的独游，进而会引发连续“她者群体”的赋权，这就可能引起社会对女性群体认识上的变革（Yang et al.，2018）。无论是知识储备学员、问题解决能手还是生活意义达人，她们都通过发布自己的状态在网络空间中表达、塑造生活，也有可能在更广泛的社会、文化和政治话语中产生共鸣（Lövheim，2011），进而增补、改变甚至推翻在其他主体关系叙事、公共叙事中的刻板形象。

在主体层面，通过结交不同的陌生人，向陌生人表达个体经验、个体情感，进而与他者建立新的社会关系，创造属于自己的情感空间，这一点与 Janta 和 Christou（2019）对移民女性招待亲友获得尊重以及情感空间的研究相类似。独游女性能够在思想、偏好方面表达自我，能够体现文化、活动体验等具体情境上的差异性；在行为以及语言方面的表达能够让人们确认自我的感受及想法，能够确信自己。通过表达，我们能够观察行为、情绪；通过表达，不断反思自身，形成新的理解和表达内容，进而能够更加精确地了解自己（Kim & Sherman，2007）。

那么，女性在独游情境中拥有的是一个“阴性”意义的表达空间，女性个体在其中进行了日常的再叙事以及再建构，个体外显出内在性。表达空间又是具有创造性的。个体的表达空间具有创造性的内核，可以转换多元角色形象。表达空间具有再生产的含义，不仅指单纯意义上的物理空间和抵御外在性别化风险建立起来的风险缓冲空间（Yang et al.，2018），还包括女性在独游过程中建构起来的情感空间，装载惯常生活中的关系维系以及拓展新情境下的他者关系，三种空间交接之处形成了表达空间，并表现在具体行为上。例如，女性独游者在进入独游情境之中的变化过程、日常与独游情境的交织关系，以及与陌生人交往的过程，在旅游点滴、友善行为、友谊相伴、情感牵连、参照—反思情境下，女性可以纾解日常生活中压抑的部分，表露自我，同时获得人际交往基本的联结感，甚至是深层“情感共舞”，反映出表达空间中女性内在性的呈现以及生成、互动和情感性的特性。

### 8.1.3 女性在独游过程中发生了超越性别建构的转变

女性不仅在关系中存在（吉利根，1999），也需要成为独立的个体。但是在女性旅游研究领域，更多的是从性别差异、风险感知的局限视角出发来看待女性旅游者，女性独游活动也被看作“面对性别—获得自由”的二元程式化活动。女性旅游者个体的丰富性被模糊化了，女性不只存在于性别角色之中，还有超越性别建构的可能。

通过对女性独游过程中的行动进行分析，研究得到女性独游过程中三个维度的转变：一是从规定式到随机式行程安排的转变，二是从独行到结伴的旅游关系的转变，三是从性别角色到个体实践的转变。在行程规划的转变方面，在经验不足的独游女性那里，性别建构的影响有一定的消极作用，一些独游女性需要做好充足准备来应对未知的性别化风险。然而随着个体获得的经验增强，女性个体做出决定的自主性已经大于性别结构带来的被动化影响，能够以积极的姿态来自如应对变化，由此变化为“先去了再说”的行动方式。

关系的变化是独游过程中性别规范发生转变的较为重要的维度。正如关系叙事中所体现的，女性可能会面对日常生活关系的限制，在这里性别互动发生了作用。在与独游女性相关的他者看来，因为她们是“女性”，就要表现和实践女性性别（doing gender）的行动，但是在独游情境下，女性能够从自身的体验、感受和情感出发与他者建立由浅入深的人际关系，女性个体的自主、能动已经成为实践的主导方。

从性别框定到个体实践是超越性别规范最为明显的变化，独游女性的自我赋权和日常转译的方式以更加聚焦个体的方式，超越了原有的性别建构规范带来的影响。女性独游者也越发倾向于更灵活、多变的个体生活风格。虽然在整个独游过程中发生的转变不一定都会带来积极意义，但更多的是不能忽略女性独游者应对变化时的动态过程。

### 8.1.4 女性独游呈现出个体生活突破性别制约的可能性

贝克在《个体化》中所讲的个体化进程，女性从“为他人而活”到“过自己的生活”，女性困在“不再”和“尚未”之间，即女性不再完全附属于家庭，但尚未获得完全的风险控制，在家庭中仍然要承担责任。经过前文的讨论，发现柔性个体的生活风格具有延展性，在这种高度不确定的进程当中，可以看到独游提供了女性抽离当下性别制约生活的一种可能性。在独游情境中，女性形成了独游与日常生活之间的“尝试”“编织”“扩写”“生长”四种交错关系。这四种交错关系也为突破性别制约的、多样化的、个性化的生活风格提供了可能的路径，表现为尝试型——意义起点、编织型——扩展线、扩写型——再造、生长型——衍生四种路径。

就身处尝试型关系之中的女性而言，独游为其提供了一个暂时的转折点。虽然独游提供的新情境的转换不一定彻底，但女性正是在这种短时的切换中，其原来日常生活中的性别制约得到了隔离。虽然可能会遭遇独游中新的性别制约（如男性的凝视），但更多的是获得一次对未来日常生活进行改变的可能尝试。一旦独游与日常生活的相切点产生意义，女性在主观意愿上会选择下一次独游，也就为生活风格打开了延展空间。

就编织型而言，女性在多次独游经历与日常经验的重叠中形成了一种交错。因为独游与日常生活经历是“隔离”的，再次将日常生活中的性别制约隔离，在新的情境中衍生出新的人际关系，甚至也会发生新的生命事件。女性在独游情境中可以拓展出雅致的生活，或者在结交陌生人过程中体验人与人之间的交流，或者在独游情境中再次重建日常，为原有的生活附加一层新的反抗，实践性别制约关联性不大的生活经验及意义。

扩写型女性生活风格则拥有“再造”的可能路径，女性独游者选择通过独游完全改变原有的生活风格，或脱离原有的日常，或切断原有的生活关联，彻底隔断原有生活中可能的性别制约，进而在独游途中重新搜索重建日常的素材，实现生活风格的再造。在独游扩展的过程中也有可能再次重新遭遇性别制约和风险，但女性呈现的是更加灵活多变、自主化的行动控制风险和制约。

不同于尝试型的点状改变特征、编织型的线性叠加特征和扩写型的转变特征，生长型的生活风格类似于元素的不断富集，通过一次次独游，在原有生活风格已经濒临松动的基础上衍生，在个体生活风格经验上累积，性别化因素所起到的限制作用也就逐渐减弱。

不同生活风格变化路径是在静态化“形象”（to be）要成为什么的基础上的整体“行动”（to do）的动态化体现。独游也是女性在应对生活风险冲击后自主进行的风险应对及规避方式，并且在这些独游与日常交织中映射出与女性生命历程相关或者与其生命重要事件相关的叙事特征，涉及女性的就业选择、婚姻、原生家庭关系、亲密关系、人际关系、自我成长发展等一系列问题。这也契合了当今女性主义思潮，一方面指关照女性在性别化消费文化中选择生活的困境，另一方面又指女性摆脱性别压迫的解放政治议题（黄燕华、易林，2021）。

## 8.2 研究讨论

### 8.2.1 柔性个体的概念提出与讨论

#### 8.2.1.1 柔性个体的内涵与特征

个体化理论强调了个体在“脱嵌—再入嵌”的过程以及个体在过程

之中的被迫选择和个体风险的承担。但是还未注意到个体在结构化、流动性的过程中自身的特性以及处境应对，个体通过多样的实践来应对风险，但最根本的还是在于个体并不是单一化、僵硬化的。在社会的“压褶”中，即在个人层面的社会现实折叠的版本中，不再被简单地归类为阶级、宗教、文化或者生理性的性别，而是多元要素介入后相互交融的作用整体（拉伊尔，2021）。柔性个体在不同叙事情境中呈现多元形象，在独游过程中行动，以及在日常和独游交织情境中灵活协调。在独游过程中，女性独游者可以将自身重新编织进人际网络之中，暂时离开原有的性别语境，从性别的展演（performing girl）切换至柔性的个体特征（flexibility individual）中。

柔性个体的特征体现在策略行动、应对变化接受程度以及自反逻辑三个维度。首先，在策略行动上，柔性个体能够以令人察觉不到的，又不破坏关系的方式进行策略选择与实施，为柔性个体提供持续的、变化的动力来源。以往女性独游者常集中于性别化视角，女性被放置在消费市场关系中，并且经由市场化建构出的形象具有负面意义，例如物化的形象，往往忽视了女性在性别形象建构中的应对策略。在女性独游情境中，发现独游女性在关系叙事与公共叙事中的负面形象以及带有意识形态牵连的形象，但是女性个体在这种形象建构中运用了一定的个体策略，例如在关系叙事中的“戴假发”行动、反抗性行动，以抵消来自他者对于个体自身的冲突；同样地，在个体形象建构中，个体也发挥了不同的策略选择，可以是突出自身认知的知识储备“学员”，也可以是应对问题与解决冲突的“能手”，还有可能是在生活意义建构上的“达人”。柔性个体在各种形象间周旋、游走，在经验流的“to be”中呈现直观形象，但这个形象并不能触及个体的内核，类似于构建起柔性个体的表层“细胞膜”材质。

其次，在应对变化的接受程度方面，柔性个体也为外界变化留出了巨大的缓冲空间，这为柔性个体的再塑造提供了安全保障。柔性个体可以以自身的经验流动来吸附变化。个体在不同情境之中切换的经验是可以参照他者的、参照个人经验的，也是可以参照社会例行规范、标准的。与心理学中心理韧性的作用类似，个体在接受外界变化时仍然可以呈现稳定的状态。柔性个体的创造性为接纳变化开辟了空间。例如，在女性独游情境中，独游过程不是一成不变的，变化来源于外界环境，也来源于个体的行动参与。行动参与便是从个体的创造性中体现出来的，从个体的转变规划、转译日常以及与他人建立新的联结中呈现出来的。柔性个体应对外界变化的程度强，不是僵化的、封闭的，而是“开口通道”式的，允许新变化进入，且进入后有留存空间，并且会在策略行动的指引下对新经验进行吸附、改造，以及再建构。

最后，柔性个体的特征维度在于自反逻辑。这一点也是对法国个体社会学立场中杜贝提出的个体社会经验逻辑论点进行的讨论。杜贝在其理论中对个体社会经验的处理方式进行了总结，个体通过整合逻辑、策略逻辑以及主观逻辑来应对周遭世界的变化，进行统筹处理。杜贝强调了行动者以自己的方式将整合逻辑（涉及社会角色的）、策略逻辑（来自市场涉及个人利益的）以及主观逻辑（个人价值观的）应用到实践之中。杜贝未提及联结三种逻辑的另外一种自反逻辑。个体是统一的整体，在行动中处理三种逻辑以应对外界变化。但是个体本身还具有自反逻辑，这在吉登斯的论述中有所强调，现代社会中越发明显的是个体的自反性，强调个体对于选择的反思以及选择之后对自身行为的自反性“监控”。

柔性个体的日常状态在整合逻辑、策略逻辑和主观逻辑上进行活动，在处理三者之间的张力时遵循的是自反逻辑，自反逻辑作用于每一种逻辑又在其间进行充分的协调。自反逻辑是指柔性个体处理另外三种核心逻辑时所采取的逻辑策略，既带有个体的主观色彩又带有社会经验性质。自反逻辑的灵活性决定了它是情境性质的，柔性个体在不同情境下能够采取不同程度的调节（并不一定完全处于中心），使得三种逻辑之间达到平衡。在独游中，女性在独游以及日常情境之中切换，在角色与当下的“形象”中游走，其中整合逻辑反映女性独游者本身的社会角色；策略逻辑反映女性独游者在独游过程中的人物关系；主观逻辑则是回应女性自身的需求（逃离、成长、精神需求等）；而自反逻辑是周转于三个逻辑之间，在暗处提醒女性独游者仍然要返回原有的“社会性别角色”中，但是又得在当下处境下自在行动。由于自反逻辑带来的动态性使得柔性个体的概念在一定程度上回应了主体形成的概念，有一种消解“积极—消极”二元主体框架的动态“生成性主体”（generative subjectivity）的形式存在（McNay，2003）。这就引发了如何研究个体的思考，若要研究个体—社会的形塑与互构，从个体一方出发，需要注意的是柔性个体的特征维度映射在策略行动、应对变化接受程度以及自反逻辑三个方面。四种逻辑之间的关系见图 8–1。

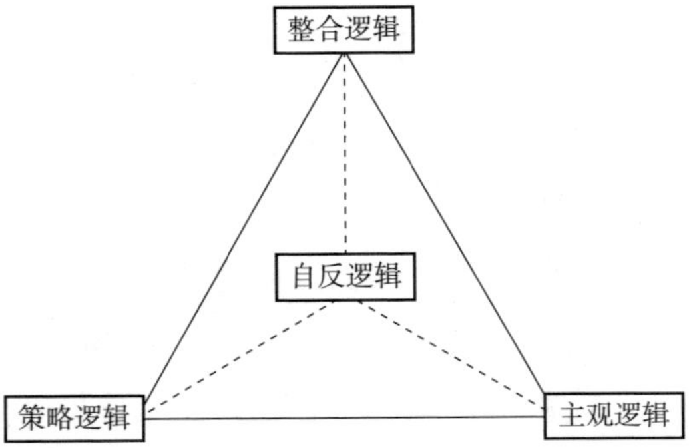


图 8–1　四种逻辑之间的关系

### 8.2.1.2　生活风格的韧性延展

生活风格的韧性延展承续了柔性个体的发展性与变化性特征。阿德勒个体心理学中的生活风格强调个体一致性的行动方式，通过设立目标并且为实现目标付出创造性努力及其与个体形成的亲密关系、职业关系以及社会关系都能达到一种协调平衡的状态。研究发现，在女性独游过程中出现了生活风格延展的情况。

生活风格延展体现在柔性个体创造出日常生活与独游生活的交叠变化。由于日常生活和独游生活情境的交织碰撞，出现了尝试型、编织型、扩写型和生长型四类关系特征。在这四类关系特征中女性的生活发生了些许变化和不同程度的延展与“拉扯”。

在尝试型关系中，独游情境还未完全成型，行动、旅游方式以及女性独游者的意愿都以一种极其不确定的方式发生，女性的日常生活发生了向外延展的可能切点，但这个切点还不明显，有待于意义灌注。此时的社会兴趣还没有发生大的变化，惯常生活中的亲密关系、职业关系、社会关系都未发生变化，整体的生活风格也发生较大变化。在编织型关系中，由于独游的经验逐渐成型，对当下生活产生了新的影响，因此独游开始对日常生活产生新的相交点，即“结”，如果有意义的“结”之间还会产生新的纹理，则会给惯常生活带来新的改变。诸如女性个体的创造性来源增多，新的经验得到扩充；发展的目标也随着行动的变化发生变化，以往的生活风格不再固定而是向新经验扩展。在扩写型关系中，女性个体以往的生活风格发生了更大程度的转变，生活重心发生了偏移，职业关系和社会关系发生了较大扩展，生活风格整体上向新情境延展。生长型关系则反映了个体生活风格在极其不稳定的情况下所发生的长程持续的切换，惯常的生活风格已经发生了萎缩，而独游活动带来了联结的新关系，以及在行动之中出现的新行动，使个体发展出新的创造性力量，在此基础上生活风格由萎缩再次趋向饱满。

在阿德勒个体心理学经典立场中主要强调的是心理低状态（自卑 / 空缺）在得到弥补之后的个体发展。在独游情境中，个体的心理状态由低到高发展，获得一种填补，出现在拥有“截断逃离”“赋能成长”动机的旅游者中；还会出现心理高状态向心理高状态的发展，可能会出现在持有“随机触发”以及“精神依偎”动机的旅游者中。心理状态变化见图 8–2。

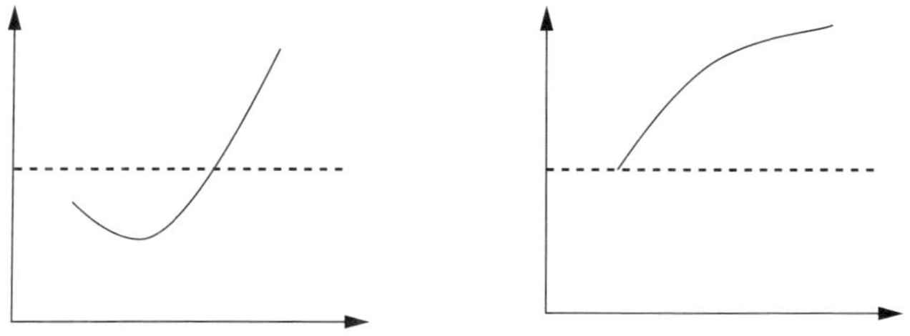

（a）低状态到高状态　　（b）高状态到高状态

**图 8–2　心理状态变化**

## 8.2.2　独游对于女性个体化适应的意义

独游对于女性个体化适应的意义在于，独游是女性“脱嵌—再入嵌”

个体化进程中虚线式的微小实践。对于女性来说，生命过程不再是传统的标准化模式，而是性别角色的重新配置和性别劳动分工等（Yopo-Díaz，2018）。

独游情境反映出女性自主选择可以是暂时的，并且可以迅速再次嵌入原有的生活轨迹当中。整体而言仍是遵循线性的“脱嵌—再入嵌”的过程，然而在宏大进程当中还可能存在诸多“断续的”“非线性化的”“断点式”的曲折微妙过程。以个体的生命历程为尺度，个体化进程可能对于个体在经历大转折时具有明显的、易于观察的作用，例如工作选择、离开农村进入城市生活、婚姻生活等；以个体的短期生活经历为尺度，则可以看到生活不同的小扇面，或者说小切片，在这种小切片之内还发生着微小的个体化进程。

对于女性来说，在日常生活中，她们担任多重角色——职场中的员工、父母的女儿，或者生活中的其他女性角色，而这些角色对于生命历程来说可能是长久的，是社会生活长时间形塑的甚至是无法改变的人生角色，但是对于短期的生活历程来说是可以切换的。吉登斯在结构化理论中提到了个体是在“持续不断的行动流”之中发挥作用的。在独游情境中，女性个体可以通过短期内不与旧的生活情境建立关联而暂时“逃离”；也可以通过与情境切换带来人际关系的切换，个体与周遭建立新的联结，纳入诸如旅游物（travel-ette）等新事物，编织新的生活体验而暂时“隔离”；再或者通过完全切换生活环境、重新建立生活秩序，进而发生角色的新创造。

女性作为行动者通过自身努力获得发展来抵御个体化进程带来的一系列风险。从前文可以看到，女性选择独游出于截断逃离、随机触发、赋能成长和精神依偎的动机，看起来是基于自身个性化做出的选择，但其实是女性在面临结构性风险时做出的规避和自我保护。自主选择灵活式工作的女性可能会遭遇制度保障不完善的风险，选择晚婚晚育甚至不婚的女性可能面临家庭情感压力，主动选择主妇化的女性之后可能会面临家庭负担的增加，以及退休后女性缺少社会生活参与的困境。即使社会媒体或者公众并没有对女性独游表现出积极态度，女性仍然会选择独游，遵循自己的选择，协调应对各种变化与风险制约。这些女性表现出基于个体层面对社会进程变化的反思和变通，超越原有性别角色范畴尝试多元化、灵活、弹性的个体角色实践，指向一种吉登斯所说的“生活政治”的广阔可能，她们既能够顺应个体化的宏大进程，扮演好自身在社会中的角色，又可以在独游进程中转变自己的生活风格。

### 8.2.3 现实意义

通过前述研究可以看出，女性独游现象有其自身特点且呈现不断发展的态势，女性独游者体验具有明显超越性别建构的个体实践的特征，这为旅游业的发展提供了诸多启示。

就旅游企业而言，女性独游成为利基市场中的重要组成部分，既要重视独游女性的性别化制约因素，还应针对该类群体提供更加个性化的服务。例如，酒店、民宿等应更加关注安全问题，在独游女性入住时保护其隐私信息。此外，考虑到女性群体的生理需求，可提供女性专享生理期舒缓服务、老年女性康养个性化服务；旅行社等可以灵活创新个人化的微型旅游定制；目的地官方平台可以推出游记分享鼓励机制、创意纪念模式，进一步拉近目的地与独游女性之间的情感距离；文创企业应进一步加大创新力度，在旅游景点、车站接驳点等售卖精致的、原创性商品。尤其是对于目的地相关管理部门来说，独游在管理上更加分散，可以针对独游女性制定结伴个性化的管理方案。

就旅游产业而言，需要延伸产业链条，联合其他产业共同发力。从前文研究来看，独游女性的体验内容具有多样化的特征，而且日常生活需求也交叠在独游过程中，那么旅游产业还需要联合诸如心理服务产业、康养服务产业、户外运动产业等提供服务。例如，线上心理服务机构 Know Yourself 已经在不同城市多次推出了“城市修行活动”，为现场参与者提供更加大众化的心理辅导；还可以联合心理服务机构为注重“赋能成长”“精神依偎”的独游女性提供更加多样化的服务。

## 8.3 局限与展望

本研究主要针对的是女性独游现象，从对女性独游现象的探讨扩展到对女性个体在不同叙事中的形象探讨；从对独游女性的活动现象特征深入到日常生活，既回应了女性独游现象问题本身，也对当今女性的处境予以关注。研究基于截面化的社会现实，在未来的研究中可以增加历时性研究，对女性生命历程予以长程的关注和考量，以此发掘不同人生阶段女性独游现象背后的角色与社会结构间的复杂作用。本书的核心研究对象是女性，较多从单一性别视角出发，未来仍要考虑增加男性视角的专门分析进行比较，同时也需要注意女性群体内部的异质性。

理论贡献方面，本研究对独游女性的多重形象、独游过程中的转变以及日常生活—独游关系进行了分析，提出了相较于程式化过程更加灵活的柔性个体的虚线式实践等概念，对理解宏观层面上女性的生活状态具有启发性，但是未对因果关系更加明显的机制进行剥离，对于较为复杂的机制问题还需要后续研究推进，以更细化的视角探索女性独游过程中的转变机制、日常生活和独游关系中的冲突等问题。通过对游记的梳理，可以发现处于儿童照料期间的女性在一定条件下可能会选择携带儿童出游，由此可以进一步推断女性在照料旅游过程中的行动变化更加复杂，也会衍生新的意义，未来研究还可以继续向母职实践方向拓展。此外，女性独游过程中的结伴方式也稍显特别，未来可以向人际关系维度的更深层拓展，探索旅游关系中与陌生人的交往模式。本研究提出理论概念的适用性也有待时间和社会现实的检验。

方法素材方面，由于每个个体所讲述的故事因不同场景、不同人物产生细微差别，当事人对于问题是否清晰理解、对具体细节的把握以及内心期待的想象等因素对独游女性的故事内容会产生影响。但每一种记忆都是一种创造（并非完全的新创造），是过去的事件与现时的情况汇集的产物（贺萧，2017）。笔者选择多种类型的研究资料综合处理，尽力避免某一类型资料带来的偏差和丰富度不足的问题。本书对法国个体社会学理论更加深层和系统化的理解还存在不足。由于法国个体社会学的许多研究最近才翻译进入国内，许多文献还未从法语翻译至中文，对于理论的探讨还需要补充更多文献细节。此外，由于本书对典型叙事的补充多来自新闻素材、书籍素材资料，虽然可能是“单一”个案，但个案具有关键性、独特性和启发性（迈尔斯、休伯曼，2008）。未来在应对不同问题时，可进一步增加系统数据，从更大数据层次上挖掘搜集更多的素材进行分析。

# 参考文献


［1］Abou-Shouk M A，Mannaa M T，Elbaz A M. Women's empowerment and tourism development：A cross-country study［J］. Tourism Management Perspectives，2021，37：100782.

［2］Adler A，Ansbacher H L，Ansbacher R R，et al. The individual psychology of alfred Adler：a systematic presentation in selections from his writings［M］. NY：Harper & Row，1964.

［3］Adler A，Ansbacher H L，Ansbacher R R，et al. Superiority and social interest：a collection of later writings［M］. Viking Press，1979.

［4］Araujo K，Martuccelli D. Beyond institutional individualism：agentic individualism and the individuation process in Chilean society［J］. Current Sociology，2014，62（1）：24–40.

［5］Arrosa M L，Gandelman N. Happiness decomposition：female optimism［J］. Journal of Happiness Studies，2016，17（2）：731–756.

［6］Balla M. A case study of social embeddness and social responsibility［J］. The Journal of Individual Psychology，2019，75（4）：259–271.

［7］Barrett A E，Douglas R. Footloose and fancy-free：online travel advice to older and younger women［J］. Journal of Women & Aging，2020，32（4）：424–439.

［8］Berdychevsky L，Gibson H J，Bell H L. "Girlfriend getaway" as a contested term：discourse analysis［J］. Tourism Management，2016，55：106–122.

［9］Berdychevsky L，Gibson H，Poria Y. Women's sexual behavior in tourism：loosening the bridle［J］. Annals of Tourism Research，2013，42：

65–85.

［10］Berdychevsky L，Gibson H J，Bell H L. Girlfriend getaways and women's well–being［J］. Journal of Leisure Research，2013，45（5）：602–623.

［11］Berdychevsky L，Gibson H J，Poria Y. Inversions of sexual roles in women's tourist experiences：mind，body，and language in sexual behavior［J］. Leisure Studies，2015，34（5）：513–528.

［12］Berdychevsky L，Gibson H J. Phenomenology of young women's sexual risk–taking in tourism［J］. Tourism Management，2015，46：299–310.

［13］Bergman B，Ahmad F，Stewart D E. Work family balance，stress，and salivary cortisol in men and women academic physicians［J］. International Journal of Behavioral Medicine，2008，15（1）：54–61.

［14］Bianchi C. Antecedents of tourists' solo travel intentions［J］. Tourism Review，2021.

［15］Bianchi C. Solo holiday travellers：motivators and drivers of satisfaction and dissatisfaction［J］. International Journal of Tourism Research，2016，18（2）：197–208.

［16］Brown L，de Coteau D，Lavrushkina N. Taking a walk：the female tourist experience［J］. Tourist Studies，2020，20（3）：354–370.

［17］Brown L，Osman H. The female tourist experience in Egypt as an Islamic destination［J］. Annals of Tourism Research，2017，63：12–22.

［18］Brown L. Tourism：a catalyst for existential authenticity［J］. Annals of Tourism Research，2013，40：176–190.

［19］Brugulat M，Coromina L. Constraints of solo female backpackers in Southeast Asia［J］. Asia Pacific Journal of Tourism Research，2021，26（6）：640–653.

［20］Budgeon S. The dynamics of gender hegemony：femininities，masculinities and social change［J］. Sociology，2014，48（2）：317–334.

[21] Burawoy M. The extended case method [M]. University of California Press, 2009.

[22] Butler J. Gender trouble [M]. Routledge, 1990.

[23] Butler K L. Independence for western women through tourism [J]. Annals of Tourism Research, 1995, 22 (2): 487–489.

[24] Carballo R R, León C J, Carballo M M. Gender as moderator of the influence of tourists' risk perception on destination image and visit intentions [J]. Tourism Review, 2022.

[25] Carver C S, Harris S D, Lehman J M, et al. How important is the perception of personal control? Studies of early stage breast cancer patients [J]. Personality and Social Psychology Bulletin, 2000, 26 (2): 139–149.

[26] Castells M. Networks of outrage and hope: social movements in the internet age [M]. John Wiley & Sons, 2015.

[27] Chang L T. Factory girls: from village to city in a Changing China [M]. New York: Spiegel and Grau, 2008.

[28] Chaudhuri S B. Flânerie in female solo travel: an analysis of blogposts from Shivya Nath's the Shooting Star [J]. Rupkatha Journal on Interdisciplinary Studies in Humanities, 2020, 12 (3): 296–302.

[29] Chavis A Z, Hill M S. Integrating multiple intersecting identities: a multicultural conceptualization of the power and control wheel [J]. Women & Therapy, 2008, 32 (1): 121–149.

[30] Chiang C Y, Jogaratnam G. Why do women travel solo for purposes of leisure? [J]. Journal of Vacation Marketing, 2006, 12 (1): 59–70.

[31] Christou A, Janta H. The significance of things: objects, emotions and cultural production in migrant women's return visits home [J]. The Sociological Review, 2019, 67 (3): 654–671.

[32] Chung J Y, Baik H J, Lee C K. The role of perceived behavioural control in the constraint–negotiation process: the case of solo travel [J]. Leisure Studies, 2017, 36 (4): 481–492.

[ 33 ] Cohen E. A phenomenology of tourist experiences [ J ]. Sociology, 1979, 13 ( 2 ): 179–201.

[ 34 ] Cohen E. Nomads from affluence: notes on the phenomenon of drifter–tourism [ J ]. International Journal of Comparative Sociology, 1973, 14: 89.

[ 35 ] Cohen E. Toward a sociology of international tourism [ J ]. Social Research, 1972, 39 ( 1 ): 164–189.

[ 36 ] Cohen S A, Cohen E. New directions in the sociology of tourism [ J ]. Current Issues in Tourism, 2019, 22 ( 2 ): 153–172.

[ 37 ] Connell C. Doing, undoing, or redoing gender? Learning from the workplace experiences of transpeople [ J ]. Gender and Society, 2010, 24 ( 1 ): 31–55.

[ 38 ] Cortois L. The myth of individualism: from individualisation to a cultural sociology of individualism [ J ]. European Journal of Cultural and Political Sociology, 2017, 4 ( 4 ): 407–429.

[ 39 ] Corwyn R F, Bradley R H. The cross–gender equivalence of strains and gains from occupying multiple roles among dual–earner couples [ J ]. Parenting: Science and Practice, 2005, 5 ( 1 ): 1–27.

[ 40 ] Crenshaw K W. Mapping the margins: intersectionality, identity politics, and violence against women of color [ J ]. Stanford Law Review, 1991, 43 ( 6 ): 1241–1299.

[ 41 ] Dann G. ( Ed. ) The tourist as a metaphor of the social world [ M ]. Cabi, 2002.

[ 42 ] Davis K, Evans M S, Lorber J. Handbook of gender and women's studies [ M ]. Sage Publications ltd, 2006.

[ 43 ] De Certau M. The practice of everyday life [ M ]. Trans. Steven Rendall. Berkeley: Uni, 1984.

[ 44 ] Deutsch F M. Undoing gender [ J ]. Gender & Society, 2007, 21 ( 1 ): 106–127.

[ 45 ] Dewsbury J D, Harrison P, Rose M, et al. Enacting geographies [ J ]. Geoforum, 2002, 4 ( 33 ): 437–440.

[ 46 ] Douglas R, Barrett A E. Bounded explorer: online constructions of solo women travelers [ C ] //Sociological Forum, 2020, 35 ( 3 ): 765–784.

[ 47 ] Duffy L N, Kline C S, Mowatt R A, et al. Women in tourism: shifting gender ideology in the DR [ J ]. Annals of Tourism Research, 2015, 52: 72–86.

[ 48 ] Edensor T. Mundane mobilities, performances and spaces of tourism [ J ]. Social and Cultural Geography, 2007 ( 8 ): 199–215.

[ 49 ] Eger C. Gender matters: rethinking violence in tourism [ J ]. Annals of Tourism Research, 2021, 88: 103143.

[ 50 ] Falconer E. Transformations of the backpacking food tourist: emotions and conflicts [ J ]. Tourist Studies, 2013, 13 ( 1 ): 21–35.

[ 51 ] Figueroa–Domecq C, Pritchard A, Segovia–Pérez M, et al. Tourism gender research: a critical accounting [ J ]. Annals of Tourism Research, 2015, 52: 87–103.

[ 52 ] Filep S, Macnaughton J, Glover T. Tourism and gratitude: valuing acts of kindness [ J ]. Annals of Tourism Research, 2017, 66: 26–36.

[ 53 ] Frank M L, Shoshana A. "It was a kind of togetherness feeling" : an exploration of social interest in early recollections [ J ]. The Journal of Individual Psychology, 2019, 75 ( 1 ): 42–57.

[ 54 ] Gao X, Cohen S, Hanna P. Hitchhiking travel in China: Gender, agency and vulnerability [ J ]. Annals of Tourism Research, 2020, 84: 103002.

[ 55 ] Garry A. Intersectionality, metaphors, and the multiplicity of gender [ J ]. Hypatia, 2011, 26 ( 4 ): 826–850.

[ 56 ] Gomes J, Montenegro M. Profile of female tourists visiting Porto and North of Portugal [ J ]. Worldwide Hospitality and Tourism Themes, 2016, 8 ( 6 ): 677–690.

［57］Gordon T，Holland J，Lahelma E，et al. Imagining gendered adulthood：anxiety，ambivalence，avoidance and anticipation［J］. European Journal of Women's Studies，2005，12（1）：83–103.

［58］Graburn N H H. Tourism：the sacred journey. In V. Smith（Ed.），Hosts and guests：the anthropology of tourism［M］. Philadelphia：University of Pennsylvania Press，1989.

［59］Grönlund A. More control，less conflict？Job demand–control，gender and work–family conflict［J］. Gender，Work & Organization，2007，14（5）：476–497.

［60］Gross M J，Brown G. An empirical structural model of tourists and places：progressing involvement and place attachment into tourism［J］. Tourism Management，2008，29（6）：1141–1151.

［61］Grosz E. Women，Chora，Dwelling. Postmodern cities and spaces［D］. Ed. S. Watson & K. Gibson. London：Blackwell，1995.

［62］Hannam K，Knox D. Understanding tourism：a critical introduction［M］. SAGE Publications Ltd，2010.

［63］Hao F，Zhang S，Xiao H. A return to innocence：guimi tourism and women empowerment［J］. International Journal of Tourism Research，2021，23（6）：971–983.

［64］Hao J S C，Har C O S. A study of preferences of business female travelers on the selection of accommodation［J］. Procedia–Social and Behavioral Sciences，2014，144：176–186.

［65］Heimtun B，Abelsen B. Singles and solo travel：gender and type of holiday［J］. Tourism Culture & Communication，2013，13（3）：161–174.

［66］Heimtun B，Morgan N. Proposing paradigm peace：mixed methods in feminist tourism research［J］. Tourist Studies，2012，12（3）：287–304.

［67］Heimtun B. The friend，the loner and the independent traveler：norwegian midlife single women's social identities when on holiday［J］. Gender，Place & Culture，2012，19（1）：83–101.

[ 68 ] Henderson K A, Bialeschki M D, Shaw S M, et al. A leisure of one's own: a Feminist Perspective on Women's Leisure [ M ] .Venture Publishing, Inc., 1989.

[ 69 ] Hosseini S, Macias R C, Garcia F A. The exploration of Iranian solo female travelers' experiences [ J ]. International Journal of Tourism Research, 2022.

[ 70 ] Hu Y, Scott J. Family and gender values in China: generational, geographic, and gender differences [ J ]. Journal of Family Issues, 2016, 37 ( 9 ): 1267–1293.

[ 71 ] Huang S S, Chen G. Current state of tourism research in China [ J ]. Tourism Management Perspectives, 2016, 20: 10–18.

[ 72 ] Hyde K F, Lawson R. The nature of independent travel [ J ]. Journal of Travel Research, 2003, 42 ( 1 ): 13–23.

[ 73 ] Jackson E L. Leisure constraints: a survey of past research [ J ]. Leisure sciences, 1988, 10 ( 3 ): 203–215.

[ 74 ] Janta H, Christou A. Hosting as social practice: gendered insights into contemporary tourism mobilities [ J ]. Annals of Tourism Research, 2019, 74: 167–176.

[ 75 ] Jordan F, Aitchison C. Tourism and the sexualisation of the gaze: solo female tourists' experiences of gendered power, surveillance and embodiment [ J ]. Leisure Studies, 2008, 27 ( 3 ): 329–349.

[ 76 ] Jordan F, Gibson H. "We're not stupid... But we'll not stay home either" : experiences of solo women travelers [ J ]. Tourism Review International, 2005, 9 ( 2 ): 195–211.

[ 77 ] Jordan F, Gibson H. Let your data do the talking: researching the solo travel experiences of British and American women [ M ] //Goodson L, phillimore J. Qualitative Research in Tourism. Routledge, 2004: 233–253.

[ 78 ] Jordan F. Performing tourism: exploring the productive consumption of tourism in enclavic spaces [ J ]. International Journal of Tourism Research,

2008，10（4）：293–304.

［79］Karagöz D，Işık C，Dogru T，et al. Solo female travel risks，anxiety and travel intentions：examining the moderating role of online psychological–social support［J］. Current Issues in Tourism，2021，24（11）：1595–1612.

［80］Karagöz D，Uysal M. Tourists' need for uniqueness as a representation of differentiated identity［J］. Journal of Travel Research，2022，61（1）：76–92.

［81］Kato K. Gender and sustainability–exploring ways of knowing–an ecohumanities perspective［J］. Journal of Sustainable Tourism，2019，27（7）：939–956.

［82］Kempny M. History of the manchester "school" and the extended–case method［J］. Social Analysis，2005，49（3）：144–165.

［83］Khoo–Lattimore C，Gibson H J. Understanding women's accommodation experiences on girlfriend getaways：a pragmatic action research approach［J］. Current Issues in Tourism，2018，21（2）：191–209.

［84］Kim H S，Sherman D K. " Express yourself"：culture and the effect of self–expression on choice［J］. Journal of Personality and Social Psychology，2007，92（1）：1–11.

［85］Kim M J，Lee M J，Lee C K，et al. Does gender affect Korean tourists' overseas travel？Applying the model of goal–directed behavior［J］. Asia Pacific Journal of Tourism Research，2012，17（5）：509–533.

［86］Kim Y. Female individualization？：transnational mobility and media consumption of Asian women［M］//Women and the Media in Asia. Palgrave Macmillan，London，2012.

［87］Kinnaird V，Hall D R. Tourism：a gender analysis［C］. Wiley：Chichester，1994.

［88］Kinnaird V，Hall D. Understanding tourism processes：a gender–aware framework［J］. Tourism Management，1996，17（2）：95–102.

［89］Kipp A，Hawkins R，Gray N J. Gendered and racialized experiences and subjectivities in volunteer tourism［J］. Gender，Place & Culture，2021，28（1）：45–65.

［90］Kong S，Guo J，Huang D. The girlfriend getaway as an intimacy［J］. Annals of Tourism Research，2022，92：103337.

［91］Kirillova K，Lehto X，Cai L. Tourism and existential transformation：An empirical investigation［J］. Journal of Travel Research，2017a，56（5）：638–650.

［92］Kirillova K，Lehto X，Cai L. What triggers transformative tourism experiences？［J］. Tourism Recreation Research，2017b，42（4）：498–511.

［93］Krippendorf J. Tourism in the system of industrial society［J］. Annals of Tourism Research，1986，13（4）：517–532.

［94］Laesser C，Beritelli P，Bieger T. Solo travel：explorative insights from a mature market（Switzerland）［J］. Journal of Vacation Marketing，2009，15（3）：217–227.

［95］Lahire B. From the habitus to an individual heritage of dispositions. Towards a sociology at the level of the individual［J］. Poetics，2003，31（5–6）：329–355.

［96］Lahire B. Sociology at the individual level，psychologies and neurosciences［J］. European Journal of Social Theory，2020，23（1）：52–71.

［97］Laing J H，Frost W. Journeys of well–being：women's travel narratives of transformation and self–discovery in Italy［J］. Tourism Management，2017，62：110–119.

［98］Lash S M，Urry J. Economies of signs and space［M］. London：Sage，1994.

［99］Lash S. Reflexive modernization：the aesthetic dimension［J］. Theory，Culture & Society，1993，10（1）：1–23.

［100］Lemberger-Truelove T. Belonging，striving，and style of life among black women in the southwestern united states［J］. The Journal of Individual Psychology，2018，74（1）：75-95.

［101］Leung ASM. Feminism in transition：Chinese culture，ideology and the development of the women's movement in China［J］. Asia Pacific Journal of Management，2003，20（3）：359-374.

［102］Lin Y C，Lehto X Y. A study of female travelers' needs trajectory and family life cycle［J］. Journal of Hospitality & Leisure Marketing，2006，15（1）：65-88.

［103］Liu J，Bell E，Zhang J. Conjugal intimacy，gender and modernity in contemporary China［J］. The British Journal of Sociology，2019，70（1）：283-305.

［104］Lorber J. Paradoxes of gender［M］.Yale University Press，2008.

［105］Lövheim M. Young women's blogs as ethical spaces［J］. Information，Communication & Society，2011，14（3）：338-354.

［106］Lyu S O. Travel selfies on social media as objectified self-presentation［J］. Tourism Management，2016，54：185-195.

［107］MacCannell D. Staged authenticity：arrangements of social space in tourist settings［J］. American Journal of Sociology，1973，79（3）：589-603.

［108］MacKay H.（Eds.）Consumption and everyday life：culture，media and identities［M］. London：Sage，in association with the Open University Press，1997.

［109］Masclet O. C' est mon moment.Le temps pour soi des ouvrières et des employées［J］. Travail，Genre et Sociétés，2018（1）：101-119.

［110］Massey D. Space，place，and gender［M］.John Wiley & Sons，2013.

［111］Masson P，Schrecker C. How does the individual find a place in french sociology？［J］. The American Sociologist，2017，48（3）：523-

540.

[ 112 ] McCall L. The complexity of intersectionality [ J ]. Signs：Journal of Women in Culture and Society，2005 ( 3 )：1771–1800.

[ 113 ] McNamara K E，Prideaux B. A typology of solo independent women travelers [ J ]. International Journal of Tourism Research，2010，12 ( 3 )：253–264.

[ 114 ] McNay L. Agency，anticipation and indeterminacy in feminist theory [ J ]. Feminist Theory，2003，4 ( 2 )：139–148.

[ 115 ] McNay L. Gender and agency：reconfiguring the subject in feminist and social theory [ M ]. Cambridge：Polity Press，2000.

[ 116 ] McRobbie A. Post–feminism and popular culture [ J ]. Feminist Media Studies，2004，4 ( 3 )：255–264.

[ 117 ] Mehmetoglu M，Dann G M S，Larsen S. Solitary travelers in the Norwegian Lofoten Islands：why do people travel on their own？ [ J ]. Scandinavian Journal of Hospitality and Tourism，2001，1 ( 1 )：19–37.

[ 118 ] Miller H，Arnold J. Breaking away from grounded identity ? Women academics on the Web [ J ]. Cyber Psychology & Behavior，2001，4 ( 1 )：95–108.

[ 119 ] Mooney S. Illuminating intersectionality for tourism researchers [ J ]. Annals of Tourism Research，2018，72 ( C )：175–176.

[ 120 ] Morgan A D. Journeys into transformation：Travel to an “other” place as a vehicle for transformative learning [ J ]. Journal of Transformative Education，2010，8 ( 4 )：246–268.

[ 121 ] Mosak H，Maniacci M. Primer of Adlerian psychology：the analytic–behavioural–cognitive psychology of Alfred Adler [ M ]. Routledge，1999.

[ 122 ] Movono A，Dahles H. Female empowerment and tourism：a focus on businesses in a Fijian village [ J ]. Asia Pacific Journal of Tourism Research，2017，22 ( 6 )：681–692.

［123］Muldoon M L，Witte A，Guan S，et al. Gendered tourism experiences in China：exploring identity，mobility，and resistance online［J］. Annals of Leisure Research，2021：1–21.

［124］Munt I. The “other” postmodern tourism：culture，travel and the new middle classes［J］. Theory，Culture & Society，1994，11（3）：101–123.

［125］Mura P，Khoo–Lattimore C. Young tourists，gender and fear on holiday［J］. Current Issues in Tourism，2012，15（8）：707–724.

［126］Ngan–ling Chow. 有关妇女、性和社会性别的话语［A］. 王政，杜芳琴 . 社会性别研究选译［C］. 北京：生活·读书·新知三联书店，1998：378–396.

［127］Ngwira C，Tse S，Vongvisitsin T. Negotiation strategies and constraints for solo female travelers in Africa［J］. Tourism Culture & Communication，2020，20（1）：35–47.

［128］Nikjoo A，Markwell K，Nikbin M，et al. The flag–bearers of change in a patriarchal Muslim society：Narratives of Iranian solo female travelers on Instagram［J］. Tourism Management Perspectives，2021，38：100817.

［129］Noel W.Smith. 当代心理学体系［M］. 郭本禹，等译 . 西安：陕西师范大学出版社，2005.

［130］Olson E D，Reddy–Best K. “Pre–topsurgery，the body scanning machine would most likely error”：transgender and gender nonconforming travel and tourism experiences［J］. Tourism Management，2019，70：250–261.

［131］Ong C E，Du Cros H. The post–Mao gazes：Chinese backpackers in Macau［J］. Annals of Tourism Research，2012，39（2）：735–754.

［132］Osman H，Brown L，Phung T M T. The travel motivations and experiences of female Vietnamese solo travelers［J］. Tourist Studies，2020，2（20）：248–267.

[ 133 ] Pascoe Leahy C. The afterlife of interviews：Explicit ethics and subtle ethics in sensitive or distressing qualitative research [ J ]. Qualitative Research，2022 ( 1 )：14687941211012924.

[ 134 ] Perera K. The interview as an opportunity for participant reflexivity [ J ]. Qualitative Research，2020，20 ( 2 )：143–159.

[ 135 ] Pritchard A，Morgan N，Ateljevic I，et al. Tourism and gender：embodiment，sensuality and experience [ M ]. Oxfordshire：CABI，2007.

[ 136 ] Pung J M，Yung R，Khoo–Lattimore C，et al. Transformative travel experiences and gender：a double duoethnography approach [ J ]. Current Issues in Tourism，2020，23 ( 5 )：538–558.

[ 137 ] Reddy–Best K L，Olson E. Trans traveling and embodied practices：panopticism，agency，dress，and gendered surveillance [ J ]. Annals of Tourism Research，2020，85：103028.

[ 138 ] Richards G. Creativity and tourism：the state of the art [ J ]. Annals of Tourism Research，2011，38 ( 4 )，1225–1253.

[ 139 ] Rickly–Boyd J M. Authenticity & aura：a Benjaminian approach to tourism [ J ]. Annals of Tourism Research，2012，39 ( 1 )：269–289.

[ 140 ] Rofel L. Desiring China：experiments in neoliberalism，sexuality，and public culture [ M ]. Durham：Duke University Press，2007.

[ 141 ] Sand A L，Skovbjerg H M，Tanggaard L. Re–thinking research interview methods through the multisensory constitution of place [ J ]. Qualitative Research，2022.

[ 142 ] Seow D，Brown L. The solo female Asian tourist [ J ]. Current Issues in Asian Tourism，2020，21 ( 10 )：1187–1206.

[ 143 ] Shaw S M. Conceptualizing resistance：women's leisure as political practice [ J ]. Journal of Leisure Research，2001，33：186–201.

[ 144 ] Shaw S M. Gender，leisure，and constraint：towards a framework for the analysis of women's leisure [ J ]. Journal of Leisure Research，1994，26 ( 1 )：8–22.

［145］Small J. Holiday bodies：young women and their appearance［J］. Annals of Tourism Research，2016，58：18–32.

［146］Small J. Women's holidays：disruption of the motherhood myth［J］. Tourism Review International，2005，9（2）：139–154.

［147］Smith V L. Women the taste–makers in tourism［J］. Annals of Tourism Research，1979，6（1）：49–60.

［148］Soh D. The end of gender：debunking the myths about sex and identity in our society［M］. Simon and Schuster，2021.

［149］Sommers–Flanagan J，Sommers–Flanagan R. Counseling and psychotherapy theories in context and practice：skills，strategies，and techniques［M］. New York：Wiley，2012.

［150］Soulard J，McGehee N G，Stern M J，et al. Transformative tourism：tourists' drawings，symbols，and narratives of change［J］. Annals of Tourism Research，2021，87：103141.

［151］Stein H T. Rediscovering Adler［J］. The Journal of Individual Psychology，2014，70（4）：273–276.

［152］Stylianou–Lambert T. Gazing from home：cultural tourism and art museums［J］. Annals of Tourism Research，2011，38（2）：403–421.

［153］Su C P，Wu T C. Solo female travelers' memorable experiences：positive encounters with male strangers［J］. World Leisure Journal，2021，63（1）：40–50.

［154］Su C P，Wu T C. The dark side of solo female travel：negative encounters with male strangers［J］. Leisure Sciences，2020，42（3–4）：375–392.

［155］Su L，Cheng J，Swanson S. The companion effect on adventure tourists' satisfaction and subjective well–being：the moderating role of gender［J］. Tourism Review，2022.

［156］Swain M B. Gender in tourism（Special issue）［J］. Annals of Tourism Research，1995，22（2）：247–499.

[ 157 ] Tan K A. The effects of personal susceptibility and social support on Internet addiction: an application of Adler's theory of individual psychology [ J ]. International Journal of Mental Health and Addiction, 2019, 17 ( 4 ): 806–816.

[ 158 ] Tavakoli R, Mura P. "Journeys in Second Life" –Iranian Muslim women's behavior in virtual tourist destinations [ J ]. Tourism Management, 2015, 46: 398–407.

[ 159 ] Thomas T K, Mura P. The "normality of unsafety" foreign solo female travellers in India [ J ]. Tourism Recreation Research, 2019, 44 ( 1 ): 33–40.

[ 160 ] Trussell D E, Shaw S M. "Daddy's gone and he'll be back in October" : farm women's experiences of family leisure [ J ]. Journal of Leisure Research, 2007, 39 ( 2 ): 366–387.

[ 161 ] Uriely N. The tourist experience: conceptual developments [ J ]. Annals of Tourism Research, 2005, 32 ( 1 ), 199–216.

[ 162 ] Van Manen M. Researching Lived Experience: human Science for An Action Sensitive Pedagogy ( 2nd ed. )[ M ]. Abington, OX; New York: Routledge, 1997.

[ 163 ] Voy L, Kathleen S, Brand M J L, et al. An important lesson from our past with significance for our future: Alfred Adler's gemeinschaftsgefühl [ J ]. Journal of Individual Psychology, 2013, 69 ( 4 ): 280–293.

[ 164 ] Wade G H. A concept analysis of personal transformation [ J ]. Journal of Advanced Nursing, 1998, 28 ( 4 ): 713–719.

[ 165 ] Wang N. Rethinking authenticity in tourism experience [ J ]. Annals of Tourism Research, 1999, 26 ( 2 ): 349–370.

[ 166 ] Warner–Smith P. Travel, young women and "The Weekly", 1959–1968 [ J ]. Annals of Leisure Research, 2000, 3 ( 1 ): 33–46.

[ 167 ] Watts R E. Adlerian and constructivist therapies: a neo–Adlerian perspective [ J ]. The Journal of Individual Psychology, 2017, 73 ( 2 ):

139–155.

［168］Wearing B，Wearing S. Refocussing the tourist experience：the flâneur and the choraster［J］. Leisure Studies，1996，15（4）：229–243.

［169］Wearing B. Beyond the ideology of motherhood：leisure as resistance［J］. The Australian and New Zealand Journal of Sociology，1990，26（1）：36–58.

［170］West C，Fenstermaker S. Doing difference［J］. Gender & Society，1995，9（1）：8–37.

［171］West C，Zimmerman D H. Doing gender［J］. Gender & Society，1987，1（2）：125–151.

［172］West E M，Miller L G，Cox J A，et al. Parents' perceptions of young children's social interest experiences［J］. The Journal of Individual Psychology，2018，74（4）：368–386.

［173］White N R，White P B. Home and away：tourists in a connected world［J］. Annals of Tourism Research，2007，34（1）:88–104.

［174］Wilson E C. A Journey of Her Own［D］. Griffith University：Brisbane，2004.

［175］Wilson E，Harris C. Meaningful travel：women，independent travel and the search for self and meaning［J］. Tourism：An International Interdisciplinary Journal，2006，54（2）：161–172.

［176］Wilson E，Little D E. A "relative escape"？The impact of constraints on women who travel solo［J］. Tourism Review International，2005，9（2）：155–175.

［177］Wilson E，Little D E. The solo female travel experience：exploring the "geography of women's fear"［J］. Current Issues in Tourism，2008，11（2）：167–186.

［178］Xu H，Gu H. Gender and tourism development in China［J］. Journal of China Tourism Research，2018，14（4）：393–404.

［179］Xu W，Zhang X. Online expression as Well-be（com）ing：a

study of travel blogs on Nepal by Chinese female tourists [ J ]. Tourism Management，2021，83：104224.

[ 180 ] Yan Y. Intergenerational intimacy and descending familism in rural north China [ J ]. American Anthropologist，2016，118（2）：244–257.

[ 181 ] Yan Y. The Chinese path to individualization [ J ]. The British Journal of Sociology，2010，61（3）：489–512.

[ 182 ] Yang E C L，Khoo–Lattimore C，Arcodia C. A narrative review of Asian female travelers：looking into the future through the past [ J ]. Current Issues in Tourism，2017，20（10）：1008–1027.

[ 183 ] Yang E C L，Khoo–Lattimore C，Arcodia C. Constructing space and self through risk taking：a case of Asian solo female travelers [ J ]. Journal of Travel Research，2018，57（2）：260–272.

[ 184 ] Yang E C L，Khoo–Lattimore C，Arcodia C. Power and empowerment：how Asian solo female travellers perceive and negotiate risks [ J ]. Tourism Management，2018，68：32–45.

[ 185 ] Yang E C L. Risk perception of Asian solo female travelers：an autoethnographic approach [ M ] // Khoo–Lattimore K，Wilson E. Eds. Women and travel：Historical and contemporary perspective. Oakville，ON，Canada：Apple Academic Press，2016.

[ 186 ] Yang E C L. What motivates and hinders people from travelling alone？ A study of solo and non–solo travelers [ J ]. Current Issues in Tourism，2020：1–14.

[ 187 ] Yang E C L，Yang M J H，Khoo–Lattimore C. The meanings of solo travel for Asian women [ J ]. Tourism Review，2019，74（5）：1047–1057.

[ 188 ] Yang R，Tung V W S. How does family influence the travel constraints of solo travelers？ Construct specification and scale development [ J ]. Journal of Travel & Tourism Marketing，2018，35（4）：507–516.

[ 189 ] Yasin B，Baghirov F，Zhang Y. The role of travel experience and

gender on travel information source selection [ J ]. Journal of Hospitality and Tourism Technology, 2017: 296–310.

[ 190 ] YopoDíaz M. Revisiting individualization: the transitions to marriage and motherhood in Chile [ J ]. Current Sociology, 2018, 66 ( 5 ): 748–768.

[ 191 ] Yu C E, Xie S Y, Wen J. Coloring the destination: the role of color psychology on Instagram [ J ]. Tourism Management, 2020, 80: 104110.

[ 192 ] Yu J, Egger R. Color and engagement in touristic Instagram pictures: a machine learning approach [ J ]. Annals of Tourism Research, 2021: 103204.

[ 193 ] Zani B. We Chat, we sell, we feel: Chinese women's emotional petit capitalism [ J ]. International Journal of Cultural Studies, 2020, 23 ( 5 ): 803–820.

[ 194 ] Zhang J, Zhang Y. Tourism and gender equality: an Asian perspective [ J ]. Annals of Tourism Research, 2020, 85: 103067.

[ 195 ] Zhang L. Fashioning the feminine self in "prosumer capitalism" : Women's work and the transnational reselling of Western luxury online [ J ]. Journal of Consumer Culture, 2017, 17 ( 2 ): 184–204.

[ 196 ] Zhang M, Zhang X. Between escape and return: rethinking daily life and travel in selective unplugging [ J ]. Tourism Management, 2022, 91: 104521.

[ 197 ] Zhang Y, Hitchcock M J. The Chinese female tourist gaze: a netnography of young women's blogs on Macao [ J ]. Current Issues in Tourism, 2017, 20 ( 3 ): 315–330.

[ 198 ] Zhou D, Peng L. The relationship between the gender gap in subjective well-being and leisure activities in China [ J ]. Journal of Happiness Studies, 2018, 19 ( 7 ): 2139–2166.

[ 199 ] Zhu M, Gao J, Zhang L, et al. Exploring tourists' stress and

coping strategies in leisure travel［J］. Tourism Management，2020，81：104167.

［200］阿德勒 . 心理与生活［M］. 叶颂姿，刘乐群，译 . 上海：上海三联书店，2010.

［201］阿尔弗雷德·阿德勒 . 自卑与超越（序言）［M］. 吴杰，郭本禹，译 . 北京：中国人民大学出版社，2017.

［202］埃米尔·涂尔干.社会分工论［M］. 渠东，译.北京：生活·读书·新知三联书店，2013.

［203］艾瑞咨询 . 中国中产女性消费报告［R］. 2019.

［204］安·奥克利 . 看不见的女人［M］. 汪丽，译 . 南京：南京大学出版社，2020.

［205］安东尼·吉登斯 . 社会的构成：结构化理论纲要［M］. 李康，李猛，译 . 北京：中国人民大学出版社，2016.

［206］安东尼·吉登斯 . 现代性与自我认同：晚期现代中的自我与社会［M］. 夏璐，译 . 北京：中国人民大学出版社，2016.

［207］白淑英 . "空巢青年"：个体化逻辑的自我主义表达［J］. 学术交流，2021（4）：137–146，192.

［208］贝尔纳·拉伊尔 . 构建一种个人层面的社会学［M］// 伊莎贝尔·顾丹，王思萌主编 . 精神健康与心理苦痛：社会科学的研究对象 . 蒙田，译 . 北京：社会科学文献出版社，2021.

［209］陈曲 . 吉登斯结构化社会理论中的生活政治［J］. 浙江社会科学，2020（2）：52，121–125，159.

［210］陈纬，罗敏敏 . "该生"妈妈为何不生？：基于重庆市 10 位母亲的深度访谈［J］. 中国青年研究，2022（3）：5–14.

［211］陈卫民，李晓晴 . 晚婚还是不婚：婚姻传统与个人选择［J］. 人口研究，2020，44（5）：19–32.

［212］达尼洛·马尔图切利，弗朗索瓦·德·桑格利 . 个体社会学［M］. 吴真，译 . 北京：商务印书馆，2020.

［213］达尼洛·马尔图切利 . 现代性社会学：二十世纪的历程［M］.

姜志辉，译．南京：译林出版社，2007.

［214］邓倩，罗敏．当代女性农民工媒体形象的变迁［J］．华南农业大学学报（社会科学版），2020，19（4）：130–139.

［215］路易·迪蒙．论个体主义：人类学视野中的现代意识形态［M］．桂裕芳，译．南京：译林出版社，2014.

［216］丁瑜．以高校女教师为例论女性研究的日常生活转向［J］．妇女研究论丛，2014（3）：55–64.

［217］丁雨莲，陆林．中国女性旅游市场的现状及潜力［J］．资源开发与市场，2006（1）：72–75.

［218］杜芳琴．妇女研究的历史语境：父权制、现代性与性别关系［J］．浙江学刊，2001（1）：105–110.

［219］杜洁，佟新，钱岳，等．传承·反思·超越：中国性别社会学的学科发展和理论建构［J］．妇女研究论丛，2020（4）：21–39.

［220］杜洁．女性主义与社会性别分析：社会性别理论在发展中的运用［J］．浙江学刊，2000（2）：94–98.

［221］范向丽，郑向敏．女性旅游市场细分及其特征分析［J］．经济论坛，2009（17）：80–84.

［222］范向丽，郑向敏．女性旅游者研究综述［J］．旅游学刊，2007（3）：76–83.

［223］范向丽，郑向敏．文化异化对日本“单身寄生族”女性旅游行为的影响［J］．华侨大学学报（哲学社会科学版），2007（3）：45–49.

［224］范谡．跳出性别之网：读朱迪斯·巴特勒《消解性别》兼论“性别规范”概念［J］．社会学研究，2010，25（5）：232–242.

［225］方芳．从反日常到日常：当代旅游实践的还原和再认识［J］．旅游学刊，2022，37（1）：44–55.

［226］弗里茨·B. 西蒙．我的精神病、我的自行车和我：疯狂的自我组织［M］．于雪梅，译．北京：商务印书馆，2018.

［227］艾·弗洛姆．自我的追寻［M］．孙石，译．上海：上海译文出版社，2012.

［228］高奋，万安迪．论西方当代性别与跨性别理论的缘起、内涵与特性［J］．浙江大学学报（人文社会科学版），2021，51（5）：110–118.

［229］高琦，夏成前．“她经济”视域下女性体育消费主要问题及对策［J］．体育文化导刊，2020（1）：87–92.

［230］高夏丽．个体化视角下不婚女性的情感态度及情感调适研究［J］．青年探索，2019（4）：100–112.

［231］管健．数字经济按下女性独立加速键［J］．人民论坛，2019（31）：68–69.

［232］郭本禹，等．潜意识的意义：精神分析心理学（上）［M］．济南：山东教育出版社，2009.

［233］郭彩霞．从日常生活走向公共生活：列斐伏尔女性观对当代妇女解放的启示［J］．马克思主义与现实，2016（5）：111–118.

［234］郭文．新时代旅游空间生产的日常生活转向［J］．四川师范大学学报（社会科学版），2020，47（4）：78–84.

［235］何纯．新闻叙事的视角与聚焦分析［J］．求索，2006（2）：193–195.

［236］何雅菲．“全面二孩”政策实施后女性就业保障政策工具的优化［J］．湖北社会科学，2019（8）：68–75.

［237］贺来．“个体化”的反思与“社会团结”的可能性［J］．浙江社会科学，2021（9）：101–107，158–159.

［238］贺萧．记忆的性别：农村妇女和中国集体化历史［M］．张赟，译．北京：人民出版社，2017.

［239］侯慧，何雪松．重整生活世界：慢病女性的日常身体实践［J］．上海大学学报（社会科学版），2019，36（4）：1–13.

［240］侯静，李雨欣．传统与现代的张力：个体化理论视角下高知单身女性群体的特征［J］．中国青年研究，2020（8）：5–12.

［241］胡益帧．被“压缩”的青年：个体化和主妇化背后家庭主义观念的一致性［J］．中国青年研究，2021（9）：71–78.

［242］黄嘉文．白领女性“健康自主”行为的实践与反思：一项基于

日常饮食生活的个案研究［J］. 妇女研究论丛，2010（5）：42–47.

［243］黄燕华，易林 . 后现代女性主义再界定：现实困境及政治可能［J］. 社会学评论，2021，9（1）：220–237.

［244］黄英，邓会敏 .“全职太太”和“少奶奶”角色的延续与断裂：以自我合理化与社会秩序分化为理论视角［J］. 中国青年研究，2020（11）：60–69.

［245］黄盈盈 . 女性身体与情欲：日常生活研究中的方法和伦理［J］. 探索与争鸣，2017（1）：97–103.

［246］黄盈盈 . 性 / 别、身体与故事社会学［M］. 北京：社会科学文献出版社，2018.

［247］蒋逸民 . 自我民族志：质性研究方法的新探索［J］. 浙江社会科学，2011（4）：11–18，155.

［248］解彩霞 . 个体化：理论谱系及国家实践：兼论现代性进程中个体与社会关系的变迁［J］. 青海社会科学，2018（1）：111–117.

［249］解佳，孙九霞 . 自由或自私？都市青年视野中分裂的背包客形象及其成因［J］. 中国青年研究，2020（1）：76–83.

［250］瑾・克兰迪宁 . 叙事探究：原理、技术与实例［M］. 鞠玉翠，等译 . 北京：北京师范大学出版社，2012.

［251］京东大数据研究院 . 2020 女性消费趋势报告［R］. 2020.

［252］菲利普・卡班，让 – 韦朗索瓦・多尔蒂耶 . 法国视角下的社会学史与社会学思想［M］. 吴绍宜，主译 . 北京：北京大学出版社，2010.

［253］乔恩・卡尔森，理查德・E. 沃茨，迈克尔・马尼亚奇 . 阿德勒的治疗：理论与实践［M］. 郭本禹，吕英军，主译 . 重庆：重庆大学出版社，2012.

［254］卡罗尔・吉利根 . 不同的声音：心理学理论与妇女发展［M］. 肖巍，译 . 北京：中央编译出版社，1999.

［255］克拉克・穆斯塔卡斯 . 质性研究编码手册［M］. 刘颖，译 . 重庆：重庆大学出版社，2020.

［256］科琳・格莱斯 . 质性研究入门指南（第 5 版）［M］. 崔森，苏

敬勤，译 . 北京：北京大学出版社，2021.

［257］李荣荣 . 从“为自己而活”到“利他个体主义”：乌尔里希·贝克个体化理论中的一种道德可能［J］. 学海，2014（2）：106–111.

［258］李先锋，刘鸣 . 自我改变的困难：原因与对策［J］. 华南师范大学学报（社会科学版），2004（4）：101–105，159.

［259］李银河 . 女性主义［M］. 上海：上海文化出版社，2018.

［260］李英华 . 美好与偏离：青年女性瘦身心理的质性分析［J］. 中国青年研究，2020（4）：86–94.

［261］林蒙丹，林晓珊 . 结婚买房：个体化视角下的城市青年婚姻与住房消费［J］. 中国青年研究，2020（8）：28–35.

［262］林晓珊 . 城市青年职业女性香烟消费的情境与实践［J］. 青年研究，2009（5）：47–59，95.

［263］林晓珊，朱益青 . 雅致生活：城市女性日常生活中的鲜花消费［J］. 妇女研究论丛，2019（4）：65–76.

［264］刘畅 . “打工诗人”的文学活动与社会适应［J］. 社会学研究，2019，34（6）：115–138，244–245.

［265］刘录护，左冰 . 重塑现代性，开启旅游研究回归范式［J］. 旅游学刊，2017，32（6）：38–52.

［266］刘婷婷，刘为潍，李咪咪 . 践行性别或消解性别？：酒店女性职业人的性别建构和空间互动［J］. 人文地理，2021，36（4）：72–79.

［267］刘小红，刘魁 . 个体化浪潮下的女性困境及化解对策：基于贝克的风险社会理论［J］. 社会科学家，2012（11）：57–60.

［268］卢晖临，李雪 . 如何走出个案：从个案研究到扩展个案研究［J］. 中国社会科学，2007（1）：118–130，207–208.

［269］罗伯特·毕夏普 . 社会科学哲学：导论［M］. 王亚男，译 . 广州：科学出版社，2018.

［270］马丹 . “去标签化”与“性别工具箱”：女性卡车司机的微观劳动实践［J］. 社会学评论，2020，8（5）：35–49.

［271］马嘉骊 . 我不允许你独自旅行［M］. 北京：中信出版社，2018.

［272］凯瑟琳·马歇尔，格雷琴·B. 罗斯曼 . 设计质性研究：有效研究计划的全程指导（第 5 版）［M］. 何江穗，译 . 重庆：重庆大学出版社，2015.

［273］马兴帆，陈露 . 从女性地位变迁看家庭冲突的新特点：基于个体化理论视角［J］. 法制与社会，2020（6）：147–150.

［274］马亚静 . E 型压力：转型期女性的角色适应［J］. 社会，2002（10）：45–47.

［275］麦克·布洛维 . 公共社会学［M］. 沈原，等译 . 北京：社会科学文献出版社，2007.

［276］迈尔斯·M B，休伯曼·M. 质性资料的分析：方法与实践（第 2 版）［M］. 张芬芬，译 . 重庆：重庆大学出版社，2008.

［277］苗学玲 . 成长：旅行故事的批判性思维解读［J］. 旅游学刊，2016，31（11）：22–31.

［278］闵学勤 . 女性参与：互构中的个体化进程［J］. 南京社会科学，2014（2）：55–61.

［279］牛天 . 职业分化还是职业协商？斜杠青年的个体性重建［J］. 青年探索，2020（6）：102–110.

［280］诺贝特·埃利亚斯 . 个体的社会［M］. 翟三江，陆兴华，译 . 南京：译林出版社，2003.

［281］诺曼·费尔克拉夫 . 话语与社会变迁［M］. 殷晓蓉，译 . 北京：北京大学出版社，2003.

［282］诺曼·K. 邓津，伊冯娜·S. 林肯 . 定性研究：方法论基础［M］. 风笑天，等译 . 重庆：重庆大学出版社，2007.

［283］潘泽泉，杨莉瑰 . 女性研究范式重建、知识建构逻辑与中国经验：社会性别视角下的女性发展研究［J］. 广东社会科学，2010（5）：157–164.

［284］彭扬帆 . 失独老年女性挣扎、妥协与异化：记忆中的身体［J］. 中国老年学杂志，2020，40（18）：4023–4027.

［285］齐格蒙特·鲍曼 . 个体化社会［M］. 范祥涛，译 . 上海：上海

三联书店，2002.

［286］齐格蒙特·鲍曼．个体地结合起来［M］// 乌尔里希·贝克，伊丽莎白·贝克－格恩斯海姆．个体化．李荣山，等译．北京：北京大学出版社，2011：24.

［287］让－克鲁德·考夫曼．女人的身体男人的目光：裸乳社会学［M］．谢强，马月，译．北京：社会科学文献出版社，2001.

［288］邵力，唐魁玉．微信互动中“个体社会”的呈现［J］．哈尔滨工业大学学报（社会科学版），2018，20（3）：44–50.

［289］沈奕斐．个体化视角下的城市家庭认同变迁和女性崛起［J］．学海，2013（2）：64–71.

［290］沈奕斐．辣妈：个体化进程中母职与女权［J］．南京社会科学，2014（2）：69–77.

［291］舒尔兹.成长心理学［M］．李文湉，译.北京：生活·读书·新知三联书店，1988.

［292］斯图亚特·霍尔．表征：文化表现与意指实践［M］．徐亮，陆兴华，译．北京：商务印书馆，2003.

［293］苏醒，田仁波．乡村振兴战略背景下女性社区精英的角色实践：基于云南大理州云龙县N村旅游社区的个案考察［J］．云南社会科学，2019（1）：122–131.

［294］苏熠慧．“交叉性”流派的观点、方法及其对中国性别社会学的启发［J］．社会学研究，2016，31（4）：218–241，246.

［295］苏熠慧．从“一元主体”到“多元主体”：“90后”打工女性主体的类型学分析［J］．妇女研究论丛，2021（6）：44–57.

［296］孙明哲．“gender”革命与性别建构论的两种形态［J］．浙江社会科学，2020（12）：88–94，159.

［297］唐雪琼，朱竑．旅游研究中的性别话题［J］．旅游学刊，2007（2）：43–48.

［298］陶佳洁．“成为一个性别”：朱迪斯·巴特勒性别述行理论的建构［J］．外国文学动态研究，2019（5）：60–68.

[299] 陶艳兰，风笑天．“理想照顾者”文化规则的破解：社会政策支持母亲就业的关键问题 [J]. 社会科学，2020（4）：77–89.

[300] 田艳平，姜奕帆．女性地位与经济增长：一个理论框架 [J]. 学习与实践，2021（12）：60–70.

[301] 佟新，陈玉佩．中国城镇学龄前儿童抚育政策的嵌入性变迁：兼论中国城镇女性社会角色的变化 [J]. 山东社会科学，2019（10）：87–97.

[302] 佟新．中国新女性的自我成长 [J]. 人民论坛，2021（9）：94–97.

[303] 王斌．个体化社会的困局、整合与本土启示：对齐格蒙特・鲍曼个体化理论的再评判 [J]. 学习与实践，2014（6）：99–106.

[304] 王建民．转型社会中的个体化与社会团结：中国语境下的个体化议题 [J]. 思想战线，2013，39（3）：79–83.

[305] 王宁．个体主义与整体主义对立的新思考：社会研究方法论的基本问题之一 [J]. 中山大学学报（社会科学版），2002（2）：125–132.

[306] 王晴锋．性别互动论：基于“做性别”视角的探讨 [J]. 妇女研究论丛，2020（1）：99–109.

[307] 王曦影，仇雪郦．表演“传统”和展现“开放”：北京跨国恋情中的女性经验 [J]. 华东理工大学学报（社会科学版），2020，35（3）：1–16.

[308] 王曦影，吕道昱．个体与家庭的选择：京津中年女性专业人员的退休准备 [J]. 华东理工大学学报（社会科学版），2018，33（1）：21–30.

[309] 王小璐，王义燕．新生代女性农民工的未婚先孕：婚姻过渡的个体化困境及秩序重建 [J]. 南京农业大学学报（社会科学版），2013，13（5）：41–46，83.

[310] 王晓晖．个案研究中的外推和概括：一个新的阐释 [J]. 学习与探索，2019（9）：58–64.

[311] 王瑶，甘满堂．交叉性视角下的性别文化：基于女生节的分析

[J]. 当代青年研究，2020（4）：64–69.

[312] 王玉珏 . 主体的生成与反抗：朱迪斯 · 巴特勒身体政治学理论研究 [M]. 北京：北京师范大学出版社，2018.

[313] 王政 . “女性意识”“社会性别意识”辨异 [J]. 妇女研究论丛，1997（1）：14–20.

[314] 薇妮斯蒂 · 马丁 . 我是个妈妈，我需要铂金包：一个耶鲁人类学博士的上东区育儿战争 [M]. 许恬宁，译 . 北京：中信出版集团，2018.

[315] 乌尔里希 · 贝克，伊丽莎白 · 贝克 – 格恩斯海姆 . 个体化 [M]. 李荣山，等译 . 北京：北京大学出版社，2011.

[316] 乌尔里希 · 贝克，约翰内斯 · 威尔姆斯 . 自由与资本主义：与著名社会学家乌尔里希 · 贝克对话 [M]. 路国林，译 . 杭州：浙江人民出版社，2001.

[317] 乌尔里希 · 贝克 . 风险社会 [M]. 何博闻，译 . 南京：译林出版社，2004.

[318] 乌尔里希 · 贝克 . 自己的上帝：宗教的和平能力与潜在暴力 [M]. 李荣荣，译 . 上海：上海译文出版社，2016.

[319] 吴小英 . 市场化背景下性别话语的转型 [J]. 中国社会科学，2009（2）：163–176，207–208.

[320] 吴小英 . 主妇化的兴衰：来自个体化视角的阐释 [J]. 南京社会科学，2014（2）：62–68，77.

[321] 吴真 . 转向、重构与余问：当代法国个体社会学的进路 [J]. 社会学研究，2021，36（1）：69–90，227–228.

[322] 吴真 . “个体化”之困：当代法国家庭研究的疑义与论争 [J]. 社会，2021，41（2）：1–26.

[323] 肖峰，陈英 . 女性研究对青年研究的哲学启示 [J]. 中国青年研究，2012（10）：30–35.

[324] 肖索未 . “时尚的重要性”？：消费文化、婚外包养与都市女性的“尊严经济”[J]. 妇女研究论丛，2015（5）：29–37，48.

［325］谢江红．我国女性旅游市场开发初探［J］．地域研究与开发，2006（2）：63-66.

［326］熊伊伊，郑璇．视障女性推拿技师的城乡流动与职业选择：性别与残障的交叉性研究［J］．残疾人研究，2021（3）：69-78.

［327］徐文月，刘敏．女性独游的意义阐释：基于自传式民族志方法［J］．旅游学刊，2018，33（3）：23-38.

［328］许丽娜．个体化视角下的农村健身自组织兴起现象研究：基于山东省临沂市 × 村的调查［J］．中华女子学院学报，2015，27（2）：41-46.

［329］阎云翔．私人生活的变革：一个中国村庄里的爱情、家庭与亲密关系（1949—1999）［M］．龚小夏，译．上海：上海书店出版社，2006.

［330］阎云翔．中国社会的个体化［M］．陆洋，等译．上海：上海译文出版社，2012.

［331］阎云翔．自相矛盾的个体形象，纷争不已的个体化进程［M］//贺美德，鲁纳．“自我”中国：现代中国社会中个体的崛起．许烨芳，等译．上海：上海译文出版社，2011：36.

［332］阎云翔．“为自己而活”抑或“自己的活法”：中国个体化命题本土化再思考［J］．探索与争鸣，2021（10）：46-59，177-178.

［333］杨华．私密生活的兴起与农村年轻女性的个体化构建：以豫东马庄调查为例［J］．中国青年研究，2018（7）：39，82-89.

［334］杨军辉，李同昇．女性旅游者行为特征的传统社会观念传承与变迁分析：以赴桂林女性旅游者为例［J］．人文地理，2015，30（1）：143-147.

［335］杨君，冯燕．都市女性情感的自我表达与主体性建构：迈向经验解释的广场舞群体［J］．福建论坛（人文社会科学版），2017（3）：96-102.

［336］杨君．个体化的社会想象：乌尔里希・贝克思想中的生活、政治与道德．［M］．北京：社会科学文献出版社，2020.

［337］杨君．回溯与批判：个体化理论的逻辑考察［J］．中南大学学

报（社会科学版），2020，26（3）：144–156.

［338］杨君．私人生活的公共转向：基于个体化视角的广场舞分析［J］．吉首大学学报（社会科学版），2018，39（6）：94–101.

［339］杨善华，孙飞宇．作为意义探究的深度访谈［J］．社会学研究，2005（5）：53–68，244.

［340］杨宜勇，吴香雪．女性延迟退休与家庭政策价值的再思考［J］．价格理论与实践，2017（1）：62–66.

［341］伊娃・德雷克斯・弗格森．阿德勒理论导读［M］．李阳，译．北京：生活书店出版有限公司，2018.

［342］于萍．女性旅游心理探究［J］．特区经济，2008（5）：157–159.

［343］于志强．都市白领女性同居动机与实践过程分析［J］．中国青年研究，2019（4）：82–90.

［344］约翰・W. 克雷斯威尔．质性研究技能三十项［M］．王锡苓，译．上海：格致出版社，2018.

［345］约翰尼・萨尔达尼亚．质性研究编码手册［M］．刘颖，卫垌圻，译．重庆：重庆大学出版社，2021.

［346］张晨阳，郁慧玲．微博空间中的女性表达：契机、问题与展望［J］．新闻界，2011（5）：106–110.

［347］张抗私，王亚迪．生育对已婚女性就业选择的影响研究［J］．公共管理评论，2021，3（3）：53–75.

［348］张琪，张琳．青年女性“工作—家庭”冲突的影响因素及其平衡机制研究［J］．中国青年研究，2018（4）：60–67.

［349］张小砚．走吧，张小砚［M］．北京：文化艺术出版社，2010.

［350］赵鼎新．什么是社会学［M］．北京：生活・读书・新知三联书店，2021.

［351］赵杜灵，郭伟和．在夹缝中妥协：农村女性情感实践模式个案研究［J］．中国农业大学学报（社会科学版），2020，37（2）：55–64.

［352］赵杜灵．时尚消费与具身化策略：小镇中产青年女性的身份建

构研究［J］. 中国青年研究，2021（5）：77–86.

［353］赵爽 . 征地与撤村建居过程中的女性个体化与夫妻权力流转：以中国一个北方村落为例［J］. 河海大学学报（哲学社会科学版），2011，13（3）：33–36，73，90.

［354］郑杭生，杨敏 . 个人与社会的关系：从前现代到现代的社会学考察［J］. 江苏社会科学，2003（1）：1–9.

［355］郑会曦，缪菁 . 超越与困境：个体化进程中的“中年少女”［J］. 岭南师范学院学报，2021，42（1）：92–98.

［356］郑向敏，范向丽 . 论“女性经济”时代的女性旅游市场开发［J］. 旅游科学，2007（3）：65–71.

［357］郑向敏，范向丽 . 女性旅游安全研究进展与启示［J］. 人文地理，2008（3）：102–108.

［358］智联招聘 . 2021 中国女性职场现状调查报告［R］. 2021.

［359］钟晓慧 . 个体化理论下的中国家庭研究：转向与启示［J］. 中国研究，2020（1）：5–23，253.

［360］周培勤 . 社会性别视角下的人地关系：国外女性主义地理学研究进展和启示［J］. 人文地理，2014，29（3）：63–68.

［361］周永康，王荆川 . 大流动时代新生代农民工的个体化生命历程［J］. 江汉学术，2020，39（6）：16–26.

［362］朱安新，翟学伟 . 家庭社会学视角下的女性生育：个体、组织关系转变与女性生育［J］. 河北学刊，2022，42（1）：199–208.

# 附　录

## Ⅰ　正式调研访谈提纲

**调研人介绍自己（谢谢您接受我的访谈，我可能要做一些记录，您觉得方便吗？）**

**从近期的旅程 / 感受 / 行为开始**

（1）之前您做了哪些准备？接下来又打算（在云南）怎么玩？

（2）您可以讲一讲最近的云南之旅吗？您用什么方式记录旅行？

（3）家人 / 朋友知道您来云南吗？您跟他们是如何沟通的？

（4）云南带给您什么感觉？为什么选择云南？

**过往经历（可能会暗含某些转变）**

（5）您可以介绍一下平时自己的生活是怎么样的吗？

（6）新冠疫情期间您的生活怎么样？平时都做什么呢？

（7）之前您有过哪些形式的旅游，除了独自旅行？为什么这一次选择独游？

（8）您之前有没有独游经历？可以讲一讲吗？（第一次独游是什么时候？怎么样？）您有讲给家人 / 朋友们吗？

**受访者自己的观点、看法（由个人层面到社会层面）**

（9）您在哪些平台 / 哪些地方看到哪些关于女性独游的评论？您怎么看待女性独游这件事？

（10）您知道最近独游女性失联的新闻吗？您自己的想法有哪些？

（11）您对男性独游有哪些看法？

观察访谈中的表达（服饰穿着、手势、表情、语言表达）

（提纲中与社会接触、受社会影响、被社会规制、对社会回避等相关

问题，确实需要补充一些）

**回访提纲（探索有哪些转变）**

（1）您最近的生活怎么样？

（2）可以回忆一下您上次云南 / 西藏的独游经历吗？朋友 / 家人在您回家之后怎么说的？

（3）回家 / 回到工作之后，您有整理那些独游的纪念物、照片、文字吗？

您是否会认为我这里提到的问题敏感，以前没有人向您提出过？会不会因为我这样提问，以及我跟您这几次的交谈，引发了您的一些看法？您觉得这些新的问题和新的看法，对您是有益的、有启发的，还是给您平添烦恼呢？

## II 调研对象的基本概况

**受访对象基本概况**

| 序号 No. | 化名 Alias | 年龄（岁）Age | 独游经历 Experience | 职业 Job | 婚否 Marriage | 序号 No. | 化名 Alias | 年龄 Age | 独游经历 Experience | 职业 Job | 婚否 Marriage |
|---|---|---|---|---|---|---|---|---|---|---|---|
| 1 | 廖姐 | 40+ | 多国多地 | 经商 | 否 | 20 | 小曼 | 35 | 多地搭车 | 老板 | 否 |
| 2 | 小明 | 30+ | 国内多年 | 教师 | 否 | 21 | EMO | 28 | 国内多地 | 辞职 | 否 |
| 3 | 薇 | 30 | 国内多年 | 教师 | 否 | 22 | 大琪 | 24 | 国内外 | 员工 | 否 |
| 4 | Alesha | 30+ | 近一两年长途独游 | 待业 | 否 | 23 | Ann | 42 | 多国 | 船员 | 否 |
| 5 | 小林 | 25+ | 国内长短途独游 | 创业 | 否 | 24 | 蔚冉 | 30 | 西藏、青海 | 中医药行业职员 | 否 |
| 6 | 文 | 29 | 国内外 | 职员 | 否 | 25 | GD | 25 | 云南、青海 | 待业 | 否 |
| 7 | ZM | 16 | 第一次国内独游 | 学生 | 否 | 26 | 莹子 | 30+ | 国内、欧洲 | 员工 | 否 |
| 8 | 兔 | 29 | 独游国外 | 留学 | 否 | 27 | Whoo | 23 | 国内外 | 留学 | 否 |
| 9 | 夕颜 | 35 | 经常独游，国内多地 | 店主 | 否 | 28 | 小宋 | 23 | 国内、东南亚 | 自由职业 | 否 |
| 10 | 晶晶 | 28 | 国外一次，国内多地 | 职员 | 否 | 29 | 草小鱼 | 32 | 国内外 | 工程师 | 是 |

续表

| 序号 No. | 化名 Alias | 年龄（岁）Age | 独游经历 Experience | 职业 Job | 婚否 Marriage | 序号 No. | 化名 Alias | 年龄 Age | 独游经历 Experience | 职业 Job | 婚否 Marriage |
|---|---|---|---|---|---|---|---|---|---|---|---|
| 11 | ZD | 27 | 独游国外 | 职员 | 未婚 | 30 | 蓉姐 | 38 | 多国家、国内多地 | 检察官 | 否 |
| 12 | 兰姐 | 51 | 多国内、少国外 | 教师 | 否 | 31 | 小雅 | 30 | 东北三省、新疆、西藏 | 员工 | 否 |
| 13 | VC | 22 | 独自或搭伴 40 国 | 学生 | 否 | 32 | 郭老师 | 50+ | 青海、拉萨 | 教师 | 否 |
| 14 | 号子 | 67 | 独游多地 | 退休 | 否 | 33 | 大海 | 20+ | 重庆、成都、拉萨周边 | 员工 | 否 |
| 15 | 王姐 | 35 | 独行多国 | 待业 | 否 | 34 | 腿圈儿 | 27 | 国内多地 | 待业 | 是 |
| 16 | 小杨 | 29 | 国外海岛、国内多地 | HR | 否 | 35 | HD | 28 | 国内多地 | 待业 | 否 |
| 17 | 琴姐 | 60+ | 国内多次 | 退休 | 是 | 36 | 二姐 | 40 | 新疆、西藏 | 自由 | 否 |
| 18 | 小谭 | 19 | 国内省城 | 学生 | 否 | 37 | 小 Y | 22 | 拉萨、丽江 | 待业 | 否 |
| 19 | 敏敏 | 30 | 东南亚、云南 | 待业 | 否 | 38 | 皮皮 | 24 | 哥伦比亚、国内多地 | 博主 | 否 |

资料来源：研究者整理。